Collection dirigée par Jean-Michel Renault

Bruno Pambour

les plus belles balades autour de LYON

Du Beaujolais au Pilat
40 itinéraires pour baladeurs curieux

Les Créations du Pélican

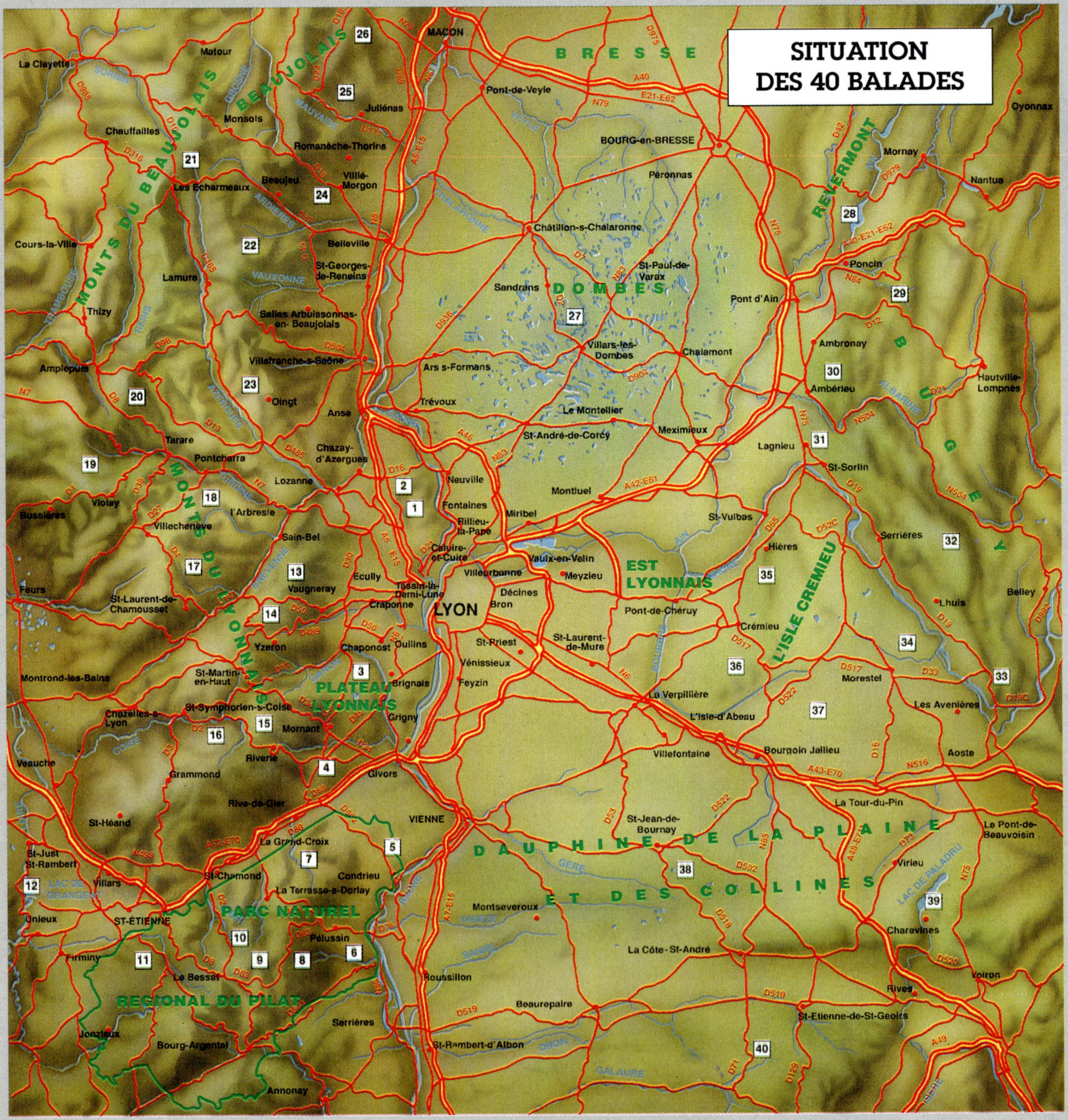
SITUATION
DES 40 BALADES
BRESSE
BEAUJOLAIS
MONTS DU BEAUJOLAIS
REVERMONT
DOMBES
BUGEY
EST LYONNAIS
L'ISLE CREMIEU
MONTS DU LYONNAIS
PLATEAU LYONNAIS
DAUPHINE DE LA PLAINE ET DES COLLINES
PARC NATUREL REGIONAL DU PILAT
MACON
La Clayette
Matour
Monsols
Juliénas
Chauffailles
Romanèche-Thorins
Villié-Morgon
Les Echarmeaux
Beaujeu
Cours-la-Ville
Belleville
St-Georges-de-Reneins
Lamure
Thizy
Salles Arbuissonnas-en-Beaujolais
Villefranche-s-Saône
Amplepuis
Oingt
Anse
Tarare
Pontcharra
Chazay-d'Azergues
Lozanne
Violay
Bussières
Villechenève
L'Arbresle
Sain-Bel
Feurs
St-Laurent-de-Chamousset
Vaugneray
Ecully
Tassin-la-Demi-Lune
Craponne
Yzeron
Chaponost
Oullins
Montrond-les-Bains
St-Martin-en-Haut
St-Symphorien-s-Coise
Chazelles-s-Lyon
Mornant
Brignais
Grigny
Veauche
Riverie
Grammond
Givors
Rive-de-Gier
St-Héand
La Grand-Croix
St-Just St-Rambert
Villars
St-Chamond
Condrieu
La Terrasse-s-Dorlay
Unieux
ST-ETIENNE
Firminy
Le Bessat
Pélussin
Jonzieux
Bourg-Argental
Serrières
Annonay
LYON
Villeurbanne
Vaulx-en-Velin
Meyzieu
Décines
Bron
Caluire-et-Cuire
Rillieux-la-Pape
Fontaines
Neuville
Miribel
Montluel
St-Priest
Vénissieux
Feyzin
St-Laurent-de-Mure
Pont-de-Chéruy
Crémieu
La Verpillière
L'Isle-d'Abeau
Villefontaine
Bourgoin Jallieu
VIENNE
St-Jean-de-Bournay
Montseveroux
La Côte-St-André
Roussillon
Beaurepaire
St-Rambert-d'Albon
Pont-de-Veyle
BOURG-en-BRESSE
Péronnas
Châtillon-s-Chalaronne
St-Paul-de-Varax
Sandrans
Villars-les-Dombes
Chalamont
Pont d'Ain
Ars s-Formans
Trévoux
Le Montellier
St-André-de-Corcy
Meximieux
Lagnieu
St-Sorlin
St-Vulbas
Hières
Ambronay
Ambérieu
Poncin
Mornay
Nantua
Oyonnax
Hautville-Lompnès
Serrières
Lhuis
Belley
Morestel
Les Avenières
Aoste
La Tour-du-Pin
Le Pont-de-Beauvoisin
Virieu
Charavines
Voiron
Rives
St-Etienne-de-St-Geoirs
LAC DE PALADRU
LAC DE GRANGENT
1
2
3
4
5
6
7
8
9
10
11
12
13
14
15
16
17
18
19
20
21
22
23
24
25
26
27
28
29
30
31
32
33
34
35
36
37
38
39
40

Sommaire

Comment utiliser ce guide

Classification des balades

Difficulté

Très facile

Facile

Moyen

Difficile

Longueur

Jusqu'à 5 km

De 5 à 10 km

De 10 à 15 km

Plus de 15 km

Itinéraire faisable en VTT

Itinéraire présentant un passage délicat ou un passage en terrain privé

Chiens interdit ou non souhaité (troupeaux)

Légende des cartes

1 Repère numéroté

Itinéraire de la balade

Route carrossable

Chemin non carrossable

Voie ferrée, GR

Légende des cartes : signification des symboles

Lieu de parking - Départ de la balade

Point de vue - Sommet - Vent violent

Passage vertigineux - Curiosité

Gîte - Refuge

Aire de pique-nique - Camping

Promenade très facile - Montée difficile - Descente dangereuse

Eglise - Monastère, abbaye

Chapelle - Cimetière, tombe - Calvaire

Château - Ruines - Fort, fortifications

Grotte - Pont

Moulin à vent, à eau

Curiosité botanique - Arboretum, arbre remarquable, Marais

Présence de cervidés, de papillons, d'oiseaux de marais : échassiers divers, flamants roses.

Cascade - Source - Rapaces

Passage à gué - Plage

Par souci de commodité, nous vous donnons d'entrée les clés qui vous permettront de profiter de tous les avantages de ce guide et de tous les plaisirs de la balade : vous pourrez vous y référer facilement à tout moment. Les symboles visuels, l'illustration des cartes et les fiches techniques ont été réalisés pour faciliter votre choix : en un coup d'œil vous savez l'essentiel sur chaque balade... et les photos vous donnent un aperçu de ce que vous allez découvrir. L'itinéraire d'accès et la description sont là pour vous guider ensuite avec précision sur le terrain et vous signalent la moindre curiosité. Enfin, les encadrés en disent plus aux baladeurs curieux.

Les informations et les conseils de cette double page sont précieux. N'hésitez pas à y revenir : le plaisir et la sécurité valent bien la peine de s'informer.

Choix des itinéraires

Très variées et réparties autour de Lyon, les 40 balades vous feront découvrir la diversité des régions qui environnent la métropole rhônalpine (Beaujolais, Monts du Lyonnais, Dombes, Bugey, Dauphiné de la plaine et des collines, Pilat...). Tous les itinéraires présentent des intérêts et curiosités différentes qui motiveront vos pas : beauté des panoramas, découverte de milieux et de richesses naturels remarquables, faune et flore sauvages, patrimoine architectural...

Ils sont de progression généralement facile et le plus souvent accessibles aux enfants accompagnés (à partir de 8-10 ans). Ils suivent des sentiers entretenus et aisément repérables ou balisés.

Chaque fois que cela est possible, des itinéraires en boucle sont proposés, mais les aller-retour linéaires sont loin d'être ennuyeux en présentant des perspectives insoupçonnées dans chacun des sens.

Durée

Elle va d'une heure à quatre heures trente minutes (la moyenne s'établissant entre deux et trois heures) et est définie pour l'allure moyenne d'un marcheur qui prend le temps de découvrir le paysage et de s'imprégner de son ambiance, sans tenir compte des pauses. En montagne, elle est traditionnellement calculée selon le dénivelé qu'un marcheur moyen gravit en une heure : 300 mètres. Il est donc possible d'arriver avec une demi-heure d'avance ou de retard selon la forme, l'âge et votre motivation. L'allure est généralement plus lente en groupe qu'en solitaire.

Dénivelé

Il correspond à la différence entre la plus haute et la plus basse altitude de la balade, sans tenir compte des éventuelles montées et descentes successives.

Longueur

Elle est indiquée en têtière de page par la couleur du carré portant le symbole de la difficulté et figure dans la fiche technique.

Période

En montagne (Bugey, Pilat), l'enneigement est la principale contrainte. Il peut être très précoce, parfois dès octobre. Certaines années, les hivers sont sans neige, et la montagne parfaitement sèche ! Pour connaître l'enneigement d'un site, renseignez-vous auprès de la météo et des offices de tourisme (cf. le carnet d'adresses), et n'oubliez pas que certaines routes sont fermées à date fixe ou dès la première neige.
Evitez les montées en pleine chaleur, sur les versants sud, qui rendent les ascensions très éprouvantes, ainsi que les départs en fin d'après-midi, au risque de se faire surprendre par la nuit.
Chaque saison présente ses charmes et ses atmosphères et la même balade vous paraîtra bien différente, si vous l'effectuez dans les parures d'or et de feu de l'automne, dans la floraison d'une calme journée de printemps ou par grand vent !

Itinéraire

Consultez toujours au préalable la météo (cf carnet d'adresses).
Entraînez-vous à lire les cartes de l'Institut géographique national (France) à grande échelle (1/25 000 ou 1/50 000).
Les mots suivis d'un astérisque (*) renvoient au glossaire.
Ne partez jamais seul, prévenez quelqu'un de votre itinéraire et de l'heure approximative de votre retour.
Ne laissez jamais un blessé seul.
Soyez en bonne condition physique et connaissez vos possibilités tant techniques que sportives; n'hésitez pas à renoncer devant un obstacle qui vous semble trop difficile.
Démarrez doucement surtout en montée, de préférence tôt le matin.
Marchez régulièrement et apprenez à respirer au rythme de votre pas.
Buvez souvent et peu; attention aux enfants qui se déshydratent beaucoup plus vite que les adultes.
Evitez de parler en marchant, cela essouffle.
Dévêtissez-vous dès que vous avez chaud pour minimiser la transpiration.
Couvrez-vous à chaque arrêt prolongé.
Méfiez-vous des dangers de la montagne : chutes de pierres, précipices, éboulis instables, orages violents gonflant subitement les torrents, brouillard...
Et pour profiter pleinement de chaque balade, apprenez à mettre vos sens en éveil : écouter, observer, sentir, toucher, goûter la nature sauvage vous procurera toujours des émotions rares. Un bon moyen d'aiguiser son sens de l'observation est de participer aux «sorties-nature» encadrées par des associations de protection de la nature (cf carnet d'adresses).

Equipement

Randonnée légère : chaussures de tennis ou de marche légères, pull et coupe-vent suffisent. Prévoyez un demi-litre d'eau minimum par personne.
Randonnée classique : chaussures de marche à tige montante et à semelle antidérapante style «vibram». Prenez-les les plus imperméables possibles (la rosée du matin peut tremper les pieds) et assurez-vous de votre confort avant de les acheter. Sac à dos contenant pull, vêtement imperméable et chaud - un parapluie léger et pliable peut être très utile -, couverture de survie, gourde d'eau, casse-croûte et aliments énergétiques, lampe électrique, lunettes et crème solaire. Une paire de jumelles vous permettra de découvrir les paysages et d'observer la faune sauvage. Un appareil photo immortalisera vos meilleurs moments.

Comportement

Soyez vigilants en période de chasse (du 15 septembre au 15 février en France).
Evitez la divagation des chiens qui effraient les troupeaux et dérangent les animaux sauvages.
Refermez bien les clôtures et barrières après votre passage.
Respectez les cultures, ne pénétrez pas dans les vergers.
Ne souillez pas les points d'eau et remportez vos déchets.
Ne faites jamais de feu et évitez de fumer.
Soyez discrets : c'est le meilleur moyen de surprendre la faune sauvage.
Ne cueillez pas de plantes et de fleurs : photographiez-les !
Respectez la législation des espaces protégés.
Ecoutez les conseils des «gens du pays» : bergers, agriculteurs, forestiers, gardiens de refuge.

Balisage présent sur le terrain

Signification	**G**rande **R**andonnée	**G**rande **R**andonnée de Pays	**P**etite **R**andonnée
Continuation du chemin			
Changement de direction	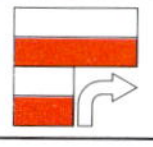	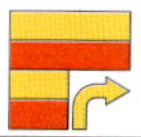	
Mauvaise direction			

Avant-Propos

Charme toscan des villages perchés des Pierres Dorées, Vergers éclatants et fermes-fortersses des monts du Lyonnais, vignobles et châteaux ensoleillés du Beaujolais, miroirs aux couleurs infinies des dombistes, solitude paisible des crêts et combes du Bugey, cascades de granite balafrant les forêts du Pilat, mystère envoûtant des îles et lônes du Haut-Rhône, falaises et hameaux de pierres de l'Isle Crémieu... Voici quelques-uns des paysages familiers, que nous connaissons le plus souvent depuis la route.

En s'y promenant à pied, nous passons de l'autre coté de la "carte postale" en pénétrant dans un monde plein de vie. Il est vrai que la marche est l'activité physique la plus simple à partager avec ceux que l'on aime : une approche privilégiée, vraie et harmonieuse de notre environnement immédiat.

Entre Loire et Rhône, Lyon est entouré de terroirs riches et variés qui ont fait la réputation de sa cuisine. L'aventure est à deux pas de notre porte : il est facile de fouler un sentier qui nous dépaysera totalement en nous offrant un grand "bol d'air" et de l'évasion.

Ce guide est conçu pour que chacun prenne le plus grand plaisir à découvrir à pied et en toute sécurité, les richesses des environs de Lyon, que ce soit dans les monts d'Or, le Beaujolais, les monts du Lyonnais, le Pilat, le Bugey ou le Dauphiné de la plaine et des collines. Loin d'être une liste exhaustive, les 40 balades choisies tentent de refléter la fabuleuse diversité des paysages situés dans un rayon maximal d'une heure autour de la métropole rhônalpine.

Certaines balades sont des "classiques", d'autres des coups de cœur moins connus, mais toutes sont à la portée du plus grand nombre et notamment des enfants. Généralement, le parcours est en forme de boucle pour éviter d'avoir à revenir sur ses pas. Variant de une à quatre heures (en moyenne entre deux et trois), ces balades sont toutes axées autour d'une ou de plusieurs curiosités : des objectifs concrets qui enrichissent la promenade et motivent le randonneur. Enfin, chacune d'entre elles par son ambiance et ses charmes propres est une invitation à rencontrer une région ou un massif à travers ses paysages, son patrimoine naturel et historique et bien sûr ses habitants.

A son rythme, que ce soit seul, en famille ou avec des amis, une balade est le moyen idéal de se ressourcer dans un autre univers. Au fil de nos pas, les découvertes seront toujours au rendez-vous. Prenons le temps de nous arrêter, de ressentir l'alchimie de chaque lieu... Il suffit d'être disponible, curieux et attentif, de savoir parfois être calme et silencieux, de mettre nos sens en éveil. Voir, écouter, sentir un paysage, c'est éprouver des sensations à la fois intenses et apaisantes ! Alors n'ayons pas peur de nous enivrer de ces belles émotions ! La nature n'est-elle pas le plus beau jardin de l'âme ?

En espérant que ce guide vous ouvrira de nouveaux horizons et vous donnera le goût de poursuivre, sur vos propres traces, la découverte de cette merveilleuse région...

Bonne balade !

L'or et le pourpre de l'automne enflamment les frondaisons de la campagne lyonnaise.

Les monts d'Or

Dernier ilôt calcaire de 7 000 hectares avec le massif des Pierres Dorées dont il est séparé par l'Azergues de la frange de terrains sédimentaires de l'ère secondaire qui borde le Massif Central au nord de Lyon, contourné par la Saône qui s'est enfoncée dans les alluvions* glaciaires de la Dombes, les monts d'Or ou le mont d'Or lyonnais est le véritable poumon vert de la seconde ville de France. Ses terrains calcaires déposés sur un socle cristallin de granite* et de gneiss*, isolés et modelés par l'érosion, ont été rehaussés par un jeu complexe de failles dues au plissement alpin. Ce paysage familier des Lyonnais présente de larges mamelons, des vallons parfois encaissés et des sommets où la vue porte sur Lyon au sud, le val de Saône et le plateau dombiste à l'est avec en arrière-plan les Alpes, et vers l'ouest, du nord au sud, sur les monts du Beaujolais, les monts du Lyonnais et le Pilat. Les sept sommets du mont d'Or se répartissent selon trois lignes de crêtes : le mont Verdun où culmine le massif à 625 m d'altitude, la Garenne (525 m) et la croix Rampau (463 m) à l'ouest, l'arête étirée du mont Thou (609 m) et la roche de Saint-Fortunat (469 m) au centre et le mont Cindre (469 m) à l'extrême sud-est. Bien arrosé, le mont d'Or connaît également un ensoleillement important. Carrefour climatique aux influences atlantique, continentale et méditerranéenne, relief, variété d'orientation des versants parfois pourvus de falaises le plus souvent dues à la main de l'homme (anciennes carrières), présence de boisements importants, de bocage*, de pelouses et de landes herbacées notamment en crêtes, permettent à une flore et à une faune remarquables de subsister. Les chênes sessile et pubescent, le charme, le châtaignier et le hêtre sont les essences dominantes en forêt. La majorité des 18 espèces d'orchidées et tout un cortège de plantes méridionales s'épanouissent dans les pelouses calcaires autour des falaises de Couzon-Albigny : orchis pourpre, ophrys bourdon, ophrys abeille, céphalantère rose, aphyllante de Montpellier, genêt épineux que l'on retrouve dans les sierras espagnoles, frêne à fleurs, érable de Montpellier... et même une lavande endémique* ! Pigeon biset, choucas et le rare hibou grand-duc nichent dans les escarpements. Fauvettes, pouillots, hypolaïs, bruants, rossignols, pies-grèches écorcheurs... colonisent les friches et les haies. Perdrix grises et alouettes des champs hantent les landes sommitales. Chevreuils et sangliers trouvent refuge dans les bois frais, en compagnie du discret chat sauvage, de rongeurs arboricoles comme le lérot et le muscardin surnommé le «rat d'or».

Les villages aux chaudes tonalités ocre doré ont su se préserver de l'urbanisation intensive et conservent une tradition agricole de polyculture bien vivante. Les vergers de poiriers, pommiers, cerisiers et abricotiers occupent les terrains les plus riches (argilo-limoneux) et sont à l'origine de nombreuses variétés nouvelles de fruits (poire Sainte-Anne, abricot bergeron...). La vigne donnant un vin rouge à base de gamay et un blanc à base de chardonnay (AOC* Coteaux du Lyonnais) tapissent les coteaux calcaires. Les cultures maraîchères se plaisent sur les pieds fertiles des versants couverts de lœss*. Les céréales (maïs, tournesol) préfèrent les espaces plats et secs, tandis que l'élevage de bovins, caprins et ovins pâturent les pentes et fonds de vallées humides. Belvédère stratégique et château d'eau, le mont d'Or a attiré depuis la préhistoire les peuplades qui parcouraient les vallées de la Saône et du Rhône. Puis les celtes l'occupèrent lui donnant son nom : l'étymologie de mont d'Or ne provient pas de la couleur de sa pierre jaune, mais du celte *dwr* qui signifie eau. De nombreuses sources et une multitude de fontaines, de lavoirs et de captages souterrains témoignent de son abondance. L'aqueduc romain du mont d'Or était l'un des quatre grands aqueducs qui alimentaient *Lugdunum* en eau. Long de 26 km, en majeure partie enterré, il transportait 12 000 m3 d'eau par 24 heures. Quelques-uns de ses vestiges sont encore visibles à Curis, Couzon et Saint-Romain.

«Le massif est sillonné de chemins et de sentiers vers le haut, vers le bas, dans l'épaisseur des buis, dans l'étendue des prairies, où l'on n'en finit pas de marcher sans jamais se perdre dans le creux des carrières grises ou dorées, dans les rues des villages ou vieilles demeures qui remontent les siècles. Car le mont d'Or lyonnais parle. Il ne cesse de parler quand on l'écoute. Il parle par sa brise et son soleil, par l'eau qui coule et la pierre qui roule sous les pas. Il parle des gaulois, des romains, des moines et des rois, des carriers et des gardeuses de chèvres, des vignerons, des ramasseurs de noix et des bûcherons qui mouraient dans leur caborne, l'hiver, lorsque le froid de la nuit était trop vif.»

Pour découvrir à pied les monts d'Or, procurez-vous *A la découverte des Monts d'Or,* topoguide accompagné d'une carte au 1/15 000, qui présente la totalité des circuits pédestres et le patrimoine naturel, culturel et historique du massif (disponible en librairie, dans les mairies des monts d'Or et à la Sécirély*). Syndicat intercommunal des monts d'Or, mairie, 25, av. Gabriel - Péri - 69250 Albigny-sur-Saône, Tél. : 78 91 31 38.

A gauche : les Monts d'Or, jardin de nature aux portes de Lyon. (A) Eglise de Couzon (clocher du XIIe s.). (B) Vignoble à Poleymieux. (C) Saint-Germain niché dans un écrin de verdure. (D) L'échine familière des monts d'Or depuis les hauteurs de Vaugneray.

1 MONT THOU
panorama de la capitale des Gaules

Aux portes de Lyon (18 km), les monts d'Or offrent un belvédère idéal à 360 degrés sur le Lyonnais, au sein d'une nature préservée.

fiche technique

Durée : 1 h 20
Longueur : 4 km
Dénivelé : 155 m
Difficulté : aucune
Période : toute l'année
Equipement : randonnée légère
Balisage : double point jaune, rouge, incomplet
Carte IGN 1/100 000 : n° 51, pli A4
Carte-Guide IGN 1/25 000 ; n° 3031 ouest : Lyon
A voir aux environs : jardin de l'ermitage du mont Cindre, Poleymieux : maisons anciennes, musée Ampère, table d'orientation de la croix Rampau; Couzon : carrières de pierres (vue panoramique depuis le Crêt à Albigny); St-Romain; hameau de St-Fortunat, Collonges : demeures anciennes (XIVe et XVe s.) et le plus célèbre restaurant de France, celui de Paul Bocuse; musée de l'automobile à Rochetaillée; île Barbe.

itinéraire d'accès

Accès par l'A 6, sortie Limonest, puis par la D 92 vers Poleymieux, ou depuis le carrefour des Monts d'Or à Vaise, par la D 73 *via* St-Didier, ou par les quais de Saône puis la D 73 *via* Curis et Poleymieux. A la croix de Presles (croisement D 92-D 73), suivez la D 92 vers «Ermitage du mont Cindre/St-Cyr/Collonges». 700 m plus loin, au croisement avec la D 90, montez à gauche la petite route du mont Thou et garez-vous à son extrémité en bordure du terrain militaire.

Transports en commun : TCL ligne n° 40, arrêt Neuville-sur-Saône, puis ligne n°84, arrêt la croix de Presles (à 700 m de la balade par la D 92 en direction de St-Cyr).

description

Par jour venté, l'élégant spectacle coloré des cerfs-volants anime le sommet du mont Thou qui, curieusement, fait partie de la commune de Saint-Cyr : l'ancienne ville forte avait sans doute besoin de ce

Le mont Cindre, sentinelle de la métropole rhônalpine.

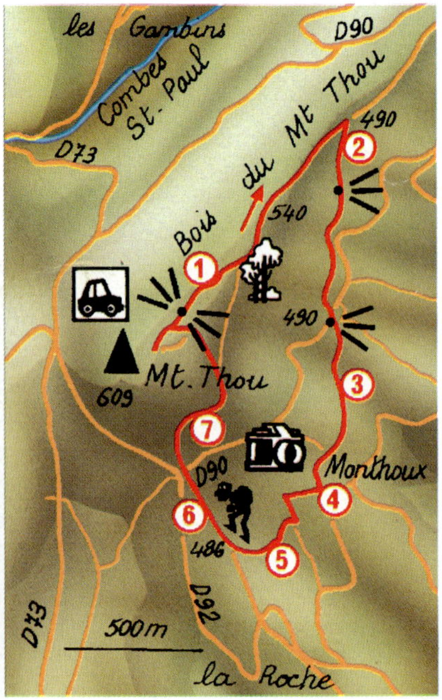

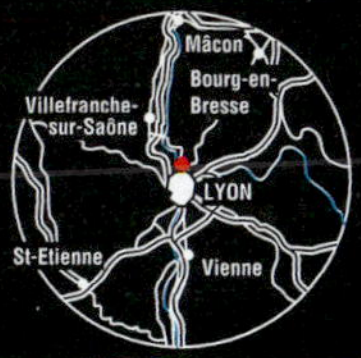

poste d'observation... «Thou», comme nombre de lieux-dits du massif, a une origine celte, de *Teutatès*, soleil divinisé, ou *taou*, chêne. Du parking, descendez à gauche le large chemin qui suit la crête vers le nord-est 1. A chaque pas, le panorama circulaire offert par l'échine centrale des monts d'Or est une vraie jouissance visuelle. C'est un belvédère idéal pour comprendre la géographie du Lyonnais et la situation stratégique de la capitale rhônalpine. La région est à la frontière entre les reliefs hercynien (Massif Central, présent jusqu'à Fourvière) et alpin avec son avant-pays mollement ondulé, qui, tous deux, enserrent les vallées du Rhône et de la Saône. Vers le levant, du nord au sud, les alluvions glaciaires arrachées aux Alpes forment le plateau de la Dombes qui tombe en côtière sur la Saône et le Rhône; puis l'Est-Lyonnais occupe la plaine du Rhône et de l'Ain bordée par les collines morainiques* du Bas-Dauphiné. En arrière-plan, par temps clair, le Bugey, proue méridionale du Jura, et les Préalpes calcaires (Bauges, Chartreuse, Vercors) apparaissent dominées par les Grandes Alpes cristallines (massifs du Mont-Blanc, de la Vanoise et des Ecrins).

Le mont Verdun

Les singuliers dômes verts du mont Verdun et du mont Thou, silhouettes familières des monts d'Or, sont d'énormes radars de l'Armée de l'Air qui contrôlent tout l'espace aérien du sud-est de la France. Le mont Verdun abrite le deuxième PC de la force nucléaire stratégique française après celui de Taverny en région parisienne. Personnel, installations discrètes munies d'abris anti-atomiques et matériels sont classés «secret-défense» ! Voilà pourquoi, à leurs alentours, il est interdit de photographier.

La colline de Fourvière, l'ultime ressaut du Massif central veille sur la destinée de la cité. Les radars du mont Thou et du mont Verdun contrôlent l'espace aérien du sud-est de la France.

Au sud, le large sillon de la vallée du Rhône est depuis toujours un couloir d'échanges climatiques, économiques et culturels entre le Nord et le Midi. Vers le couchant, du sud au nord, le Pilat, les monts du Lyonnais et les monts du Beaujolais sont les avant-postes du socle granitique du Massif Central.
La descente progressive longe des pelouses de crête bordées bientôt de haies où se mêlent noisetiers, aubépines, alisiers, cornouillers, églantiers... Remarquez à droite un chêne pubescent insolite... à quatre troncs ! A gauche, l'abrupt bois du mont Thou ferme la vue alors que noisetiers et érables forment de part et d'autre un rideau végétal ménageant deux superbes dégagements sur la boucle de la Saône, Caluire et la Dombes. Plus bas, au poteau indicateur (cote* 490), bifurquez à droite vers Saint-Romain [2], sur un chemin transversal qui traverse un petit bois (chênaie-charmaie). Après deux beaux frênes, à travers des prairies de fauche, un nouveau panorama sur l'agglomération lyonnaise se dégage. Le sentier pénètre ensuite sous une haute futaie d'acacias et contourne une petite combe. Ignorez à gauche une sente qui file au bas de ce frais vallon. A la sortie du bois, quittez le balisage qui tourne à gauche pour poursuivre tout droit (double croix jaune et rouge). Après un gros érable, à une patte- d'oie, restez à gauche pour traverser la D 90 à la hauteur de splendides pins sylvestres (cote* 490). La vue est admirable sur Lyon et le mont Cindre, qui doit son nom à la courbe que décrit la Saône à son pied. Descendez en face une petite route en balcon d'un vaste pâturage et de la boucle de la Saône [3]. Peu après, un long mur d'enceinte annonce le hameau de Montoux (lavoir en pierre à droite). Lorsque la route se divise, restez à droite pour 30 m plus loin (transformateur EDF, [4]), montez à droite, à angle droit, un chemin creux empierré entre prairie et bois. Après 100 m, il s'oriente à gauche, horizontalement, le long d'un vieux muret de pierres sèches. 100 m plus loin, montez à droite le premier sentier [5] : rapidement le mont Thou réapparaît. A la cote* 486, suivez à droite le chemin asphalté de Saint-Cyr à Poleymieux [6] qui rejoint le croisement de la D 90 et de la D 92. Il ne vous reste plus qu'à remonter, face à vous, la route conduisant au mont Thou [7] pour retrouver votre véhicule.

La polyculture des monts d'Or
est encore bien vivante aux portes de Lyon.

La «pierre de Couzon»

Venant de Vaise par les quais de la Saône, vous découvrirez, sous le versant oriental du mont Thou, la vaste échancrure ocre des carrières de Couzon/Albigny où l'on extrayait la pierre jaune dite «de Couzon», riche en fossiles (étage de l'aalénien du Jurassique moyen à l'ère secondaire, il y a 140 millions d'années). Le calcaire gris du mont d'Or ou calcaire à gryphées, du nom de petits escargots fossiles qui apparaissent dans la roche (étage du sinémurien du Jurassique inférieur, il y a 170 millions d'années), fut également largement exploité, notamment à Saint-Germain. Il servait dans la région lyonnaise aux encadrements des portes et fenêtres et aux marches d'escalier. Taillés sur place ou en bord de Saône, les blocs étaient embarqués sur des péniches appelées «sapinières» qui les acheminaient à Lyon. En fait, depuis l'époque historique, l'homme extrait la pierre dans le mont d'Or qui est «truffé» de carrières plus toujours visibles. Au début, grossièrement dégauchie, elle servait aux innombrables constructions en pierres sèches comme les cabornes*, murets... Depuis l'arrivée des techniques romaines de taille, elle est un matériau de construction de choix sous forme de blocs bien équarris, jointés et cimentés pour bâtir les demeures et monuments. Au fil des siècles, avec les colossaux volumes de déchets de taille, l'homme modela des terrasses consacrées le plus souvent à la vigne, qui s'étagent sous les carrières et dans lesquelles il aménagea des «tunnels de carrières» qui permettaient la descente des lourds charrois jusqu'à la Saône. L'un d'entre eux mesurait 700 mètres du front de taille à l'ancien port d'Albigny.

Extraite des carrières de Couzon/Albigny,
la "pierre de Couzon" teinte d'ocre superbe les monuments
de la région : ici l'église de Poleymieux.

2 LES CABORNES DE POLEYMIEUX
sur les traces d'Ampère

A 20 km de Lyon, promenade à la rencontre du patrimoine de la «perle de la couronne des monts d'Or».

fiche technique

Durée : 2 h 30
Longueur : 8 km
Dénivelé : 180 m
Difficulté : aucune
Période : toute l'année
Equipement : randonnée légère
Balisage : bleu clair
Carte IGN 1/100 000 : n° 51, pli A4
Carte-Guide IGN 1/25 000 ; n° 3031 ouest : Lyon, fiche n°6 du topoguide *A la découverte des Monts d'Or* et fiche n°8 du topoguide *Sentiers de découverte en région lyonnaise*, Sécirely.
A voir aux environs : Couzon, carrières de pierres (vue panoramique depuis le Crêt à Albigny); St-Romain; hameau de St-Fortunat, Collonges : demeures anciennes (XIVᵉ et XVᵉ s.) et le plus célèbre restaurant de France, celui de Paul Bocuse ; musée de l'Automobile à Rochetaillée ; panorama de Montanay sur les monts d'Or et le val de Saône.

itinéraire d'accès

Accès par l'A 6, sortie Limonest, puis par la D 92 vers Poleymieux, ou par la D 73 *via* St-Didier, ou par les quais de Saône puis la D 73 *via* Curis. A Poleymieux, prenez la D 92e vers la croix Rampau pour vous garer au parking derrière l'église.
Transports en commun : TCL ligne n° 40, arrêt Neuville-sur-Saône, puis ligne n° 84, arrêt Poleymieux-Eglise, tél. : 78 71 70 00.

description

De l'église, prenez à droite la route de Nerbey [1] : elle laisse le cimetière à sa gauche puis se transforme en chemin. Après quelques villas et un carré de vignes, en vis-à-vis du bois escarpé du mont Thou, on découvre le vallon drainé par le Thou, l'un des plus importants ruisseaux des monts d'Or qui, *via* Curis, se jette dans la Saône. Plus en amont, c'est au lavoir des Gambins, près de la source du même nom, encore aujourd'hui captée, que l'aqueduc romain des monts d'Or prenait naissance. Une polyculture bien typique du massif (vergers, vignes, prairies d'élevage, maïs, tournesol...) se partage le versant sud. Juste avant une ligne électrique où il faut obliquer à gauche, laissez votre curiosité vous conduire 20 m plus loin pour admirer sur la gauche la première caborne* du circuit. Revenez sur vos pas pour reprendre le chemin ascendant qui rejoint peu après une voie séculaire à remon-

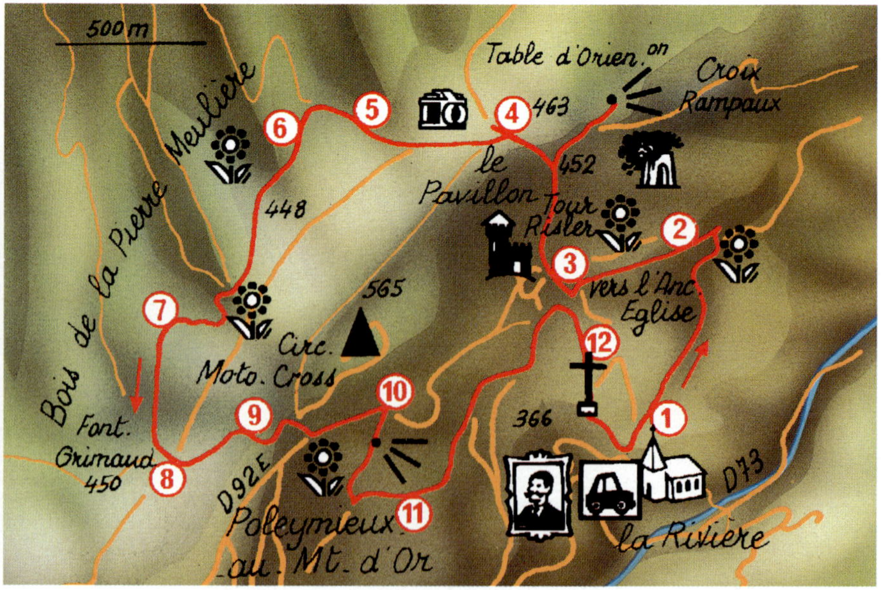

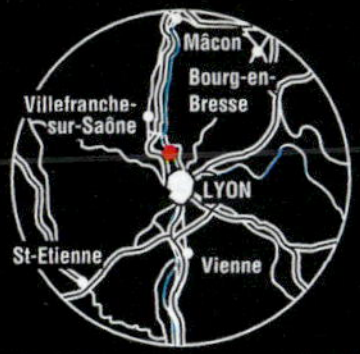

ter à gauche vers le vieux Poleymieux [2]. Le chemin du Chêne à la Vieille Eglise est bordé d'un somptueux muret de pierres sèches. Les pierres triangulaires disposées verticalement sur son sommet, outre leur fonction esthétique, assurent par leur poids la solidité de l'ouvrage en empêchant les éléments de le démanteler. Orné de nombreux motifs grâce à l'habile agencement de pierres de colorations différentes, il comporte plusieurs escaliers de vignerons et des cabornes* isolées ou en forme de petite «guérite» incluses dans le mur de soutènement. En haut du chemin, au quartier des Combes et de la Feyssolière, suivez à gauche, sur 10 m, une voie goudronnée ; puis à droite, prenez une sente le long de la clôture d'une propriété. En haut du chemin de la Péronnière [3], continuez à droite vers la croix Rampau et la tour Rissler, le dernier vestige de l'enceinte du château (XIVe s.). Une tour carrée, à l'origine le clocher de l'ancienne église, la domine. 20 m plus loin, remarquez à gauche un charmant vieux puits. A 400 m, à la cote* 452, faites un détour à droite en direction de Saint-Germain, jusqu'à la croix Rampau. A 200 m, à une fourche marquée par un beau chêne, se trouvent les ruines du moulin d'Ampère. Ce dernier n'en était pas propriétaire mais rencontrait ici sa fiancée, Julie, venue à pied de Saint-Germain. Une citation du journal du célèbre savant, datée du 3 juillet 1797, témoigne de ces moments intimes : *«Nous les accompagnâmes le soir, jusqu'au moulin à vent où je m'assis encore à côté d'elle pour observer, nous quatre, le coucher du soleil qui dorait ses habits d'une lumière charmante.»* Continuez à droite jusqu'à l'aire de pique-nique, où vous grimpez à gauche vers la table d'orientation du Touring club de France (1937). De gauche à droite, à partir du nord, vous reconnaîtrez par temps clair : le

A gauche, muret assorti de pierres à chailles.
Ci-contre, les vergers de cerisiers et vignobles se partagent le versant sud du vallon du Thou.
Une des cabornes du chemin du Chêne à la Vieille Eglise.

Trésors de pierre de Poleymieux, les cabornes.

Les cabornes

Ces abris de pierres sèches présents dans toutes les zones calcaires, de la Méditerranée à la Bourgogne, sont appelés «cabornes» dans le mont d'Or, «cadoles» dans le Beaujolais et en Côte-d'Or, «chibottes» dans la région du Puy, «bories» dans le Luberon, «capitelles» autour de Nîmes, «trulli» en Italie... Leur origine est incertaine, peut-être liée aux celtes. La plupart de ces abris possèdent un toit obtenu en posant des pierres plates, les unes sur les autres, en décalant chaque rangée par rapport à celle du dessous vers l'intérieur, pour obtenir une fausse voûte fermée par une grande pierre plate posée sur le sommet, à l'instar des igloos des esquimaux. Près de 400 ont été recencés dans le mont d'Or. De dimensions modestes, les cabornes sont de formes et d'aménagements très divers : de la simple guérite quelquefois très petite, incorporée dans un mur de terrasse, à l'abri aménagé sous un tumulus* ou à la cabane en pierre isolée. Servant encore aujourd'hui d'abris pour le matériel agricole, certaines étaient encore habitées de façon permanente ou saisonnière au siècle dernier.

val de Saône (avec notamment Villefranche, Trévoux, Neuville), la Dombes, le Bugey, les Préalpes, à l'est le Mont-Blanc à 158 km, au sud-est les Ecrins, au sud le mont Thou avec à sa droite le col de Presles, la Garenne hérissée de pylônes et, plein ouest, audelà des monts de Tarare, le lointain Puy de Dôme à 143 km et enfin les monts du Beaujolais qui terminent ce prodigieux tour d'horizon. Revenez sur vos pas pour reprendre à droite la route précédemment délaissée. A 200 mètres 4, faites une incursion de 50 m, à droite, sur le chemin des Carrières pour découvrir le lavoir du Cendre. De nouveau sur la route, ignorez à gauche le sentier de la Garenne (balisage jaune). A la cote* 433, en balcon du val de Saône, prenez à droite l'ancien chemin de Chasselay 5 entre des haies d'érables et d'aubépines (balisage bleu clair et bleu foncé). En sous-bois, négligez un premier sentier herbeux à gauche, pour, 50 m plus loin, bifurquer à gauche sur un chemin millénaire 6 qui traverse horizontalement un joli bois de feuillus, où chênes sessiles, frênes, érables planes et champêtres, tilleuls, charmes, châtaigniers se mêlent. A gauche, derrière le muret, une superbe caborne aux blocs bien taillés vous attend. Etabli sur un versant nord, le sous-bois dense procure l'été une délicieuse sensation de fraîcheur. Bientôt, l'on enjambe un ancien muret moussu et en partie effondré, qui se termine sous les frondaisons de deux hauts frênes par une caborne* écroulée. Un lacet vous élève ensuite à un chemin transversal à suivre à droite 7, entre des haies de buis et des taillis de chênes pubescents. En 1813, des soldats autrichiens et français se sont affrontés là, laissant leurs morts dans une fosse commune difficilement repérable, à proximité. Après quelques pins sylvestres, continuez à gauche sur un autre chemin toujours balisé. A la sortie des bois, au croisement 8, poursuivez tout droit en balcon d'un champ. En haut, la fin du chemin barrée vous oblige à remonter à droite, par une épingle à cheveu, un raidillon le long d'un circuit pour véhicules tout terrain 9. A un carrefour à trois voies, rejoignez à droite la D 92e. Descendez-la à gauche jusqu'à la pancarte de Poleymieux 10, où vous bifurquerez à droite, en contrebas, sur un chemin engazonné en alignement du mont Narcel, qui dépasse une caborne* adossée à un tumulus*. Puis le chemin goudronné du Bouchat se dirige à gauche vers le village 11. Aux premières maisons, continuez tout droit sur le chemin de La Maby, puis, par la montée des Chavannes le long de vieilles demeures en pierres dorées. A la hauteur de la guérite des TCL*, descendez à gauche l'étroit et discret chemin du Pavé, puis à droite le chemin de la Péronnière 12 (à gauche, beau porche avec auvent et blason et, 50 m plus bas, croix sculptée dégagée de l'angle du mur). Au virage, devant la statue de la Vierge, rejoignez directement l'église par le chemin de Planchamp, à droite.

Un génie distrait

C'est à Poleymieux que le savant lyonnais André-Marie Ampère (1775-1836) passa sa jeunesse et forgea son génie. Ses découvertes en mathématiques, en physique et en chimie, le placent au premier rang des pionniers de la science au XIXe s.. Le congrès international d'électricité de 1881 consacre définitivement son nom en l'attribuant à l'unité de courant électrique. De son vivant, il ne fut pas seulement célèbre pour son génie scientifique. Souvent absorbé par ses pensées, ses distractions faisaient la joie de ses élèves et amis. Réfléchissant un jour dans la rue à une formule algébrique, il sort de sa poche un morceau de craie et, croyant se trouver devant son tableau noir, il commence à couvrir d'équations un omnibus en stationnement. Soudain les calculs sont interrompus par le départ du véhicule, emportant la formule ébauchée ! Une autre fois, se rendant à son cours, Ampère ramasse un petit caillou et se met à l'examiner. La pensée de sa leçon lui revient brusquement : il tire sa montre de sa poche et, se voyant en retard, la jette dans la Seine par-dessus la passerelle du pont des Arts, tandis qu'il replace le caillou dans sa poche ! Rachetée en 1928, grâce aux frères Behn, mécènes américains, la maison de campagne familiale des Ampère, restaurée et transformée en musée, présente dans de nombreuses salles la vie et l'œuvre du savant, les expériences fondamentales d'Ampère qui peuvent être librement déclenchées par les visiteurs, l'électrostatique et les premières applications industrielles de l'électricité.

Musée Ampère et de l'Electricité : ouvert tous les jours, sauf le mardi, de 9 h à 12 h et de 14 h à 18 h. Tél.: 78 91 90 77.

3 CIRCUIT DE LA GERLE
vallée du Garon

A 17 km de Lyon, la fraîche et verdoyante vallée du Garon abrite des vestiges spectaculaires de l'aqueduc du Gier, prouesse de l'ingéniosité romaine.

fiche technique

Durée : 2 h 30
Longueur : 7,2 km
Dénivelé : 90 m
Difficulté : aucune
Période : toute l'année
Equipement : randonnée légère
Balisage : incomplet, double trait blanc
Carte IGN 1/100 000 : n° 51, pli B3
Carte-Guide IGN 1/25 000 ; n° 3032 ouest : Oullins. Givors
A voir aux environs : autres vestiges remarquables de l'aqueduc du Gier ; les arcades du Plat, de l'Air à Chaponost, le «pont-siphon» de Beaunant à Ste-Foy-les-Lyon ; églises romanes des Coteaux du Lyonnais (St-Vincent à St-Laurent-d'Agny, Messimy, St-André de Larny à Pollionnay, Ste-Marie de Taluyers, Montagny...), parc de Lacroix-Laval à Marcy-l'Etoile

itinéraire d'accès

Gagnez Brignais par la D 42 (direction Rive-de-Gier) ou par l'A 7, sortie à l'échangeur de Pierre-Bénite-Sud. Au centre de Brignais, suivez la direction «vallée du Barret/auberge du Garon/aqueducs romains». A 2,5 km, garez-vous au mieux à droite de la route juste avant qu'elle ne traverse la vallée du Garon vers l'auberge du même nom.

Transports en commun : transports publics 69 ligne n° 101 Lyon/Givors/Vienne, 105 Lyon/Mornant, 125 Lyon/St-Etienne, arrêt Brignais centre, tél. : 78 62 67 69 ; ligne SNCF n°595c Lyon/Brignais, arrêt Brignais. Départ de la balade à 2,5 km (direction «vallée du Barret/auberge du Garon/aqueducs romains»).

description

Au virage, prenez à droite le chemin carrossable 1 (balisage double trait blanc) qui, rapidement, sous les frondaisons de robiniers et tilleuls, passe sous l'une des quatre dernières arches d'un «pont-siphon» de l'aqueduc romain du Gier. Daté du règne d'Hadrien (120 après J-C.), il était d'une perfection technique rarement atteinte et pourvu d'un grand nombre d'ouvrages d'art : tunnels, près de trente ponts, longues files d'arcades, quatre siphons. Long de 85 km, il était le seul à alimenter le sommet de Fourvière, à 300 mètres d'altitude, avec un débit de 25 000 m³ par jour. Les eaux du Gier, captées à la Martinière, à 410 m d'altitude, à 3 km au sud de Saint-Chamond, étaient conduites dans un canal maçonné, revêtu d'un enduit hydraulique de chaux et de brique pilée, et couvert par des dalles ou par une voûte en plein cintre. Pour assurer le transport de l'eau par gravitation naturelle sur toute sa longueur, sa pente était faible, de l'ordre de 1 à 3 m par kilomètre, soit 1 à 3 mm par mètre ! Le canal était généralement enterrée dans une tranchée, invisible.

Le réservoir de chasse de la Gerle domine la vallée du Garon. Sur le côté opposé, le départ des tuyaux de plomb est encore visible.

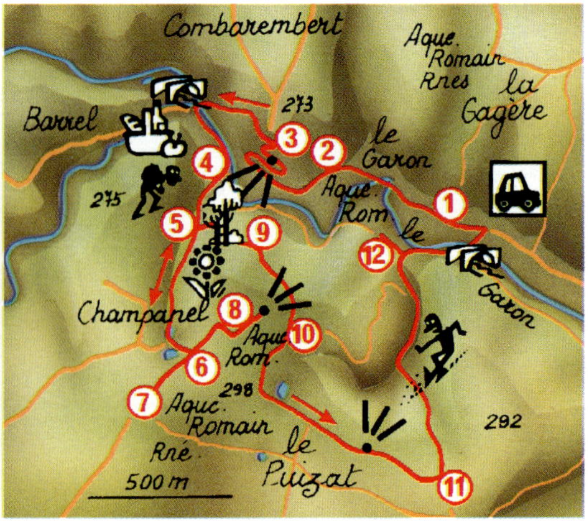

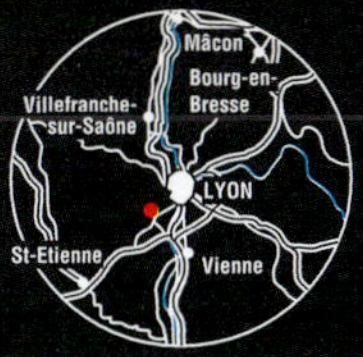

Vestiges du pont-siphon du Garon.
Truites et cincles plongeurs aiment la fraîcheur des eaux vives du Garon.

Il ne sortait de terre que pour garder son niveau lorsque le terrain s'abaissait, ou pour franchir une petite vallée grâce à des arches basses ou un «pont-canal». Lorsqu'il rencontrait de larges vallées comme celles du Garon ou de l'Yzeron à Beaunant, incontournables pour rejoindre Fourvière sur le plateau du Point-du-Jour, il était impossible techniquement de construire un «pont-canal» pour franchir ces vallées larges de plus d'un kilomètre et profondes de plus de 100 mètres. Pour mémoire, le pont du Gard avec ses trois étages détient le record de hauteur avec 49 mètres et n'a que 270 mètres de longueur. Ces obstacles géographiques ne pouvaient être vaincus que par un siphon, qui reproduisait à grande échelle le principe des vases communicants. Issue d'un réservoir de chasse en haut de la vallée, l'eau passait en conduite forcée (dans une dizaine de tuyaux de plomb de 25 cm de diamètre, capables de supporter d'énormes pressions) au fond de la vallée sur un «pont-siphon», haut d'une vingtaine de mètres seulement, avant de remonter jusqu'à un réservoir de fuite, légèrement plus bas que le réservoir de chasse, où le canal reprenait. Le «pont-siphon» de la vallée du Garon était long de 208 m avec 23 arches, haut de 21 m. La totalité du siphon, long de 1 200 m, avait une dénivellation de 93 m entre le réservoir de chasse et le haut du «pont-siphon» *(d'après J. Burdy).*

Au hameau du Garon, les premières arches de l'ouvrage se profilent en rive droite*. Au niveau d'un chemin privé qui gagne le fond du vallon [2], restez à droite pour vous élever progressivement en balcon de la vallée : un bel amphithéâtre de verdure, où montent les chants fluides des merles et des grives. Quatre lacets s'enchaînent avant de rejoindre une maison aux volets verts [3], où vous bifurquez à gauche dans une descente rapide. Après une bâtisse isolée en sous-bois, franchissez le Garon par le gué ou par l'une des deux passerelles situées juste en aval* de son confluent avec le Furon. Le Garon, qui prend sa source sous le col des Brosses, à l'ouest d'Yzeron, a gardé son caractère sauvage : la truite fario et le cincle plongeur fréquentent ses eaux vives. Descendez sa rive droite*. Après une petite maison, puis un petit bois, le sentier s'écarte de la rivière pour traverser une prairie, au milieu de laquelle se présente une patte-d'oie [4]. Restez à droite pour gagner le fond de l'herbage, rentrez en forêt (chiffre 4 sur un arbre), puis grimpez un bref «raidillon» jusqu'à un chemin transversal [5]. Remontez-le à droite à mi-pente d'un vallon touffu, où chênes, charmes et frênes se plaisent. Sur le haut, un parc privé abrite une belle pièce d'eau entourée d'arbres magnifiques : frênes, érables, marronniers, tilleuls, robiniers... Au crépuscule, à la belle saison, l'appel flûté du hibou petit-duc y résonne. Suivez ensuite à gauche un large chemin carrossable [6]. A 100 m, faites un aller-retour, à droite, pour découvrir «le Chameau» [7], l'une des dernières arches au beau parement réticulé d'une série de quatre-vingts presque toutes détruites : certaines s'élevaient à 18 m ! De retour au croisement, continuez tout droit sur 100 m, puis à droite et à gauche en suivant les panneaux «la Gerle», nom patois qui désigne le réservoir de chasse du siphon du Garon.

L'accès final s'effectue par une sente dans un champ de blé 8, à respecter absolument. Au nord, remarquez les ouvertures d'où partaient les tuyaux en plomb. De l'autre côté de la vallée, au nord-est, la Gagère, le réservoir de fuite, est visible. Revenez sur vos pas jusqu'au parc avec l'étang pour redescendre le vallon (ignorez les deux sentes qui descendent à gauche vers le Garon), puis décrivez par le même chemin une large boucle dans la chênaie-charmaie de l'Appent 9 : la délicate phalangère à fleurs de lis aux longs épis blancs s'y épanouit en juin ; chanterelles et lépiotes élevées feront le bonheur des amateurs de champignons, en saison. Après une courte montée, à la sortie du bois, poursuivez tout droit au croisement 10, «la Gerle» est à votre droite. Après la ferme, suivez à gauche le long d'un mur riche en matériaux de l'aqueduc, le chemin de la Gerle, asphalté, à travers des prairies de fauche. 500 m après le Puisat, à l'angle d'une villa et d'un tranformateur EDF 11, quittez-le à gauche pour dévaler le chemin de Raze-Bagnon (pancarte). Après avoir négligé deux chemins sur la droite, il devient encaissé et boueux : pour éviter de «patauger», suivez à droite le talus aménagé (glissant par temps de pluie). Passé un goulet, la combe s'ouvre sur un pâturage (ânes), puis débouche sur la ferme de Raze-Bagnon. En bas, avancez 100 m sur la gauche 12 pour contempler les premières arches du «pont-siphon». De retour à la ferme, suivez la route qui longe puis franchit le Garon pour regagner votre véhicule.

Les aqueducs romains de *Lugdunum*

Moins de trente ans après sa fondation, en 43 avant J.-C., *Lugdunum* devient sous l'empereur Auguste la capitale des Gaules. Symbole de la grandeur de l'Empire, la cité est dotée rapidement des grands équipements publics qui caractérisent la civilisation romaine, urbaine par excellence : forum, temples, théâtre, thermes... Elément vital, l'eau potable est fournie en abondance par des aqueducs qui la collectent à grande distance au cœur des châteaux d'eau naturels que sont les monts d'Or, les monts du Lyonnais (Yzeron, vallée de la Brévenne) et le massif du Pilat (Gier). Ils arrivaient à Saint-Irénée d'où ils gagnaient la ville : 75 000 m^3 d'eau par jour alimentaient fontaines, citernes et thermes. Avec ses quatre aqueducs représentant plus de 200 km de canalisation, *Lugdunum* est, après Rome, la cité antique pour laquelle ont été développés les plus grands travaux d'adduction d'eau.

Pour découvrir ces prodigieux monuments antiques, consultez le guide du patrimoine rhônalpin n° 3 : *Autour de Lyon, les aqueducs romains* par Jean Burdy.

"Le Chameau" à Soucieu-en-Jarrest, Le pont du Mornantet à Mornant et ci-contre, à droite, les arches du Plat-de-l'Air à Chaponost, splendides vestiges de l'aqueduc romain du Gier.

4 BOUCLE DU RENARD
dépression du Jarez

A 29 km de Lyon, entre les monts du Lyonnais et le massif du Pilat, le plateau et les combes de Saint-Jean-de-Touslas en balcon de la vallée du Gier offrent une promenade aux attraits variés (maisons-fortes, architecture traditionnelle, vastes panoramas, vallons frais et ombragés).

fiche technique

Durée : 2 h
Longueur : 7,8 km
Dénivelé : 58 m

Le massif du Pilat ourle l'horizon du plateau du Lyonnais.
Œuvres du curé Cognet, les singulières mosaïques de la sacristie de Saint-Jean-de-Touslas.

Difficulté : aucune
Période : toute l'année
Equipement : randonnée classique
Balisage : violet, vert, renard, incomplet
Carte IGN 1/100 000 : n° 51, pli B3
Carte-Guide IGN 1/25 000 ; n° 2932 est : Mornant
A voir aux environs : églises romanes des coteaux du Lyonnais (St-Vincent à St-Laurent d'Agny, église du vieux bourg à Montagny, prieuré et église de Taluyers), chêne monumental (proche du château de Layer) à St-Maurice-sur-Dargoire, bourgs médiévaux de Mornant (maison de pays) et de St-Andéol-le-Château, vestiges de l'aqueduc du Gier : pont des Granges à St-Maurice-sur-Dargoire (accès : après les Granges, faire 600 m vers Jurieux, puis avant la Chandelle, prendre à pied un sentier à gauche sur 400 m, pont à 100 m à droite), pont du Mornantet à Mornant (en contrebas du carrefour D 30/D 63(vers St-Sorlin), landes humides entre Montagny et Chassagny, zoo de St-Martin-la-Plaine (centre de reproduction d'espèces menacées d'extinction).

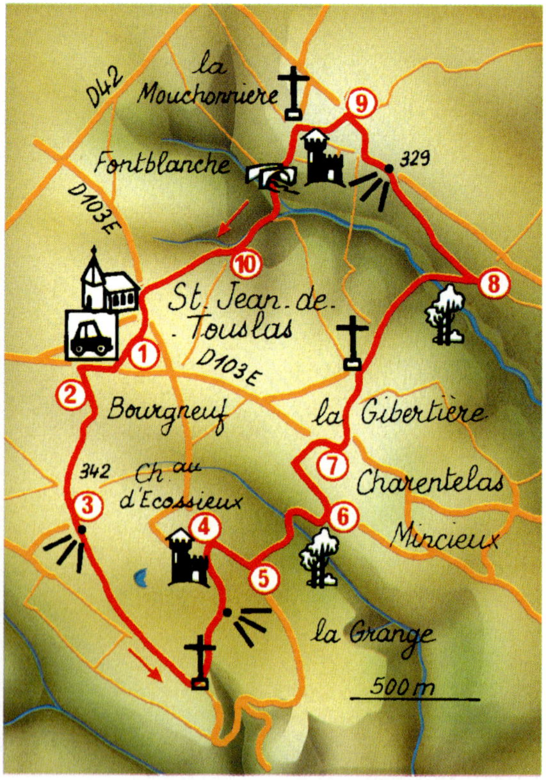

Coteaux du Lyonnais

Le château d'Ecossieux (XVIe s.).

itinéraire d'accès

Sortez de l'agglomération lyonnaise par la D 42 ou par l'A 7, sortie à l'échangeur de Pierre-Bénite-Sud, en direction de Rive-de-Gier. Après le carrefour de Bellevue, prenez la première route à gauche, la D 103e, jusqu'à St-Jean-de-Touslas : parking de l'église.

Transports en commun : transports publics 69, ligne n°125 Lyon/St-Etienne, arrêt St-Maurice-sur-Dargoire - Fontblanche (à 600 m de St-Jean-de-Touslas), tél. : 78 62 67 69.

description

Les singulières mosaïques des murs de la sacristie sont l'œuvre du curé Cognet, vers 1930. Derrière l'église, passez devant le garage Citröen pour vous enfiler aussitôt à droite dans un discret et étroit passage entre deux murets [1]. Après quelques cerisiers, le massif du Pilat apparaît au-delà de la dépression du Jarez, nom donné aux deux versants, Lyonnais et Pilat, dominant la vallée du Gier. La pierre granitique sombre et la tuile romaine sont deux constantes de l'architecture traditionnelle du pays. Arrivés à une petite route, suivez-la à droite sur 150 m avant de tourner à gauche vers Bourgneuf/Goutreuil [2]. A l'ouest, se profile le village de St-Maurice-sur-Dargoire alors que le panorama s'ouvre sur la vallée du Gier avec, au premier plan, le château d'Ecossieux (XVIe s., propriété privée). Après Bourgneuf, à la hauteur d'une ligne électrique moyenne tension [3], quittez la route qui vire à droite, pour continuer tout droit sur un chemin herbeux, le long d'un muret de pierres sèches. Champs de maïs, de céréales et prairies s'étalent autour de l'ancienne maison forte dotée d'un pigeonnier de 800 nids. 100 m après un cabanon en pierre, à un calvaire, bifurquez à gauche en direction du château (balisage violet et renard). Passez un carré de vignes : belle perspective au sud sur la combe du Losange et Dargoire. Après avoir longé le mur d'enceinte, au croisement [4], suivez à droite la route de Dargoire sur 200 m, puis obliquez à gauche juste avant la première maison de Paradis, à l'angle d'une mare [5]. Après une brève descente encadrée par deux murets dans un petit vallon humide (calvaire et splendide saule isolé), remontez sur le plateau jusqu'à un hangar agricole récent, à droite [6]. Quittez là le balisage pour emprunter à gauche un chemin en alignement avec le clocher de Saint-Jean-de-Touslas et offrant un horizon dégagé sur les monts du Lyonnais. Après un coude, vous rejoignez la D 103e [7]. Suivez-la à droite sur 100 m, puis allez à gauche vers la Gibertière. Evitez ce hameau par sa gauche. Au splendide calvaire en pierre daté de 1669 et dédié à Saint-Jean et à Saint-Philippe, descendez à droite [8] vers un sillon vert dominé au nord par le château de la Mouchonnière : la combe d'Allier. Négligez un premier chemin sur la gauche puis le chemin principal, lorsqu'il tourne à droite, pour rejoindre le fond du vallon par un chemin creux entre deux murets. A la belle saison, la combe, ombragée à souhait, est un havre de fraîcheur et contraste étonnamment avec l'aridité du plateau. Peupliers, charmes, noisetiers et tilleuls forment un sous-bois touffu. Sous de gigantesques peupliers de plus de 30 m de hauteur, vous retrouvez le balisage violet, vert et renard avant de traverser le ruisseau à gué ou par la passerelle (borne en pierre au milieu des eaux). Remontez le versant sud : après un beau frêne, les chênes pubescents s'imposent à mi-pente le long d'un muret de pierres sèches bordé de genêts et d'aubépines (nombreux lézards et reptiles). Au croisement [9], de retour sur le plateau, prenez à gauche un chemin engazonné qui surplombe la combe. A la hauteur de quelques arpents de vigne, le château de la Mouchonnière apparaît à nouveau. A la cote* 329, continuez sur une petite route. Après une double courbe, dirigez-vous à gauche vers le château [10]. Contournez-le par la droite et admirez son entrée nord encadrée de deux tours pourvues de meurtrières en forme de croix (calvaire de 1751). Plongez ensuite vers la combe d'Allier par un ancien chemin à même la roche, parfois envahi par les orties à la belle saison. Un pittoresque pont en pierre vous invite à goûter à nouveau le charme paisible du ruisseau. Durant la montée, ignorez deux chemins à droite (mare à mi-pente). A une patte-d'oie [11], restez à droite entre des haies : beau coup d'œil en arrière sur le château. Passez le cimetière puis la caserne des sapeurs-pompiers pour rejoindre le centre du village.

Le plateau et les coteaux du Lyonnais

Contrefort oriental des monts du Lyonnais, cette région est une succession de vallées et de collines entre 250 et 500 m d'altitude orientées vers le couloir rhôdanien et la vallée du Gier. Zone d'agriculture prospère dès l'Antiquité, vouée aux cultures fruitières, maraîchères et à la vigne, c'est un pays chargé d'histoire (aqueduc romain du Gier, églises romanes, bourgs médiévaux), paisible et ensoleillé, d'où le regard s'étend jusqu'aux Alpes. Le charme presque toscan de cette campagne séduisit dès le XVIe s. les négociants italiens, puis les riches commerçants et bourgeois lyonnais qui y implantèrent leur résidence de campagne appelée "maison des champs". De dimensions imposantes, souvent richement décorées par des fresques murales, leur façade, orientée vers le Rhône, était parfois encadrée d'ailes Renaissance ou de galeries, face à un jardin en terrasses à l'italienne. Entre Oullins et Vernaison, certaines sont devenues publiques ou peuvent se visiter sur rendez-vous : à Pierre-Bénite, le Grand Perron intégré à l'hôpital Jules Courmont ; le château de Laye et parc de Beauregard à Saint-Genis-Laval, la Damette à Irigny, la mairie de Grigny... Le vignoble historique de Lyon, les Coteaux du Lyonnais, s'étend jusqu'à la vallée de l'Arbresle (240 ha en aoc* sur 49 communes) et a connu son apogée à la même époque, religieux et bourgeois favorisant et protégeant la culture de la vigne. Fruités, gouleyants, riches en parfums, les rouges issus de cépage gamay et vinifiés selon la méthode beaujolaise, accompagnent agréablement les cochonailles lyonnaises et les fromages de chèvre, et s'apprécient en primeur ou dans les deux ou trois années qui suivent la récolte. Les cépages chardonnay et aligoté produisent des blancs qui se marient avec bonheur aux poissons, crustacés et fruits de mer.

Bourgs médiévaux et églises romanes jalonnent les coteaux du Lyonnais. De gauche à droite : église du vieux bourg de Montagny, chapelle Saint-Vincent, chapelle Saint-Lazare à Saint-Martin-de-Cornas.

«Vienne la Belle», «Vienne la Sainte»
(Balade suivante)

La ville, installée dans un amphithéâtre de collines, s'est développée dans la plaine alluviale du Rhône. Au 1er s. avant J-C., la capitale des Allobroges fut prise par les troupes romaines cinquante ans avant la conquête de la Gaule. Elle devint pendant deux siècles l'une des cités les plus importantes de la province de Narbonnaise. C'était une mégalopole dotée de nombreux monuments publics : théâtres, temples, odéon, cirque, entrepôts... Sa puissance, sa splendeur et son opulence lui valurent le surnom de «Vienne la Belle» (Martial). Sur la rive droite du Rhône, les vestiges découverts à Saint-Romain-en-Gal offrent, sur plus de 2 ha, l'image exceptionnelle d'un quartier de la Vienne antique abandonné au IIIe s. après J-C.. Les entrepôts, ateliers et boutiques évoquent l'activité et la richesse d'une ville tournée vers le fleuve. Les grandes maisons voisines, avec leurs jardins intérieurs entourés de colonnades, leurs fontaines, leurs sols de mosaïque, ressuscitent le luxe de l'art de vivre romain. Apparue dès le IIe s., la religion chrétienne marqua la cité jusqu'au XVe s. et lui valut son second surnom de «cité Sainte». De nombreux édifices religieux, témoins du Moyen Age viennois où s'exerça le pouvoir temporel des comtes-évêques, sont des références de l'histoire de l'architecture française.

Pour découvrir la Vienne romaine, ne manquez pas le temple d'Auguste et de Livie, le théâtre romain, la Pyramide, le musée des Beaux-Arts et d'Archéologie, la cité et le musée archéologique de St-Romain-en-Gal. Les étapes indispensables de la Vienne chrétienne sont la cathédrale St-Maurice (XIIe-XVIe s.), l'église et le cloître St-André-le-Bas (XIIe s.), le musée lapidaire de l'église St-Pierre.

Informations et horaires d'ouverture auprès de l'office de tourisme de Vienne, cours Brillier - 38200 Vienne, tél. : 74 85 12 62.

Panorama de Vienne depuis le mont Pipet.
Le temple d'Auguste et de Livie. La cathédrale Saint-Maurice.
Le théâtre romain. Le site de Saint-Romain-en-Gal.

5 DE LONES EN TERRASSES
au royaume du castor

A 41 km de Lyon, promenade le long du Rhône face à l'île du Beurre à la rencontre d'un fleuve encore sauvage, puis, de coteaux en vignobles, jusqu'au belvédère de Semons où 30 km de fleuve s'offrent au regard.

fiche technique

Durée : 2 h
Longueur : 3 km
Dénivelé : 148 m
Difficulté : aucune
Période : toute l'année
Equipement : randonnée classique ou bottes, jumelles
Balisage : blanc/jaune, sentier du PNR* Pilat
Carte IGN 1/100 000 : n° 51, pli C3
Carte-Guide IGN 1/25 000 : n° 3033 ouest Roussillon

A voir aux environs : Condrieu : promenade sur l'ancien chemin de halage, maison de la Gabelle et église St-Etienne (XIVe s.); Vienne romaine et chrétienne : temple d'Auguste et de Livie, théâtre romain, cité et musée archéologique de St-Romain-en-Gal, cathédrale St-Maurice (XIIe-XVIe s.), église et cloître St-André-le-Bas (XIIe s.), musée lapidaire de l'église St-Pierre, musée des Beaux-Arts et d'Archéologie; villages de St-Michel-sur-Rhône et de Chavanay ; réserve naturelle de l'Ile de la Platière ; table d'orientation du mont Monnet.

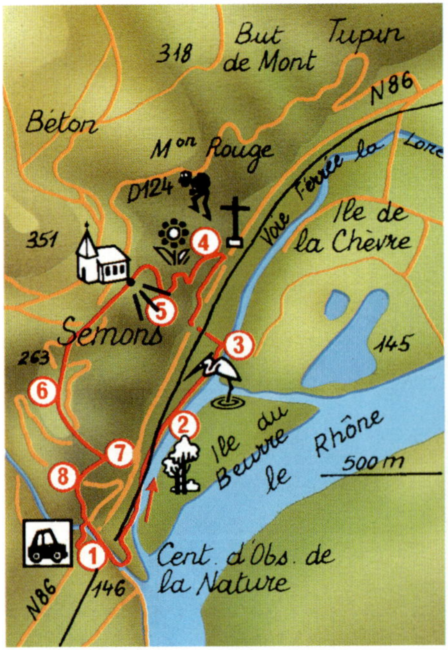

Le Rhône et l'île de la Chèvre depuis la terrasse de Semons.

itinéraire d'accès

Descendez la vallée du Rhône par l'A 7. Après Vienne, sortez vers Condrieu/Ampuis poursuivez la N 86 jusqu'à Tupins. 2 km plus loin, garez-vous à droite, au parking du Centre d'observation de la nature de l'Ile du Beurre.

Transports en commun : ligne SNCF n° 503 Lyon/Vienne/Valence, arrêt Condrieu, Transports Publics 69 lignes n° 115 Lyon/Vienne/Pélussin et n° 123 Lyon/Annonay, arrêt Condrieu (départ de la balade à 1 km par la N 86, direction Lyon), tél. : 78 62 67 69.

description

Du parking, gagnez à gauche le pont sur la D 124 vers Semons, où il faut prendre à gauche le chemin le long du ruisseau de Bassemon [1]. Passant sous les ponts de la nationale et du chemin de fer, il conduit à une passerelle qui rejoint le Centre d'observation de la nature de l'Ile du Beurre, édifié sur la rive droite* du Rhône. Des expositions permanentes permettent de découvrir les mystères des lônes*, leur faune et leur flore sauvages. Du centre, le sentier suit une palissade, puis longe la lône* de l'Ile du Beurre. Son étymologie provient vraisemblablement de l'altération du mot «bièvre» qui signifie castor en vieux français. Ce bras du Rhône est le témoin d'un passé où le fleuve divaguait dans son lit alluvionnaire. Le site est protégé par un arrêté de biotope. Après avoir côtoyé la voie ferrée, progressez en silence le long de l'eau calme, masquée à la belle saison par la luxuriante végétation de la «vorgine». Peupliers noirs et blancs, aulnes, saules et arbres de Judée, envahis par une abondance de lianes comme le houblon, colonisent densément les rives. Erables negundo et robiniers introduits par l'homme abondent également. Plus en arrière, se

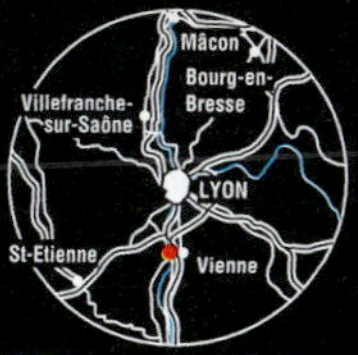

trouve une forêt humide de frênes et d'ormes, qui, malheureusement, a souvent été remplacée par une peupleraie. Peu après, faufilez-vous grâce à une barrière de cannisses jusqu'à un observatoire en bois [2]. Armé de jumelles et d'un peu de patience, laissez-vous imprégner par l'atmosphère indicible de ce monde sauvage. C'est le temps qu'il faut pour que surgisse un héron cendré dont une colonie est établie dans les arbres en face, une aigrette, ou un martin-pêcheur filant au ras de l'onde... A moins qu'un faucon hobereau ne chasse les libellules ou qu'un balbuzard de passage ne plonge sur un chevaine... L'hiver, de nombreux grands cormorans fréquentent un dortoir sur l'île. De mars à août, les milans noirs survolent sans cesse les frondaisons en lançant leurs vibrantes trilles. Au total, plus de 150 espèces d'oiseaux y ont été recensées ici. Le castor n'est pas loin. Animal nocturne, il ne sort qu'au crépuscule. Les traces de ses activités sont plus faciles à déceler, notamment les souches rongées en pointe de crayon *(cf encadré)* Attention de ne pas le confondre avec deux autres rongeurs aquatiques présents ici : le ragondin et le rat musqué, tous deux originaires d'Amérique.

Mais il faut repartir sur le sentier. A la barrière marquant la limite de l'espace protégé [3], le chemin s'oriente à gauche vers le coteau, passe dans un tunnel sous la voie ferrée, puis rejoint la N 86. Avec prudence et en tenant vos enfants par la main, traversez-la et suivez-la à droite. A 50 m, évitez-la en vous écartant à gauche sur une bretelle parallèle (panneau d'informations du PNR* Pilat). Puis, on la longe à nouveau brièvement, jusqu'à un calvaire où vous montez à gauche une voie goudronnée le long d'un ruisseau (balisage blanc/jaune). Dans le premier virage à gauche, passez sous une arche de

Le Rhône au confluent de la lône de l'île du Beurre. Ses eaux calmes et ses rives envahies par la vorgine, relictes d'un Rhône sauvage sont des refuges pour la faune et la flore.*

H.C.

Le castor

Autrefois, le castor était présent sur tous les grands cours d'eau français. Son ancien nom, le «Bièvre» baptisa nombre de lieux-dits. C'est dans la vallée du Rhône qu'il trouva son ultime refuge à la fin du XIXe s.. Chassé et piégé intensément pendant des siècles pour sa fourrure, son castoreum et sa viande, il n'en restait plus qu'une centaine au début du siècle en France. Le plus gros rongeur d'Europe peut atteindre 35 kilos, pour 1,30 m de longueur, et une durée de vie de l'ordre de 20 ans. Bien adapté à la vie aquatique, il se propulse dans l'eau à l'aide de ses pattes postérieures palmées ; sa queue, large, plate et écailleuse lui sert de gouvernail. Surtout nocturne, il est difficile à surprendre. Ecorces rongées, troncs abattus, branches cisaillées en biseau ou en pointe de crayon au voisinage de l'eau trahissent sa présence. Le long du Rhône, il creuse dans les berges des «terriers-huttes» dont l'entrée est toujours immergée. Très territorial, il marque son domaine avec une sécrétion appelée castoreum et vit en cellule familiale comprenant les parents et les deux dernières portées, soit environ 8 individus. Saules, aulnes et peupliers sont très appréciés comme nourriture en hiver et comme matériaux de construction avec lesquels il colmate sans cesse trous et brèches d'où l'eau s'échappe. A la belle saison, il se nourrit surtout de végétation aquatique et herbacée cueillie sur les rives. Si vous souhaitez le surprendre, tentez votre chance, à la fin du printemps, le soir, lorsque les nuits sont courtes, mais patience et silence, l'animal est malin et est un as de la plongée avec un record de 14 minutes sous l'eau !

pierre [4]. Un ancien chemin grimpe hardiment parmi les «cheys», nom local des murets dont certains datent de l'époque romaine. Le gneiss* du sous-sol affleure par endroits. La nature a repris quelques droits sur ce coteau naguère cultivé. Des chênes pubescents se sont réinstallés, formant un rafraîchissant sous-bois où poussent l'arum d'italie, l'hellébore fétide et le piquant fragon. Plus haut, au niveau de trois grands cèdres, la vue se dégage entièrement sur le fleuve. Jadis, de constantes relations s'effectuaient à pied entre le piémont et la «plaine» en raison des diverses activités agricoles qui s'y déroulaient : céréales et maraîchage en bas, vigne sur les coteaux, élevage, arboriculture et céréales sur le plateau. Chaque commune de la vallée du Rhône possédait ainsi plusieurs terroirs aux productions diversifiées et complémentaires. A proximité de beaux chênes, une patte-d'oie se présente [5]. Avant de poursuivre l'ascension à droite, avancez-vous de 10 m pour profiter, à l'entrée d'une vigne, d'un superbe point de vue sur la vallée et la lône*. Au sommet du coteau, le sentier passe entre les maisons et rejoint l'église. La paroisse fut longtemps à Tupin et les gens de Semons y descendaient par le coteau. Emportée par l'une des plus fortes crues du Rhône en 1711, elle fut reconstruite au sommet de la colline. A l'intérieur, Notre-Dame-de-Semons donnait lieu à un pèlerinage annuel des bateliers du Rhône. De sa terrasse, le lit du Rhône se découvre sur plus de 30 km, encadré par le piémont du Pilat et les moraines boisées du Bas-Dauphiné, avec, en toile de fond, les Alpes. Jusqu'en 1934, une tour servait d'observatoire à un armateur qui surveillait la bonne navigation de ses navires. L'île du Beurre est malheureusement bien une survivance du Rhône sauvage. A Tupin-Semons, le fleuve n'a miraculeusement pas été endigué, mais élargi et relevé. Les peupleraies plantées par l'homme ont partout remplacé la forêt alluviale originelle. En amont*, le barrage de Vaugris contient le Rhône. En aval*, son cours est canalisé pour prévenir ses crues et surtout produire de l'énergie électrique. Dompté par la Compagnie nationale du Rhône, le fleuve n'est plus ce *«taureau furieux et qui court vers la mer»* évoqué par Michelet...

Après le parking du belvédère, traversez la route pour descendre en face un chemin parallèle qui la croise ensuite à deux reprises. A l'aplomb de la combe boisée du ruisseau de Bassemon (cabanon en tôle), le sentier se faufile entre une vigne et un verger [6], puis traverse une nouvelle fois la route de Condrieu. Ces terrasses brûlées par le soleil et bien drainées favorisent un vignoble de qualité justement nommé côte-rôtie *(cf encadré)*. Le sentier dévale la pente, engoncé entre deux hauts murets, puis vire à droite vers un petit bois [7]. Une fenêtre aménagée dans le mur offre une belle vue sur la pointe sud de l'Ile du Beurre. De part et d'autre, amandiers et micocouliers sont les témoins de l'influence méridionale qui remonte le sillon rhodanien. Une dernière fois, il coupe la route et se poursuit, décalé de 5 m sur la droite [8] (balise sur poteau téléphonique). En bas, par la départementale, vous retrouvez à droite le pont proche du parking.

Centre d'observation de la nature de l'île du Beurre - 69420 Tupin-Semons. Tél. : 74 56 62 62. Ouvert du lundi au vendredi de 9 h à 12 h et de 14 h à 17 h, de 14 h à 18 h les samedis et dimanches. L'accès à l'observatoire est libre toute l'année. Les amoureux du Rhône sauvage pourront également découvrir ce milieu devenu exceptionnel à la réserve naturelle de l'île de la Platière *(cf encadré, balade n°6)*.

Les grands vins de France les plus méconnus

Il y a deux mille ans déjà, les auteurs latins Martial, Pline l'Ancien, Columelle, le grec Plutarque célébraient le vin «viennois». Les plus anciens vignobles de France s'étendent sur la rive droite* de la vallée du Rhône. Sur les sols granitiques* et schisteux* des coteaux à très forte pente entre Vienne et Valence, sont élevés des crus puissants d'une grande finesse et aux arômes complexes. En descendant le fleuve d'Ampuis à Saint-Péray, on rencontre le côte-rôtie (rouge), le condrieu et le château grillet (blancs), le saint-joseph (rouge et blanc), le cornas (rouge) et le saint-péray (blanc). Les crozes-hermitage et ermitage sont situés sur la rive gauche*. La renommée de ces vins, appelés autrefois «vins de rivage», fut propagée au fil des siècles par les mariniers. Les tables princières d'Angleterre, de Russie, de Prusse et, bien sûr, de France les appréciaient. Deux de ces appellations se rencontrent au fil de vos balades.

Le nom de côte-rôtie, le plus septentrional des côtes du Rhône, sied admirablement aux coteaux brûlés par le soleil aux abords de Vienne. L'appellation s'étend sur 160 ha répartis entre les communes d'Ampuis, de Saint-Cyr et de Tupins-Semons. Elle produit des vins rouges de garde qui nécessitent 2 ou 3 années de vieillissement en fûts et n'atteignent leur plénitude qu'après plusieurs années. Issu principalement du cépage syrah, mais aussi du viognier, dans une proportion maximale de 20%, le vin de la côte-rôtie est d'un rouge profond, tannique et très long en bouche, au bouquet délicat, fin, à dominante de framboise et d'épices, avec une touche de violette. Il vieillit deux décennies sans faiblir et rivalise avec les premiers crus de bordeaux ou les bourgognes les plus réputés. Il se marie parfaitement avec les viandes rôties, le gibier et les fromages. Si l'on peut distinguer la Côte blonde et la Côte brune, c'est, qu'autrefois, un puissant seigneur d'Ampuis aurait, par testament, partagé ses terres entre ses filles, belles à ravir : l'une était coiffée de jour, l'autre de nuit.

Le condrieu et le château grillet, cas rare d'une AOC* produite par un seul domaine (2,5 ha), figurent parmi les blancs les plus rares et les plus originaux de France. Le minuscule vignoble du condrieu (16 ha) s'étend de Condrieu à Limony. Leur cépage unique, le viognier, est d'origine ancienne. Ce sont des vins de couleur jaune pâle aux reflets dorés, gras, souples, mais avec de la fraîcheur, très parfumés, à l'arôme floral où dominent l'abricot et la violette. Des vins exceptionnels et inoubliables pouvant se développer en vieillissant, notamment le château grillet, qui se boivent jeunes et accompagnent à merveille les mets de poissons.

Les échalas du vignoble de côte-rotie, le plus septentrional des côtes du Rhône dominent joliment le fleuve et la lône de l'île du Beurre. Terrasses du condrieu, l'un des plus exceptionnels vins blancs de France.*

6 GORGES DE MALLEVAL
la côtière du Rhône

A 52 km de Lyon, parmi vignes et vergers du piémont rhôdanien, promenade qui relie les berges du Rhône au village médiéval de Malleval niché au fond d'une gorge austère.

fiche technique

Durée : 1 h 50 sans la visite de Malleval
Longueur : 4,8 km
Dénivelé : 117 m
Difficulté : aucune
Période : toute l'année, à éviter par forte chaleur estivale
Equipement : randonnée classique
Balisage : blanc/marron sentier n° 8 PNR* Pilat, orange/bleu (tour de la Loire)
Carte IGN 1/100 000 : n°51, pli C3
Carte-Guide IGN 1/25 000 : n° 3033 ouest Roussillon, boucle n° 2 sentiers du PNR* Pilat
A voir aux environs : sentier de découverte de la réserve naturelle de l'île de la Platière, musée des Mariniers à Serrières, église St-Pierre (XIIe s.) à Champagne, vignobles de St-Joseph, parc naturel régional du Pilat (accueil à Pélussin), château XVe et XVIe s. à Lupé, prieuré des XIVe et XVIIe s. et site mégalithique de Pierre-Juton à Roizey, moulinage Barou à Vinzieux.

itinéraire d'accès

Descendez la vallée du Rhône par l'A 7. Après Vienne, sortez vers Condrieu/Ampuis pour suivre la N 86 jusqu'à St-Pierre-de-Bœuf. Dépassez le croisement avec la D 503, vers Malleval, pour monter vers le bourg. Ignorez une première route à gauche, pour prendre la seconde vers «base nautique/camping/complexe sportif» ; garez-vous immédiatement à droite, en contrebas de la N 86.

Transports en commun : transports publics 69 ligne n° 123 Lyon/Annonay, arrêt St-Pierre-de-Bœuf, tél. : 78 62 67 69.

description

Saint-Pierre-de-Bœuf est l'un des plus anciens ports de la vallée du Rhône (vieux quartiers et port méritent le détour au retour). Traversez avec prudence la N 86 pour monter à droite, 20 m plus loin (panneau d'information et départ du sentier n° 8 du PNR* Pilat), par le chemin du Pilat [1]. Immédiatement, une patte-d'oie se présente : suivez les balises à gauche, puis à droite au pied d'une villa. Entre les maisons, il rejoint au croisement avec la rue de Bonnardaux, le chemin de la Chana à prendre à droite [2] Après 80 m, engagez-vous à droite dans un chemin très encaissé entre un mur et un haut talus vertical (balises blanc/marron, VTT). Après des vergers de cerisiers, pêchers et poiriers, par une sente à droite, gagnez le haut de la croupe du Bonnardaux (croix, masure abandonnée) pour jouir d'un magnifique panorama circulaire. Limitée à l'ouest par la côtière granitique du Pilat appelée «le rivage» par les paysans de «la montagne», à l'est par les collines du Bas-Dauphiné, la plaine étroite du Rhône se dévoile, de la boucle de Condrieu à l'île artificielle créée par le canal de dérivation du barrage de Saint-Pierre-de-Bœuf. Son plan d'eau fait partie de la réserve naturelle de l'île de la Platière, enserrée plus au sud par le vieux Rhône et ses lônes* *(cf encadré)*. Dominé à l'ouest par les crêtes du Pilat, le défilé de Malleval est l'un des nombreux vallons encaissés qui entaillent les collines du piémont rhodanien. Ces reliefs souvent escarpés sont des refuges pour la faune et la flore : la remarquable phalangère à fleur de lis aux longs épis blancs fleurit en mai-juin à la lisière des chênaies sèches ; le hibou grand-duc, le plus grand rapace nocturne d'Europe, niche dans les escarpements et il n'est pas rare d'entendre au crépuscule son chant grave et sonore «hou...hô» résonner dans les vallons. En vis-à-vis, sous le château du Volan, les ceps de vigne sont élégamment disposés en éventail. Situés entre les vignobles de côte-rôtie et de st-joseph, ils donnent des vins depuis longtemps renommés.

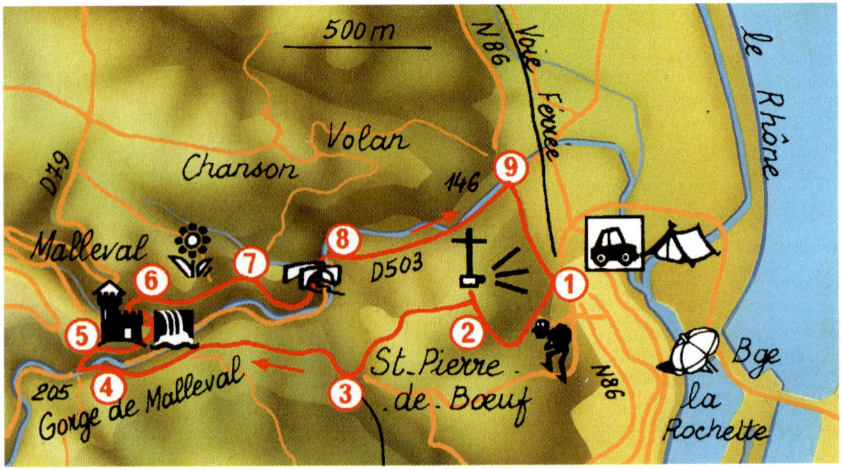

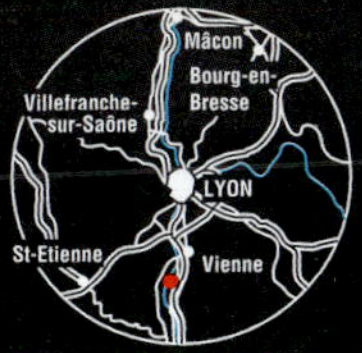

Reprenez le chemin qui s'oriente bientôt au sud-ouest en longeant des cerisiers puis une vigne. Après deux maisons, à la première fourche, continuez à droite. 30 m plus loin, à la seconde patte-d'oie [3], quittez le balisage VTT pour progresser à droite (balisage blanc/marron) sur un très agréable chemin horizontal en terrasse au-dessus de l'Alléon. La forte pente de ce versant nord a empêché toute valorisation agricole : les touffus bois de chênes, charmes, châtaigniers, frênes et robiniers ménagent régulièrement des points de vue sur le vallon. A la verticale, cerclent milans noirs, buses variables et bondrées apivores. Soudain, sous les crêtes du Pilat, Malleval (de Mala Valis, mauvaise vallée) apparaît, étageant ses maisons sur un éperon rocheux dominé par l'église et les vestiges de l'ancien château. Située sur un promontoire, au confluent de deux torrents, l'Epervier et le Batalon, cette ancienne place-forte, naturellement protégée, se trouvait sur une route impériale entre la vallée du Rhône et le Vivarais. Propriété des comtes du Forez, la cité médiévale avait plus de 300 maisons, deux cours de justice, une forte garnison et un grand marché. Les guerres de Religion ont précipité son destin : le 6 mars 1574, les huguenots l'attaquèrent et y mirent le feu. Les catholiques reprirent le château-fort et le rasèrent pour empêcher le retour de l'ennemi.

En contrebas du village, le grondement sourd du saut de Laurette, puissante cascade sur le Batalon, attire votre attention. Le sentier descend ensuite rapidement jusqu'à la D 503. Avant de la longer à gauche sur 100 m, traversez-la pour jeter un coup d'œil depuis le vieux pont en pierre [4] sur la combe du Batalon. Montez à droite vers Malleval, sur la D 79 en balcon des gorges [5]. Dans le virage, avant les premières maisons, repérez à droite le chemin sans issue (balisage blanc/marron et orange/bleu) par lequel vous reviendrez après la visite du village.

Le seigneur de la nuit

Le hibou grand-duc, le géant des rapaces nocturnes d'Europe est d'une grande discrétion. Il affectionne les escarpements des ravins du piémont rhodanien où il établit son aire sur une vire ou dans une cavité. Au crépuscule, le chant du mâle est une vibrante évocation de l'âme sauvage de la nature. De novembre à avril, sans quitter les routes, il est possible d'entendre ses appels, des *«hou-ôh...»* brefs et graves émis à intervalles réguliers qui portent à plus d'un kilomètre. La femelle à la voix plus aiguë peut répondre en duo à son partenaire. Son plumage est brun rayé de noir, la tête surmontée de deux grandes aigrettes mobiles souvent tenues à l'horizontale. Puissant opportuniste, il se nourrit de lapins, de surmulots, de petits rongeurs, de rapaces, de corvidés, de batraciens et même de poissons. Autrefois persécuté, il est aujourd'hui protégé par la loi et recolonise discrètement les territoires d'où il avait disparu : la population française est estimée à quelques centaines de couples.

La réserve naturelle de l'île de la Platière.

Il descend rapidement pour franchir le torrent de l'Epervier puis remonte à droite entre de belles maisons fleuries [6]. Un mûrier centenaire rappelle l'importante industrie de la soie qui, jusqu'à la fin du XIXe s., était alimentée par les vers à soie et les mûriers du Vivarais présents jusqu'à Pélussin. Le chemin se poursuit en terrasse, au pied de vignes qui ménagent une vue superbe sur Malleval. A quelques dizaines de mètres, la roche, qui affleure de toutes parts sur ce versant sud, est colonisée par le figuier de Barbarie, un des témoins avec le figuier, l'érable de Montpellier, le micocoulier, le chêne vert de l'appartenance de ce piémont au Midi. Comme dans toutes les régions méditerranéennes, le figuier de Barbarie ou opuntia, d'origine américaine, a été introduit ici : il se maintient dans le site depuis fort longtemps, épanouissant ses spectaculaires corolles jaunes en juin. La faune reflète également cette influence méridionale. La fauvette orphée, le pipit rousseline et l'engoulevent fréquentent bosquets et landes sèches. La perdrix rouge colonise les versants les plus chauds en compagnie de la genette, le chat du Moyen Age. Lézard hispanique au nom évocateur et chant des cigales les chaudes journées d'été sont d'autres acteurs de cette fresque ensoleillée. Arrivé à une fourche, prenez à droite un chemin à flanc d'anciennes terrasses [7] (balisage orange/bleu et VTT). S'inclinant à droite, il descend dans les chênes pubescents jusqu'au torrent du Batalon. Franchissez-le par une passerelle, puis descendez sa rive droite* jusqu'à une villa où vous rejoignez la D 503 [8]. C'est la partie la moins agréable du circuit : descendez-la sur son côté gauche jusqu'à sa jonction avec la N 86 à l'entrée de Saint-Pierre-de-Bœuf [9]. Le parking est à 400 m à droite.

La réserve naturelle de l'île de la Platière

Le Rhône, par ses divagations, ses dépôts d'alluvions* et ses crues a donné naissance à l'île de la Platière. Rescapée avec ses lônes* d'un temps où le fleuve n'était pas domestiqué, elle est le dernier massif de forêt alluviale naturelle, non exploitée, de tout le bas-Rhône : plus de 90 % des vastes forêts inondables qui bordaient autrefois le fleuve ont aujourd'hui disparu ! Même dompté, le Rhône reste au cœur de la vie de la réserve par ses crues, la proximité de sa nappe phréatique et l'humidité qu'il entretient. 240 espèces de vertébrés trouvent refuge dans des milieux très variés : eaux vives et dormantes, plages et vasières, berges entretenues par les castors, prairies sèches et une forêt riveraine à l'allure de jungle. Les lianes courent d'arbre en arbre (58 espèces de ligneux), les vieux arbres fondent sur place sous l'assaut des insectes et des pics. Une colonie de castors a élu domicile dans la lône. Se réfugiant le jour dans des «terriers-huttes», ils ne sortent qu'à la tombée de la nuit. Vous verrez plus facilement les indices de leur passage : traces laissées dans la boue ou arbres abattus. La réserve est également une halte importante pour les oiseaux migrateurs comme le balbuzard pêcheur, rapace piscivore. Plusieurs milliers d'oiseaux d'eau (fuligules, milouins, et morillons, colverts, foulques, grèbes, grands cormorans...) passent l'hiver sur le Vieux Rhône et sur la retenue de Saint-Pierre-de-Bœuf. Les hérons cendrés, présents toute l'année, nichent en colonie avec les hérons bihoreaux et les aigrettes garzettes.

Deux sentiers d'interprétation et un observatoire vous permettront de découvrir la faune et la flore de la réserve. N'oubliez pas vos bottes et vos jumelles. Silence, patience et respect de la législation de la réserve naturelle sont vos meilleurs atouts pour découvrir la vie sauvage. Accès depuis Sablons (Isère) : suivez la D 4 vers Roussillon sur 4 km ; juste avant le canal de dérivation du Rhône, tournez une première fois à gauche pour le remonter sur 1 km, puis une seconde fois avant un virage en S, parking à 500 m. Informations et *Guide du visiteur* sont disponibles auprès des Amis de la réserve naturelle de l'île de la Platière, rue César-Geoffray - 38550 Sablons, tél. : 74 84 35 01.

Au temps des «culs-de-piau»...

«Et pendant qu'en arrière le convoi
monte à long câble sur le Rhône,
au claquements des fouets, aux cris des hommes,
toute la ribambelle entre en rivière,
passeurs, charretiers, valetaille,
assis ou enfourchés sur les chevaux».

Frédéric Mistral, *Le poème du Rhône*

Témoignage de la vie d'autrefois des bateliers du Rhône, au temps du halage, le musée des Mariniers est installé à Serrières dans l' église Saint-Sornin (XIIe et XIVe s.). Cette ancienne paroisse des mariniers présente une charpente unique, en forme de «cul de barque», réalisée par des charpentiers de marine en 1350. Objets quotidiens et outils des «culs-de-piau» (surnom donné aux mariniers en raison des culottes doublées de cuir qu'ils portaient) sont exposés en compagnie de «croix des équipages» qui, fixées à la proue des barques, étaient destinées à les protéger contre le mauvais sort. Chaque marinier devait, au cours de sa vie, avoir fait sa croix sur laquelle apparaissaient les symboles de sa corporation et de la Passion du Christ.

Serrières est à 8 km de St-Pierre-de-Bœuf par la N 86 en direction de Tournon. Ouvert du 1er avril au 31 octobre, les samedis, dimanches et jours fériés sauf le 1er mai, de 15 h à 18 h; pour les groupes tous les jours sur rendez-vous; tél. : 75 34 00 46. Des joutes nautiques célébrant ce passé se déroulent chaque année à Givors, Condrieu, Serrières...

A gauche : émouvante "croix des équipages" au musée des Mariniers à Serrières. La chapelle Saint-Sornin qui l'abrite, présente une charpente du XIVe s. en forme de bateau (Photo ci-dessus).

Les "brandes", hautes landes à genêts à callune et à myrtilles des crêtes du Pilat.

Le parc naturel régional du Pilat

Créé en 1974, le parc naturel régional du Pilat s'étend sur 65 000 ha entre Lyon et Saint-Etienne. Situé entre Rhône et Loire, entre monts du Lyonnais et monts du Vivarais, ce massif qui date de l'ère primaire (du carbonifère, il y a 320 millions d'années) est l'extrême pointe nord des montagnes du Velay. Il fait partie du gigantesque plissement hercynien qui souleva la Bretagne, le Massif Central et les Vosges. Sa moitié sud-est est en granite*. Sa moitié nord-ouest se compose de gneiss* et de micaschiste* issus du métamorphisme* de roches sédimentaires ou volcaniques âgées de plus de 500 millions d'années. Un réseau de failles orienté sud-ouest/nord-est et réactivé par la formation des Alpes le parcourt. C'est une zone de contraste où coexistent collines et plateaux. Quatre régions peuvent se distinguer. Les crêtes et leurs versants au cœur du massif sont un morceau de l'ancien socle cristallin. Au sud-ouest, les plateaux de Saint-Genest-Malifaux et de la République s'inclinent vers la Loire en prolongeant les plateaux de l'Ardèche et du Velay. Le piémont rhodanien entaillé par des ravins domine le Rhône de 150 à 200 m. Enfin, à l'est, le versant du Jarez morcelé par des crêtes abruptes de micaschistes surplombe le sillon houiller de Saint-Etienne. Le massif est soumis aux influences méditerranéennes à l'est et atlantiques à l'ouest. Un climat montagnard s'y superpose à partir de 1 000 m d'altitude. 500 km de sentiers permettent de découvrir sa végétation extrêmement variée de l'étage collinéen* à un pseudo-étage subalpin*, des vignobles et plantes xérophiles du piémont rhodanien aux sapinières et landes d'altitudes. Plus de 100 espèces d'oiseaux nicheurs y ont été recensées. Véritable château d'eau naturel partageant ses eaux entre Méditerranée et Atlantique, il a toujours alimenté en eau les villes voisines. L'énergie produite par les chutes d'eau de ses rivières a permis l'installation de petites industries qui ont fait la prospérité du massif pendant le XIXe et au début du XXe s. Depuis longtemps, il offre plus d'emplois dans l'industrie et dans l'artisanat grâce notamment à la proximité des pôles stéphanois et lyonnais, et un grand nombre de ses exploitations agricoles sont tenues par des «double-actifs». Créé en 1974, le parc naturel régional a pour missions de protéger et de valoriser le patrimoine naturel et culturel du massif, d'assurer son développement par le soutien économique et social de ses activités humaines, enfin d'être une zone d'accueil et de séjour pour un tourisme rural *diffus*.

Le parc naturel régional du Pilat a édité une carte au 1/50 000 et un guide des sentiers du parc. Sur les richesses naturelles du massif, vous consulterez : *le Pilat, une nature contrastée*, le *Sentier flore* et *le Sentier ornithologique*. Pour découvrir accompagné sa nature sauvage, le Centre ornithologique Rhône-Alpes (CORA) et le Centre permanent d'initiation à l'environnement (CPIE) des monts du Pilat vous proposent des balades à thème tout au long de l'année (cf carnet d'adresses).

7 ROCHES DE MARLIN
chartreuse de Sainte-Croix-en-Jarez

A 48 km de Lyon, à partir de l'émouvante chartreuse de Sainte-Croix-en-Jarez aujourd'hui reconvertie en village, découverte d'un étonnant site mégalithique. Panorama remarquable sur le Jarez, la vallée du Gier et les monts et coteaux du Lyonnais.

fiche technique

Durée : 2 h 30
Longueur : 8 km
Dénivelé : 237 m
Difficulté : aucune
Période : toute l'année
Equipement : randonnée classique

Balisage : blanc/marron (sentier n° 8 PNR* Pilat), orange/bleu (tour de la Loire), blanc/jaune
Carte IGN 1/100 000 : n° 51, pli C3
Carte-Guide IGN 1/25 000 ; n° 2933 est : St-Chamond
A voir aux environs : croix en fer forgé à l'entrée du village de Pavezin; table d'orientation du mont Monnet (à partir du col de Grenouze sur la D 78); vieux bourg de Doizieux (XIIIe s.); la maison des Tresses et des Lacets à la Terrasse-sur-Dorlay.

itinéraire d'accès

Quittez l'agglomération lyonnaise en direction de St-Etienne par l'A 7 puis l'A 47. Sortez à Rive-de-Gier/centre pour remonter la D 30 sur 10 km jusqu'à Ste-Croix-en-Jarez. Parking à gauche de l'entrée de la chartreuse.
Transports en commun : aucun

description

De la place, face au portail monumental de la chartreuse, dirigez-vous à droite sur la D 30 vers Châteauneuf/Rive-de-Gier. 50 m après le pont en pierre, montez à droite la petite route vers Rochassieux [1]

Sedum âcre.

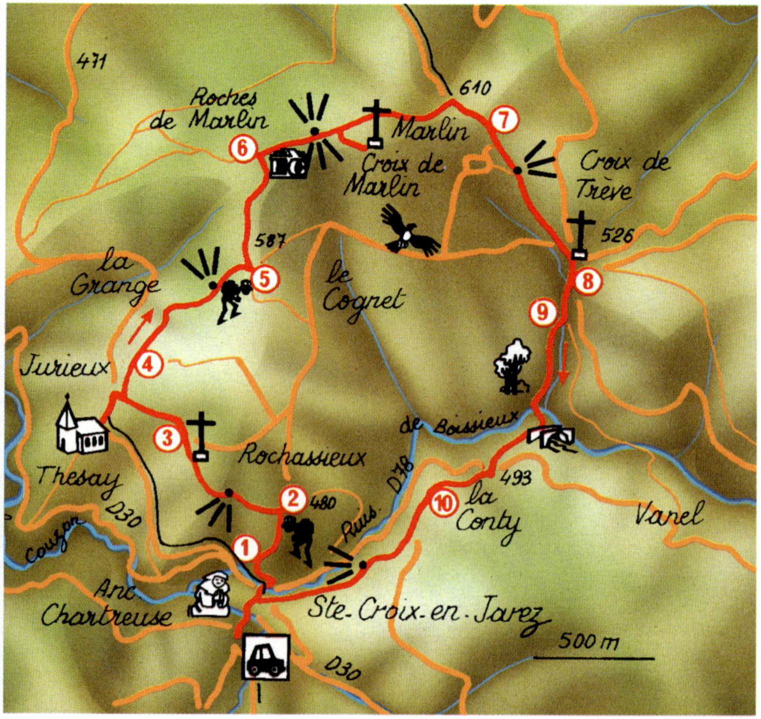

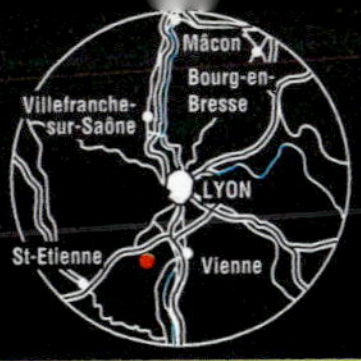

(pas de balisage). Dès le premier lacet, vous dominez magnifiquement la chartreuse, secrètement nichée au pied du versant nord du Crêt de Montivert. Après une villa, la pente se raidit entre prairies et champs de céréales. Face à la route qui va à droite vers Rochassieux [2], prenez à gauche un chemin herbeux à mi-pente, le long d'un bois de chênes et en balcon de la vallée du Couzon. A une croisée de chemins, à la verticale du hameau de Thésay (calvaire en bois), continuez tout droit (balisage jaune/blanc et bleu). Cerisiers et châtaigniers vous accompagnent. A la route [3], descendez à gauche vers Jurieux. Avant de prendre la première route à droite [4] vers les roches de Marlin, empruntée par le tour de Loire et le sentier Béatrice de Roussillon (sentier n° 8 du PNR* Pilat), les plus curieux iront admirer la chapelle romane de Jurieux qui, jusqu'à la Révolution, fut l'église paroissiale de Sainte-Croix-en-Jarez. Après une propriété, la route devient un chemin gazonné à travers champs. A l'aplomb de la ferme de la Grange, la pente se redresse dans des taillis de châtaigniers. En vis-à-vis, le vaste versant des Marandonnières, autrefois cultivé, s'est couvert d'une lande à genêt à balais qui le pare d'or à la fin mai. Au croisement de la cote* 587 (poteau indicateur), obliquez à gauche [5]. Les premiers mégalithes apparaissent en crête alors que vous traversez un bois récemment ravagé par un incendie. Un fabuleux panorama à 360 degrés se dévoile sur le Pilat, le versant du Jarez, la vallée du Gier, les monts du Lyonnais et la vallée du Rhône. Plus ou moins alignées le long de la crête, les roches de Marlin sont des pierres mégalithiques. Appelées aussi «pierres du Diable» ou «pierres qui chantent», des légendes y voient un lieu de culte païen. Il est vrai qu'il est facile d'imaginer dans ce site ouvert à tous les vents, les premiers hommes célébrer leurs rites

Les roches de Marlin, anciens lieux de cultes païens.
La chartreuse de Sainte-Croix-en-Jarez reconvertie en village depuis la Révolution.

A

B

païens sur ces autels naturels... Dans la lande à genêt et à aubépine, suivez la crête vers la droite 6 puis, en vous écartant à droite, faites un aller-retour jusqu'à la croix de Marlin, érigée sur une ancienne borne départementale. A la cote* 610, quittez le sentier n° 8 qui part à gauche vers Châteauneuf, pour descendre à droite à travers des herbages (balisage blanc/jaune). A 200 m, à une fourche 7, restez à gauche pour éviter le hameau de Marlin. Dévalez la pente jusqu'à une petite route qui rejoint 20 m plus loin la D 78. Rejoignez à droite le carrefour de la croix du Trève. Au départ de la route de La Chapelle 8, obliquez à droite sur un chemin bordé d'une haie d'aubépines, d'églantiers et de ronces. A 200 m se présente une patte-d'oie 9 : allez à droite pour vous rapprocher du fond du vallon bientôt très touffu (beaux acacias et frênes). Par une passerelle, franchissez le ruisseau de Boissieux, puis remontez vers la droite par un lacet. Au hameau de Conty, sur la D 78, prenez à gauche une petite route le long d'une belle étable 10. En gardant votre droite, à la fourche de la cote* 486, elle vous ramène à la chartreuse. Profitez de la vue plongeante pour découvrir les jardins suspendus qui entourent ses bâtiments. Sa visite est un précieux délassement après la balade.

(A) Les armoiries des Chartreux. (B) Détail des fresques du tombeau de Thibaud de Vassalieu (XIVe s.). L'âme du défunt est portée au ciel par deux anges. (C) La croix de Pavezin réplique de l'emblème des chartreux. (D) La cour des Pères. (E) Détail de sculpture d'une miséricorde des stalles de l'église. (F) Cellule de chartreux reconstituée. (G) Bas-relief représentant un chartreux méditant sur la mort.
A gauche : jardin suspendu attenant à chaque cellule.

La chartreuse de Sainte-Croix

C'est en 1280, trois ans après la mort aux croisades de son mari Guillaume de Roussillon, que Béatrice, poursuivant la croix et les sept étoiles d'argent qui lui étaient apparues dans un songe, rejoignit le vallon retiré du Couzon où elle fonda une chartreuse. Monastère jusqu'en 1792, année où les moines furent chassés, il fut vendu comme bien national aux habitants de Pavezin qui s'installèrent dans les lieux. Le monastère devint village et, en 1888, Sainte-Croix fut érigée en commune... Vos pas se dirigent d'abord vers le portail monumental orné de l'armoirie des chartreux : le globe terrestre surmonté de la croix et entouré de sept étoiles symbolisant saint Bruno, fondateur de l'ordre et ses six compagnons. La première cour était réservée aux activités des frères chartreux qui assuraient la vie de la communauté et l'exploitation des domaines. A gauche, un passage voûté mène à une belle grille en fer forgé (XVIIe s.) : l'accès aux jardins privés jadis cultivés par les moines. Revenez dans la cour pour pénétrer, au fond et à gauche, dans le monastère proprement dit par une longue ruelle pavée : autrefois un couloir entièrement voûté. En son milieu, face à l'église, se trouve l'ancienne cuisine (immense cheminée de style Renaissance) faisant office de salle d'accueil et d'exposition. La visite guidée permet notamment de découvrir l'église (remarquables boiseries : stalles avec leurs miséricordes et leurs accoudoirs sculptés, statues et église primitive avec ses fresques murales du XIVe s.) et une cellule reconstituée. Dans la cour des Pères, l'ensemble harmonieux des treize cellules suggère toujours le recueillement et la sérénité de la vie monastique. Les pères chartreux ont vécu là au cours des siècles, partageant leur temps entre la prière, l'étude et les travaux manuels selon la stricte règle cartusienne. Des traces d'arcades sur la façade à droite sont les vestiges du grand cloître détruit en 1840. Le clocher du XIXe s. est construit à l'emplacement des appartements de Béatrice. Chaque cellule comportait au niveau de la cour deux pièces servant d'oratoire et de chambre, une terrasse et un promenoir. Au-dessous se trouvait le bûcher, l'atelier et le jardin. Certaines portes des cellules (au fond de la cour) sont d'époque, plusieurs sont surmontées du blason des fondateurs. Au-dessus de l'une d'elles, un bas-relief représente un chartreux méditant sur la mort (au fond à gauche). Le passage souterrain, au centre de la cour, vous permet en remontant à droite d'un ruisseau de revenir par l'extérieur de la chartreuse devant son entrée.

Pour en savoir plus, consultez le dépliant *Sainte-Croix-en-Jarez, chartreuse du XIIIe siècle* et la brochure Promenons-nous dans la *chartreuse de Sainte-Croix* éditée par le PNR* du Pilat. Visite guidée de la chartreuse tous les jours à 10 h, 11 h, 14 h, 15 h, 16 h et 17 h ; tél. : 77 20 20 81.

C

D

E

F

G

L'ordre de saint Bruno

L'histoire des chartreux commence comme un conte de fées ! En juin 1084, Hugues, évêque de Grenoble, fait un rêve étrange. Sept étoiles lui étaient apparues... Au matin, se présentent à sa porte sept voyageurs. Celui qui semblait être leur porte-parole, s'adressa à l'évêque en ces termes : *«Mon nom est Bruno. Je cherche avec mes compagnons un endroit isolé où nous pourrions vivre dans la prière et la pauvreté.»* Ayant compris le sens de son rêve, Hugues conduisit les voyageurs en un lieu au cœur des montagnes que l'on connaissait sous le nom de désert de la Grande-Chartreuse. Ils y fondèrent un monastère. Ainsi naissait l'ordre des chartreux. L'austérité de l'ordre est légendaire et ne s'est jamais relâchée, même au Moyen Age. Une sévère règle commune, «les Coutumes», régit la vie des chartreux, vouée à la solitude par leur séparation du monde extérieur et leur isolement en cellule individuelle. Ils ne se réunissent que pour les offices et à certains moments très précis. A côté des pères, les frères vivant le même idéal de prière et de solitude consacrent une plus grande partie de leur vie aux travaux manuels. Paradoxe d'un ordre contemplatif, les chartreux se sont montrés au cours des siècles très entreprenants, pour subvenir à leurs besoins. Développant l'agriculture, l'élevage, l'exploitation de la forêt, le travail des métaux, leur puissance fut longtemps redoutée, mais profitable aux régions où ils s'étaient établis, par l'activité économique déployée. Au XIXe s., se développa la production de la fameuse chartreuse qui assure toujours aujourd'hui les revenus des communautés. Cette liqueur aux vertus curatives et à la saveur unique est issue de la macération naturelle de 130 plantes de montagne ! Son secret, à l'origine un élixir de longue vie confié aux moines par le maréchal d'Estrées en 1605, est transmis de génération en génération et jalousement gardé par trois moines qui, seuls, le connaissent. En période de distillation, ils quittent le monastère pour Voiron (Isère), où sont désormais installées les caves. Dix-sept chartreuses de moines et sept de moniales existent encore aujourd'hui. Défiant l'histoire, l'ordre a fêté ses 900 ans en 1984, semblant prêt à braver l'éternité comme l'affirme sa devise : *«La croix demeure, le monde tourne.»*

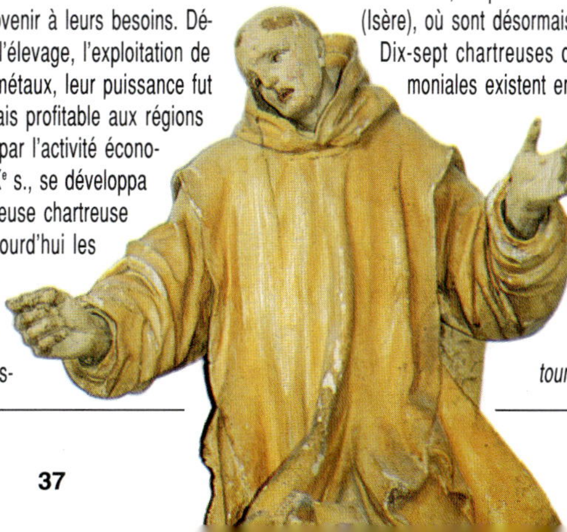

8 LES TROIS DENTS
balcon de la vallée du Rhône

A 70 km de Lyon, ces «rognons» de granite offrent une promenade initiatique au relief mouvementé : un splendide belvédère sur le versant oriental du Pilat, la vallée du Rhône, le Bas-Dauphiné et les Alpes.

fiche technique

Durée : 1 h 30
Longueur : 3 km
Dénivelé : 75 m
Difficulté : passages dans des chirats*, l'aide des mains est parfois recommandée, itinéraire à éviter si le rocher est mouillé
Période : printemps, été, automne selon enneigement
Equipement : randonnée classique
Balisage : aucun
Carte IGN 1/100 000 : n° 51, pli C2
Carte-Guide IGN 1/25 000 ; n° 2933 est : St-Chamond
A voir aux environs : table d'orientation du crêt de l'Œillon, sentier d'interprétation et chapelle de St-Sabin, centre d'informations du PNR* Pilat au Moulin de Virieu à Pélussin, chartreuse de Ste-Croix-en-Jarez.

itinéraire d'accès

Depuis Lyon, gagnez le PNR* Pilat au choix par l'A 7 (Marseille) ou l'A 47 (St-Etienne). Par l'A 7, sortez à Condrieu/Ampuis pour suivre la N 86 jusqu'à Chavanay où vous bifurquerez à droite sur la D 7. 3 km après Pélussin, tournez à gauche sur la D 62, puis à 400 m, à nouveau à gauche sur la D 63, vers le Bessat/col de l'Œillon. Au Collet de Doyzieux, continuez vers le col de l'Œillon (avant le col, profitez du belvédère de la Faucharat) : parking à gauche près de l'auberge.
Par l'A 47, sortez à la Grand-Croix pour rejoindre la D 88 et la suivre, à droite, vers St-Chamond. A 1 km, tournez à gauche sur la D 7 vers St-Paul-en-Jarez. Montez jusqu'à la Terrasse-sur-Dorlay. 3,5 km plus loin, au hameau de They, montez à droite la D 62 vers la Croix de Montieux, puis redescendez vers Pélussin jusqu'au croisement avec la D 63. Suivez ensuite l'itinéraire décrit plus haut.
Transports en commun : aucun

description

Du parking, montez au crêt de Graland, au pied de la tour carrée. Du terre-plein sommital, sur la gauche, l'échine rocheuse des Trois-Dents s'étire vers le levant et les Alpes scintillantes par temps clair. Le but de la balade est l'ultime rognon granitique de cette crête. Efforcez-vous dès à présent de mémoriser l'itinéraire qu'il vous faudra suivre en sens inverse. Descendez en suivant des sentes multiples dans les genêts en direction de la crête [1]. Evitez par la droite le premier éperon rocheux. Descendez ensuite avec prudence dans un chirat* vers le second rognon, accessible, mais que vous contournerez par sa droite à travers une lande à genêt, callune et myrtille, parsemée de fayards* malingres et d'alisiers blancs ou «allouchiers». Le port torturé de ces arbres témoigne des dures conditions auxquelles ils sont soumis en crête : vents permanents et souvent violents, froid, gel, sécheresse. Le sentier remonte vers la crête jusqu'à la roche Anglaise qu'il évite à nouveau par la droite [2]. Les plus curieux se hisseront sur son sommet par sa face est. En balcon des deux versants, vous progressez ensuite momentanément à droite de la ligne

Genêt purgatif.

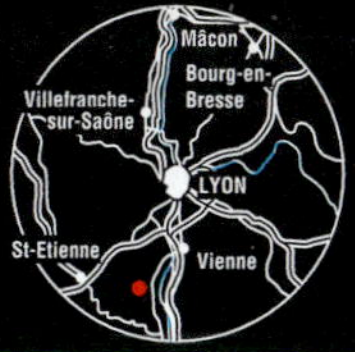

de crête, avant de gagner à quelques dizaines de mètres, en contrebas, un sentier qui traverse en terrasse des chirats*, quelques ronciers puis un boqueteau d'arbres 3. Cette muraille de pierres a une origine humaine. Elle délimitait vraisemblablement un lieu sacré et pourrait dater de l'âge du Bronze, 200 ans avant J-C. Peut-être y trouverez-vous le légendaire «puits aux Fées»... Le sentier remonte ensuite vers la crête, évite l'avant-dernier ressaut rocheux par la droite, puis rejoint enfin le sommet tabulaire du pic du Midi. Le magnifique panorama circulaire qu'il vous réserve effacera rapidement vos efforts. Les Trois Dents, proue orientale du massif, dominent des versants très abrupts, que ce soit au nord vers Pélussin, ou au sud vers Maclas. La vue embrasse la vallée du Rhône, de Vienne aux premiers plateaux ardéchois. Par temps clair, notamment par «ciel de traîne» après le passage d'une dépression, vous découvrez tout le Dauphiné et les Alpes : du nord au sud, surgissant derrière les Préalpes calcaires, le Mont-Blanc, les cimes de la Vanoise et le massif des Ecrins se distinguent facilement. Plus rarement, la vue s'étend au nord-est aux crêts du Jura et au sud-sud-est jusqu'au mont Ventoux, le «géant de Provence». Plein sud, à gauche du crêt de Peillouté, la chapelle de Saint-Sabin est un lieu de pèlerinage à découvrir après la balade *(cf encadré)*. Au-delà, se profilent les monts du Vivarais. L'échine du mont Pilat, hérissée de ses pylônes et tours au crêt de l'Œillon et au crêt de la Botte, barre l'horizon ouest. Un examen attentif des versants à vos pieds révèle le remarquable étagement de la végétation. Autour des chirats* du pic du Midi, la hêtraie-sapinière caractérise l'étage montagnard. Plus bas, le sapin disparaît, laissant la place au pin sylvestre, puis c'est au tour du fayard*, remplacé par le chêne sessile à l'étage collinéen autour de Maclas et de Pélussin. Revenez par le même itinéraire au crêt de Graland.

Du belvédère des Trois Dents, le regard porte par temps clair jusqu'au Vercors et aux Ecrins.

«L'herbe de saint Sabin»

La montagne de Saint-Sabin est un site stratégique, qui fut fréquenté dès l'âge du Bronze comme en témoignent une enceinte mégalithique sur son versant nord-ouest, un tumulus et une pierre levée. Ce sont peut-être des vestiges d'un culte ancien, dédié à un dieu protecteur des troupeaux, qui pourrait être à l'origine du pèlerinage de Saint-Sabin. Depuis le XVIIe s., chaque lundi de Pentecôte, la chapelle au sommet de la colline rassemble les fidèles. En érigeant l'édifice en 1683, les «soyeux» de Pélussin sollicitèrent la protection du saint envers les élevages de vers à soie récemment introduits dans le Pilat. Le rite consistait à faire bénir, ce jour-là, une poignée d'alchemille des Alpes cueillie autour de la chapelle. «L'herbe de saint Sabin» était ensuite placée sous le pouvoir magique du saint. Aujourd'hui, le bouquet, généralement accroché dans une étable, est censé protéger les animaux des maladies, de la foudre et procurer une bonne récolte de fourrage. De la famille des rosacées, cette plante se rencontre sur les pelouses rases et acides d'altitude. Ses fleurs minuscules sont de couleur vert jaunâtre. Ses feuilles, divisées en 5 à 7 lobes profonds, ont la propriété de recueillir des gouttes de rosée qui entraient autrefois dans des préparations d'alchimiste, d'où son nom. Elle possède des vertus sédatives et astringentes.

Pour apprécier pleinement le sentier de Saint-Sabin, procurez-vous le dépliant du PNR* Pilat, disponible au siège du PNR* à Pélussin et à l'auberge de Saint-Sabin. Accès depuis le col de l'Œillon : redescendez la D 63 en direction le Bessat sur 2 km, puis tournez en épingle à cheveux à gauche sur la petite route qui arrive après 4 km à l'auberge , puis à la croix de Saint-Sabin (parking).

L'alchemille des Alpes ou "herbe de saint Sabin".

9 CRETES DU PILAT
sur les traces de Jean-Jacques Rousseau

A 73 km de Lyon, l'échine dorsale du Pilat offre une évasion aux airs alpestres à travers «brandes», éboulis et bois. Un balcon magnifique sur les Alpes, les monts du Vivarais et du Forez, la chaîne des Puys et les monts du Lyonnais à consommer sans modération !

fiche technique

Durée : 2 h 30
Longueur : 8,2 km
Dénivelé : 132 m
Difficulté : aucune
Période : printemps, été, automne selon enneigement
Equipement : randonnée classique
Balisage : blanc/marron, sentier n° 4 PNR* Pilat
Carte IGN 1/100 000 : n° 51, pli C2
Carte-Guide IGN 1/25 000 ; n° 2933 est St-Chamond
A voir aux environs : sentier d'interprétation et chapelle de St-Sabin, maison de la Passementerie à Jonzieux, centre d'informations du PNR* Pilat au Moulin de Virieu à Pélussin, chartreuse de Ste-Croix-en-Jarez.

itinéraire d'accès

Depuis Lyon, gagnez le PNR* Pilat au choix par l'A 7 (Marseille) ou l'A 47 (St-Etienne). Par l'A 7, sortez vers Condrieu/Ampuis pour suivre la N 86 jusqu'à Chavanay où vous prendrez à droite la D 7. 3 km après Pélussin, tournez à gauche sur la D 62, puis à 400 m, à nouveau à gauche sur la D 63, vers le Bessat/col de l'Œillon. Au Collet de Doyzieux, continuez vers le col de l'Œillon, puis vers St-Etienne/croix de Chaubouret. Après 7 km, suivez la D 8 à droite sur 800 m avant de monter en épingle à cheveux sur la D 86 vers la Jasserie/Crêt de la Perdrix jusqu'au parking de la Jasserie (auberge).
Par l'A 47, sortez à St-Chamond. Au centre-ville, suivez la direction PNR* Pilat/la Valla-en-Gier. Remontez la D 2 jusqu'à la croix de Chaubouret. Puis suivre à gauche la D 8 vers Bourg-Argental sur 400 m et monter à gauche la D 86.
Transports en commun : aucun

description

La Jasserie dénommée autrefois «Grange du Prat», fut édifiée par les moines de la chartreuse de Sainte-Croix-en-Jarez *(cf balade n°7)*. La cloche de la chapelle guidait alors le voyageur perdu dans le brouillard. En 1769, Jean-Jacques Rousseau y vint herboriser. Aujourd'hui, les bâtiments abritent une délicieuse auberge.
Coupez le dernier virage de la route goudronnée pour retrouver une piste empruntée par le sentier n° 4 du PNR* Pilat en direction du crêt de l'Œillon 1 (panneau). Elle tire droit à flanc de coteaux à travers les landes à callune et à genêt, appelées localement «brandes», qui se plaisent sur ces sols acides. Composée de plantes résistantes et rustiques, de faible taille, cette formation végétale ne craint pas les climats ventés et froids. En Europe, elle se rencontre

Pensée de Silésie.

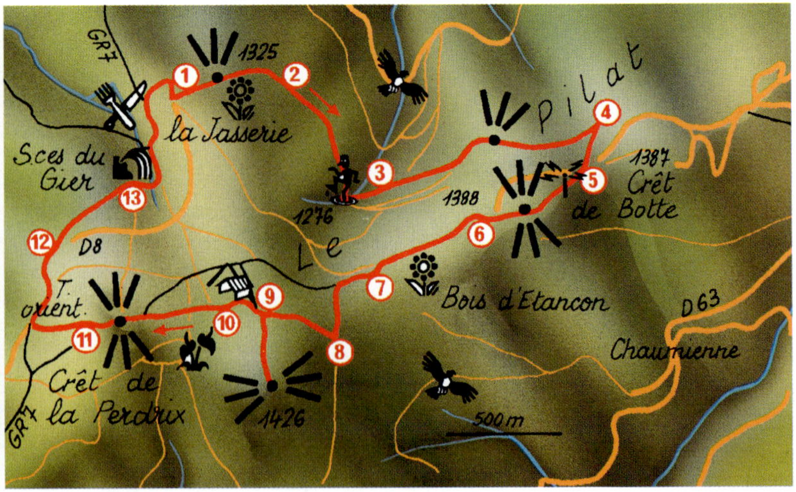

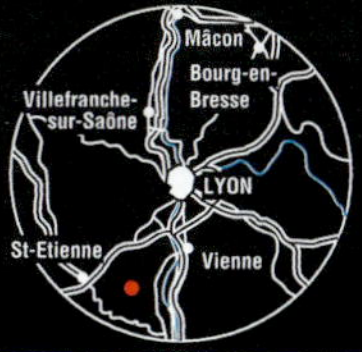

Le crêt de l'Aireiller et la montagne de Saint-Sabin dressent leurs échines boisées au-dessus de la vallée du Rhône.

des côtes atlantiques à l'étage montagnard*, particulièrement sur les granites*, gneiss* et schistes*. Dans le Pilat, les airelles myrtilles et rouges, de la famille des Ericacées comme la callune fausse-bruyère, voisinent avec les genêts purgatifs et à balais. Depuis l'aube des temps, l'homme avec ses troupeaux et le feu a entretenu ces vastes étendues. C'est le territoire des bergers et des parcours à moutons. Avec l'abandon de ces pratiques pastorales, les landes évoluent lentement vers la forêt, colonisées par des essences de lumière comme le pin sylvestre et le bouleau. Tout un cortège de plantes d'altitude s'épanouissent dans ces espaces balayés par les vents : alchemille des Alpes baptisée ici «herbe de saint Sabin», centaurée des prés, pensée de Silésie, fenouil des Alpes, campanule à feuilles de pêcher, renouée bistorte, œillet des granits, angélique des Pyrénées, arnica des montagnes... Le moindre ruissellement ou la plus petite dépression accumulant l'eau bouleversent la composition floristique. La lande sèche côtoie la lande humide ou tourbeuse dont les espèces les plus remarquables sont la canneberge, la laîche ou carex, la linaigrette à feuilles étroites, les sphaignes et lycopodes, l'orchis maculé, la violette des marais. Les milieux rocheux sont le domaine du groseillier des rochers, du grand sedum, du saxifrage étoilé, du gaillet des rochers...

A la cote* 1325, la piste redescent rapidement dans la combe escarpée du Sara parmi de beaux sapins, des épicéas et quelques hêtres [2]. Le sapin blanc, essence d'ombre dans sa jeunesse, occupe, mêlé au hêtre, de vastes surfaces dans le massif. La hêtraie-sapinière est la forêt naturelle de l'étage montagnard*. Au cours des siècles, l'homme a privilégié le sapin sur les terrains les plus riches, refoulant le fayard* dans les pentes difficiles à exploiter en raison de leur forte déclivité ou de leur substrat rocheux. Par contre, l'épicéa a été introduit lors des reboisements. Il n'est spontané, en France, que dans les Alpes, le Jura et les Vosges. Les endroits les plus frais et bien éclairés du sous-bois sont colonisés par des plantes de grande taille : fougères, épis mauves des épilobes ou «lauriers de saint Antoine», laiterons alpins aux corolles bleues, adénostyles à feuilles d'alliaire, séneçons de Fuchs, doronics aux superbes capitules jaunes, l'emblème du Pilat.

Après avoir franchi le ruisseau dont les eaux grossissent le torrent du Dorlay, le sentier remonte vers la tour de télécommunications du crêt de l'Œillon visible au loin [3]. Le versant du Jarez plonge vers la vallée industrieuse du Gier. Plus haut, des sapins centenaires couverts de lichens et de souffreteux fayards* sont les premiers témoins du rude climat qui sévit ici. Le sentier vire en lacet sous la tour carrée du crêt de Botte [4] et rejoint le «chemin des crêtes» où l'on revient vers l'ouest, à droite. 20 m plus loin [5], obliquez à gauche sur un

La Jasserie, ancienne grange de la chartreuse de Sainte-Croix.
Les chirats, coulées de pierre stérile, marquent le paysage des crêtes du Pilat.*
Le crêt de la Perdrix depuis le crêt de l'Oiseau.
Les genêts purgatifs et à balais parent d'or les crêtes.

sentier qui se dirige droit vers un pylône. La butte proche (cote* 1388) offre un bel aperçu du prodigieux panorama qu'il vous sera plus facile de détailler de la table d'orientation du crêt de la Perdrix. Les landes entrecoupées par les chirats* couvrent l'échine dorsale du massif qui semble s'étirer sans fin vers l'horizon. Remarquez le nanisme des pins sylvestres et des alisiers brutalisés par les vents, le froid et la sécheresse. A la belle saison, le pipit spioncelle, le bruant fou, le rouge-queue noir, la linotte mélodieuse, le traquet motteux et le merle de roche élèvent leurs nichées dans ces immensités.

Le sentier retrouve ensuite le chemin empierré [6] qui descend doucement à un col au pied d'une pente boisée [7]. Attaquez l'ascension vers le crêt de la Perdrix selon les indications du panneau. 200 m plus loin, à la cote* 1370, bifurquez à gauche sur un chemin de terre. A 250 m, au premier croisement [8], montez à droite, en angle droit, une sente discrète mais bien marquée et balisée (blanc/marron) à travers une belle végétation de pins, d'alisiers et de genêts à balais. Plus haut, elle progresse même sous une belle voûte de robiniers. Au sommet (nouveau poteau indicateur) [9], n'hésitez pas à effectuer à gauche l'aller-retour jusqu'au crêt de l'Arnica, un promontoire rocheux cerné de chirats* d'où la vue embrasse l'ensemble de la crête, du crêt de l'Œillon au crêt de la Perdrix, et ses avant-postes orientaux. De gauche à droite, il s'agit des Trois Dents, des dômes boisés du crêt de Peillouté, de la montagne de Saint-Sabin et du crêt de l'Aireiller droit devant. De retour au panneau, vous découvrirez avec surprise le chalet-abri G. Duclos avant de continuer à gauche vers le crêt de la Perdrix [10]. Après quelques prairies tourbeuses, vous gravissez un dernier chirat* alangui sous le point culminant du massif (1 431 m d'altitude). Au début du siècle, il était doté d'un relais de télégraphe Chappe à signaux optiques. La table d'orientation érigée par le Touring club de France en 1939, permet enfin de nommer les reliefs qui s'élèvent à l'horizon. Au sud, les monts du Vivarais étalent leur multitude de croupes. Vers l'ouest, du sud au nord, vous reconnaîtrez les monts du Velay, ceux du Forez, la chaîne des Puys. Au nord, la vallée du Gier isole le massif des monts du Lyonnais. A l'est, le regard s'attarde d'abord sur le puissant sillon rhodanien qui ourle les derniers sursauts du Massif Central. Au-delà, la vue file jusqu'aux hautes cimes du massif du Mont-Blanc, de la Vanoise, de Belledonne et des Ecrins. Au sud des Baronnies, il n'est pas rare de découvrir le mont Ventoux ! Du sommet, redescendez en gardant la même direction sud-ouest, par un chemin herbeux. A la première patte d'oie [11], dévalez au plus court sur la droite pour rattraper le GR 7 qui suit à droite la route de la Jasserie sur 400 m. A la sortie d'un double virage gauche/droite [12], il la quitte pour descendre entre deux remonte-pentes, puis passe sous les câbles de celui de droite [13], contournant les sources du Gier jusqu'à la Jasserie.

Les chirats du Pilat

Saignées de pierres grises coupant les pentes boisées ou dévalant des sommets, ces vastes éboulis plus ou moins stabilisés ne passent pas inaperçus. Ces blocs rocheux dont certains peuvent atteindre un mètre, sont formés de gneiss, une roche métamorphique* très proche du granite*. Ils sont des vestiges des glaciations du quaternaire, il y a 100 000 ans, c'est-à-dire très récemment, si l'on se réfère à l'âge des granites du Pilat, de 320 millions d'années. A cette époque, ces éboulis ont été travaillés sans relâche par le gel et le dégel de l'eau, qui en s'infiltrant dans les failles de la roche, a fait éclaté les blocs en leur donnant leur aspect actuel.

L'aigle-mangeur de serpents

Un grand rapace glisse dans le ciel et s'immobilise sur place contre le vent, suspendu dans l'azur. Il scrute sans relâche le coteau ensoleillé où lézards et serpents profitent des premiers rayons de soleil printanier. Tantôt il s'écarte pour reprendre son observation en un autre point, tantôt il descend par paliers. Soudain, repliant ses ailes, il tombe comme une pierre, serres en avant dans les buissons. L'extrémité d'une couleuvre sortant de son bec, il repart et s'éloigne en planant. Il est aisé de confondre le circaète avec une buse ou une bondrée très pâle. Il est pourtant d'une taille nettement supérieure avec près d'1,80 m d'envergure. Posé, son manteau est brun uni et l'oiseau étonne surtout par sa grosse tête avec de grands yeux jaunes et un petit bec : un visage de chouette ! En vol, vu de dessous, sa blancheur le distingue et seules sa tête et l'extrémité des rémiges apparaissent sombres. Le dessus de ses ailes est nettement bicolore avec le brun roussâtre de l'avant de l'aile qui contraste avec les rémiges presque noires. Ses doigts courts aux serres peu recourbées conviennent à la capture de proies de petite taille comme les reptiles. Le circaète fréquente les régions riches en reptiles, au climat estival chaud et ensoleillé, et pourvues de vastes zones découvertes non cultivées. De retour d'Afrique en mars, il établit son aire sur un arbre au sein d'un vallon boisé et retiré. L'unique jeune s'envole de l'aire en août. Les circaètes quittent leurs territoires en septembre-octobre pour rejoindre leurs quartiers d'hivernage dans les zones sahéliennes.

Le gigantesque chirat du Saut de Gier dévale la hêtraie-sapinière.*

10 SAUT DU GIER
fayards* et chirats*

A 63 km de Lyon, dans un cirque sauvage dévalent les chirats*, le torrent du Gier précipite ses gerbes blanches de plus de 50 mètres de hauteur. L'automne est la saison privilégiée pour jouir de ce spectacle dans la splendeur dorée des fayards*.

fiche technique

Durée : 1 h 10
Longueur : 3 km
Dénivelé : 234 m
Difficulté : aucune
Période : printemps, été, automne selon enneigement
Equipement : randonnée classique
Balisage : blanc/marron sentier n° 4 du PNR* Pilat
Carte IGN 1/100 000 : n° 51, pli C2
Carte-Guide IGN 1/25 000 : n° 2933 est St-Chamond
A voir aux environs : table d'orientation du crêt de la Perdrix ; maison des Tresses et des Lacets à la Terrasse-sur-Dorlay; St-Etienne : musée d'Art moderne, musée d'Art et d'Industrie, musée de la Mine.

itinéraire d'accès

Quittez Lyon par l'A 7. A Givors, gagnez le PNR* Pilat par l'A 47 en direction de St-Etienne. Sortez à St-Chamond. Au centre ville, suivez la direction PNR* Pilat/la Valla-en-Gier. Après le pont du barrage de la Rive, prenez à gauche la D 76 (direction Doizieux) qui remonte le long du barrage du Piney. Dans une épingle à cheveux à gauche, poursuivez tout droit sur une petite route jusqu'à la Scie-du-Bost (d'après la carte IGN) ou le Moulin-du-Bost (selon les panneaux routiers) : parking à droite en contrebas du hameau, sous l'auberge où était installée la scierie.

Transports en commun : aucun

description

Montez à l'entrée du hameau pour suivre à gauche entre les maisons, le sentier n° 4 du PNR* Pilat en direction du saut du Gier. Autrefois, une scierie alimentée par la force motrice du ruisseau du Grand Creux, issu du crêt de la Perdrix, occupait l'actuelle auberge. Le chemin en faux-plat dépasse des potagers puis traverse des pâturages (chevaux) en balcon superbe de la haute vallée du Gier [1]. Avant de dévaler vers Saint-Chamond, le Gier alimente les barrages du Piney et de la Rive. Au pied d'un vénérable fayard* [2], obliquez à droite vers le saut du Gier. L'ascension commence véritablement sur un ancien chemin dallé à l'ombre d'une hêtraie. De Saint-Etienne à Chavanay, c'était l'ancienne voie par laquelle les mulets amenaient depuis la vallée du Rhône le vin dans des outres de cuir, rapportant au retour deux sacs de charbon. La splendeur de l'automne n'est pas ici un vain mot : les fayards* parent d'or les versants de la montagne. C'est l'époque où alisiers blancs, sorbiers des oiseleurs et sureaux rouges offrent leurs baies aux oiseaux. Les myrtilles et framboisiers de la fin de l'été ne sont déjà plus qu'un souvenir alors que les amateurs trouveront girolles et russules. La montée se poursuit sous une belle sapinière, puis «bute» sur un énorme éboulis de pierres grises, un chirat* *(cf. encadré)* où elle vire à droite [3] pour l'éviter par une large boucle en forêt. A 100 m, restez à gauche sur le large sentier ; une consigne à suivre également, peu après, à une seconde patte d'oie [4]. De nombreuses pierres moussues témoignent de la forte humidité de ce versant nord. C'est le moment privilégié pour découvrir les rondes incessantes des mésanges et roitelets, les chants des grives draines et musiciennes, les appels liquides de la sitelle, les cris métalliques d'un vol de becs-croisés et ceux, explosifs, du pic-épeiche. Sur un replat, en vis-à-vis des spectaculaires à-pics rocheux de la combe du Gier, un frémissement sonore précède la vision des gerbes d'écume

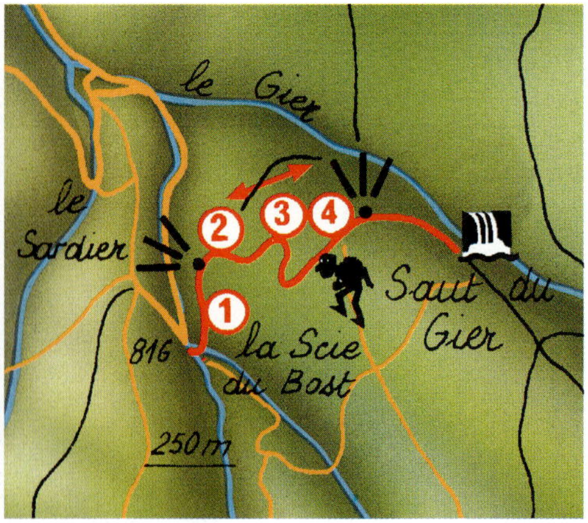

blanche du saut du Gier. Hêtres et sapins tapissent les pentes hors éboulis. La cascade, enfin, apparaît. Magnifiquement échevelée après de fortes pluies, elle rebondit en trois gradins au cœur d'un sauvage cirque minéral où se déverse un chirat*. Parmi les gros blocs, avancez-vous jusqu'à son pied. La baignade y est des plus rafraichissantes, l'été. Le retour s'effectue par le même itinéraire en sens inverse.

Le fayard*

Dans les massifs montagneux d'Europe occidentale, le hêtre ou fayard*, est l'arbre dominant de l'étage montagnard*. Il apprécie les climats très humides. Doté d'une écorce peu épaisse et nécessitant une période de végétation de cinq mois, il est frileux et ne supporte pas les durs gels prolongés : pour cette raison, il est quasiment absent des plateaux exposés du Haut-Jura et des Alpes internes. Son fût lisse est gris argenté et son feuillage devient jaune d'or à l'automne, avant de s'enflammer dans les ocres. Ses fruits, les faînes, fournissent en tombant au sol une nourriture recherchée avant les frimas de l'hiver par nombre d'espèces sauvages : écureuil, chevreuil, sanglier, ours autrefois... ainsi que le cortège des oiseaux granivores.

A gauche : le hameau de la Scie-du-Bost.
La cascade magnifiquement échevelée du Saut du Gier.

11 LE GOUFFRE D'ENFER
vallée du Furan

A 70 km de Lyon, les lacs de barrage du Gouffre d'Enfer et du Pas du Riot sont des perles d'azur nichées au sein de la sauvage vallée du Furan.

fiche technique

Durée : 2 h 30
Longueur : 8,3 km
Dénivelé : 150 m
Difficulté : aucune
Période : printemps, été, automne selon enneigement
Equipement : randonnée classique
Balisage : jaune, blanc/marron sentier n° 6 PNR* Pilat
Carte IGN 1/100 000 : n° 51, pli C1
Carte-Guide IGN 1/25 000 ; n° 2933 ouest : St-Etienne
A voir aux environs : maison de la Passementerie à Jonzieux; point de vue du Guizay sur la métropole stéphanoise et la vallée de l'Ondaine; St-Etienne : musée d'art moderne, musée d'art et d'industrie, musée de la Mine.

itinéraire d'accès

Quittez Lyon par l'autoroute du sud. A Givors, prenez l'A 47 jusqu'à St-Etienne où vous suivrez la direction St-Etienne - Bellevue puis Firminy/le Puy. Quittez la voie rapide à la sortie Annonay/Valence par le col de la République/Bourg-Argental/PNR* Pilat. Remontez la N 82 jusqu'à Planfoy. Au feu, gagnez à gauche le bourg : garez-vous sur un parking à droite derrière l'église.
Transports en commun : ligne SNCF Lyon-St-Etienne, puis car ligne n° 122 St-Etienne/Annonay, arrêt Planfoy.

Le trop-plein du barrage du Pas du Riot.

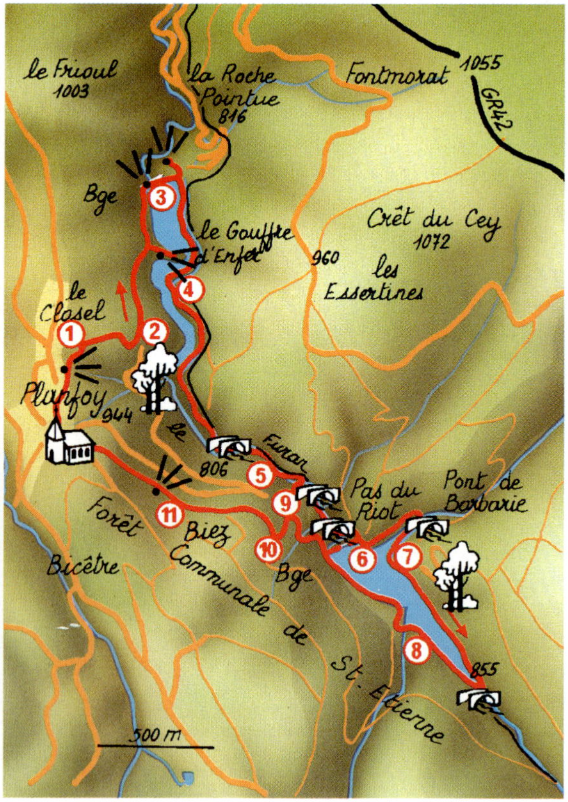

description

Face à l'église, prenez à gauche la rue Clemenceau. A la fourche, à 50 m, descendez à droite une route prolongée par un chemin vers le barrage du Gouffre d'Enfer [1] (balisage blanc/marron et jaune). Après une ferme, le profond sillon de la vallée du Furan se découvre. Alors que vous dévalez franchement la pente, le barrage du Pas du Riot brille en amont*. Après un lacet contournant une pessière*, une patte-d'oie marquée d'un beau pin sylvestre se présente [2]. Restez à gauche sous les hêtres et épicéas. En contrebas, les eaux bleutées du barrage miroitent à travers les frondaisons. Après quelques beaux cèdres, un crochet au belvédère du Gouffre d'Enfer s'impose. Cet éperon rocheux, colonisé par les pins sylvestres, résista à l'érosion des eaux du Furan, les obligeant à le contourner en une boucle d'une admirable beauté. Dans l'azur, les hirondelles de rocher décrivent leurs arabesques sans fin alors que les cris rauques du grand corbeau déchirent le silence. Reprenez le sentier pour gagner la digue du barrage [3] (baignade et sports nautiques interdits). Le site est impressionnant : les parois vigoureusement taillées dans les granites schisteux forment un étroit et sombre goulet propice à l'établissement d'un barrage. Construite de 1862 à 1866, sa digue, pourvue d'escaliers, haute de 52 m sur 100 m de long, retient 1 620 000 m^3 d'eau potable alimentant la ville de Saint-Etienne. Les Romains avaient les premiers décelé les capacités de château d'eau du Pilat en construisant l'aqueduc du Gier *(cf balade n° 5)*. Aujourd'hui, de nombreux petits barrages alimentent en eau les agglomérations des vallées du Gier et de l'Ondaine. Depuis des siècles, le réseau hydrographique du Pilat a également joué un rôle majeur dans l'économie de la région en permettant à

Le gouffre d'Enfer, un site d'une incroyable sauvegerie aux portes de Saint-Etienne.

A.S./Colibri

Le «merle d'eau»

Un cri sec et métallique «tzett» attire votre attention : une boule brune volant à vive allure rase la surface du torrent et disparaît déjà ! C'est le cincle plongeur ou «merle d'eau» qui vit le long des eaux vives jusqu'à 2 500 mètres d'altitude. Il nage à la surface, ou sous l'eau, à l'aide de ses courtes ailes. Il peut aussi plonger et marcher au fond du torrent malgré un fort courant, s'agrippant au fond grâce à ses pattes puissantes. Ses narines peuvent se fermer en plongée et son plumage, entretenu par de nombreuses toilettes, est rendu parfaitement imperméable par la sécrétion de la glande de son croupion. Grâce à ces étonnantes adaptations, le cincle plongeur se nourrit de petits animaux aquatiques : phryganes, éphémères, gammares, vers, petits poissons, coléoptères et mollusques. Son nid, une boule de mousse d'une trentaine de centimètres de diamètre, garni de feuilles mortes, est toujours construit près de l'eau, sous un pont, dans un rocher ou sous une cascade. Le «merle d'eau» est le sympathique ambassadeur des belles eaux claires et oxygénées où il fait bon se balader !

Le pin sylvestre

Il couvre des versants entiers de l'étage montagnard* dans les Alpes méridionales. Sa seule exigence, la lumière, en fait un colonisateur des friches et des clairières bien exposées. Vous le reconnaîtrez facilement à la belle teinte ocre de la partie supérieure de son tronc. Ses aiguilles, d'un vert grisâtre, sont groupées par deux. Son bois, au cœur brun rougeâtre, fournissait autrefois les meilleurs mâtures aux chantiers de marine.

de nombreuses activités artisanales d'utiliser sa force motrice. Filatures, moulinages, tissages se sont installés dans les vallées, laissant d'imposantes bâtisses et une tradition de production textile de qualité comme la passementerie *(cf encadré)*. Sur la rive opposée, une sente raide monte aussitôt à gauche à un calvaire (cote* 830) offrant une vue panoramique du barrage et de l'aval* de la vallée, où se trouve perchée la citadelle de Rochetaillée (XIIe s.). De retour au plan d'eau, bien qu'il soit tentant de goûter à l'ombre d'une rangée d'érables, remontez sa rive droite* le long d'un fossé et d'une conduite forcée [4]. Sur la gauche, après de fortes pluies, une petite cascade dévale la roche. Peu après, il est difficile de ne pas céder à nouveau au charme du Gouffre d'Enfer. Fayards* et sapins couvrent le versant nord alors que celui exposé au sud est le domaine du chêne pubescent et du pin sylvestre. Au niveau des Côtes, sous une superbe hêtraie, vous rejoignez les belles eaux vives du Furan. Près de 330 km de rivières et ruisseaux de 1re catégorie (eaux claires peuplées en salmonidés*) témoignent de la qualité des eaux du Pilat. La truite fario, prise la plus recherchée par les pêcheurs, y vit en compagnie du goujon, de la loche de rivière, du vairon, du chabot et du brochet dans les barrages. Certains torrents abritent encore le rare écrevisse à pattes blanches. La bergeronnette des ruisseaux et le cincle plongeur *(cf encadré)*, sont par contre des rencontres plus courantes au fil de l'eau. Par une passerelle, franchissez le Furan afin de poursuivre en rive gauche* [5]. Vous dépassez des vannes hors d'état (1862) qui contrôlaient son débit durant la construction du barrage. Après une haie d'érables, le chemin est barré par de gros blocs. Montez à droite pour rejoindre le haut du pont (belle perspective). Gagnez par la même rive le pied du mur du barrage du Pas du Riot (33 m de haut sur 154 m de long). Ignorez un premier pont pour découvrir d'un second, le trop-plein du barrage à droite : une belle succession de cascades en escalier en période de crue. Longez à gauche le mur puis rejoignez sa crête par quelques lacets [6] (retour possible à Planfoy en traversant la digue, puis en remontant la route à droite). Construit de 1875 à 1878 pour renforcer la capacité du barrage du Gouffre d'Enfer, le Pas du Riot retient 1 350 000 m³ d'eau. Longez sa rive droite* le long de pins sylvestres. Après le pont de Barbarie, suivez à droite la berge du plan d'eau [7] jusqu'à un pont de bois qui franchit le Furan. Redescendez la rive gauche* [8]. A la digue du barrage, remontez la route sur 300 m. Après un virage marqué à gauche, bifurquez sur le premier chemin balisé à gauche [9]. A son départ, ignorez un sentier sur la droite pour grimper en pleine pessière*. A 150 m [10], prenez sur la droite, en épingle à cheveux, un sentier peu visible mais toujours balisé à travers des épicéas. Laissez à votre droite deux maisons. Le chemin passe sous le hameau du Biez [11], puis, à travers pâturages, rejoint Planfoy.

La passementerie de Saint-Etienne

L'usage local désigne sous ce nom la fabrication du ruban de soie qui se distingue, par sa largeur (moins de 45 cm), de l'étoffe tissée par les canuts lyonnais. Importée d'Italie au XVIe s., la rubanerie stéphanoise s'affranchit à la fin du XVIIe s. de la Fabrique lyonnaise. Vers 1820, l'adaptation du métier à mécanique Jacquard (un système de cartes perforées permettant de programmer les dessins) établit la prospérité des marchands-fabricants qui font travailler sur 30 000 métiers une kyrielle d'hommes, de femmes et d'enfants au sein de fabriques. Vivant cahotiquement entre «chôme» (crise) et «presse» (période de prospérité), la fabrique traditionnelle disparaît dans les années 60. Outre ses exceptionnelles collections d'armes (du XVe s. à nos jours) et de cycles, industries stéphanoises par excellence, le musée d'Art et d'Industrie possède un fonds d'un million et demi d'échantillons de rubans, tresses et lacets, l'un des plus importants au monde. Dans les ateliers reconstitués, d'anciens passementiers refont les gestes d'autrefois et produisent sous vos yeux rubans et tableaux tissés sur les divers métiers installés. L'atelier de lissage, qui permet de perforer de manière très complexe les cartons des mécaniques Jacquard, est unique.

Musée dArt et d'Industrie, 2, place Louis-Comte - 42000 Saint-Etienne, tél. : 77 60 28 84. Ses salles temporairement fermées au public réouvriront courant 1995. Visite guidée du quartier historique de la Passementerie, renseignements à l'office de tourisme, tél. : 77 25 12 14.

Les plus belles bretelles du monde sont françaises !

Le massif du Pilat a connu une industralisation importante et depuis longtemps ; il offre plus d'emplois dans l'industrie et dans l'artisanat que dans l'agriculture grâce à la proximité de Lyon et surtout de Saint-Etienne. Sur les versants nord et est, une activité textile s'est développée sous la dépendance des deux métropoles qui commandaient des articles tissés selon la méthode Jacquard. En 1660, le village de Jonzieux était si pauvre que le curé y introduisit la passementerie. Depuis 1979, ce dernier bastion de la rubanerie en soie à domicile produit les rubans de bretelles de luxe, qui sont ensuite assemblées aux Etats-Unis. Chaque motif reproduisant les dessins de Calvin Curtis, célèbre accessoiriste new-yorkais des années 40, est reproduit sur 800 paires numérotées et vendues dans les magasins de luxe aux Etats-Unis, au Japon, à Paris et à Londres. Leur prix avoisinant les 140 $ (environ 800 F), il peut être bon de continuer à se serrer la ceinture ! Dans une maison, à Jonzieux, d'anciens passementiers ont recréé l'univers de leur profession. L'entrée se fait par le logis, puis un escalier conduit à la fabrique (atelier) où un imposant métier Jacquard en noyer peut tisser 12 rubans d'un même dessin en même temps.

La maison de la Passementerie à Jonzieux, le musée d'Art et d'Industrie de St-Etienne et la maison des Tresses et des Lacets à la Terrasse-sur-Dorlay, sont des étapes de la route de la soie en Rhône-Alpes (dépliant Univers Soie disponible dans les offices de tourisme). Maison de la Passementerie : ouvert le dimanche de mai à septembre, de 14 h 30 à 18 h; groupes sur rendez-vous ; tél. : 77 39 91 10 (M. Vialla) ou 77 39 91 92 (M. Defour). Accès depuis Planfoy par la D 501 via St-Genest-Malifaux ou directement depuis St-Etienne par la D 23.

Démonstration de tissage de rubans sur métier à mécanique Jacquard au musée d'Art et d'Industrie de Saint-Etienne. Echantillons de rubans et bretelles en soie au musée de la Passementerie à Jonzieux.

12 PLATEAU DE LA DANSE
barrage de Grangent

A 76 km de Lyon, aux portes de Saint-Etienne, la Loire décrit des méandres au fond de gorges sauvages : un site grandiose à découvrir à travers les forêts et landes du plateau de la Danse.

fiche technique

Durée : 2 h
Longueur : 6 km
Dénivelé : 255 m
Difficulté : aucune
Période : toute l'année
Equipement : randonnée classique
Balisage : jaune et bleu, blanc et rouge (GR 41)
Carte IGN 1/100 000 : n° 50, pli
Carte-Guide IGN 1/25 000 ; n° 2833 est : Firminy
A voir aux environs : St-Victor-sur-Loire : bourg médiéval, église (XIe s.), château du XIIIe s., croisières de jour et de nuit, réserve naturelle volontaire de St-Etienne. Tour des gorges de la Loire par la D 25 et la D 32 vers St-Just-St-Rambert : château de la Baraillère (XVIIe s.), barrage et île de Grangent; puis par la D 108 vers le sud : belvédère du château d'Essalois (XVIe s., accès depuis Laborie), hameau des Camaldules au bord de la Loire (accès à pied depuis Essalois), Chambles : panorama, donjon (XIIe s), église romane, presqu'île des Echandes au Pertuiset, château de Cornillon. St-Etienne : musée d'Art moderne, musée d'Art et d'Industrie, musée de la Mine.

Eglise de Saint-Victor-sur-Loire.

Francisco Marquez / Bios

Milan royal.

itinéraire d'accès

Quittez Lyon par l'autoroute du sud. A Givors, prenez l'A 47 jusqu'à St-Etienne où vous suivrez la direction Roanne/Clermont par l'A 72 jusqu'à la sortie Firminy/le Puy. Quittez la voie rapide en direction de St-Genest-Lerpt/Roche-la-Molière/St-Victor-sur-Loire. A Roche-la-Molière, prenez à droite la D 32 jusqu'à St-Victor-sur-Loire. A l'entrée du village, montez à gauche en épingle à cheveux le chemin du Quéret : parking au hameau sur le plateau.
Transports en commun : aucun

description

Du bas du parking, descendez vers les gorges par le chemin de terre qui longe à droite le hameau de Quéret, puis traverse des prairies pâturées par des moutons et quelques génisses [1] (balisage jaune/bleu). Profitez de la superbe perspective sur le défilé de la Loire en amont*. Sur le versant opposé, dominant Çaloire et des pentes boisées, le village de Chambles est regroupé autour de son église et de son donjon. Avec le château d'Essalois, plus en aval* sur la même rive, c'est l'un des plus beaux belvédères des gorges (accès par la D 108). Après une large courbe vers la droite, le long d'une lande à genêt à balais piquetée de pins

Le double méandre décrit par la Loire à Saint-Victor, depuis le plateau de la Danse : un véritable paysage de légende.

sylvestres, le sentier rejoint le haut d'une combe fraîche qu'il vous faut dévaler[2]. Après avoir dépassé une masure abandonnée, puis quelques beaux frênes, à une fourche, suivez bien à gauche le fond du vallon. Plus bas, admirez un superbe noyer puis un châtaignier géant. Frênes, noisetiers, tilleuls forment un sous-bois humide. Le sentier passe de gauche à droite du thalweg*, retrouvant des pins, puis décrit quelques lacets (troncs en travers). Au prochain croisement[3], bifurquez à droite en suivant les balises du GR 41 et jaune/bleu, pour remonter brièvement dans un peuplement mixte de feuillus et résineux. A travers une pinède pure au sous-bois riche en fougères et digitales pourpres, vous cheminez le plus divinement du monde en balcon du fleuve. Le sentier, ombragé le matin, est fréquenté par renards et genettes comme l'attestent leurs nombreuses fèces*. Face à deux maisons isolées en rive gauche*, un point de vue sur la Loire avec Chambles en nid d'aigle mérite une halte. Peu après, parmi les pins sylvestres sculptés par la bise, un petit promontoire vous réserve un coup d'œil encore plus formidable vers l'amont des gorges[4]. En rive gauche les pentes arides sont colonisées par les chênes pubescents, la lande à genêt purgatif à l'odeur âcre, la ronce, l'aubépine et les pelouses sèches. En quelques lacets, vous gagnez plus bas le chemin menant à gauche à la pointe des Révotes[5] (centre nautique des Eclaireurs de France). Suivez-le à droite. A 200 m, ne manquez pas en contrebas sur la rive du fleuve, quelque peu masqués par la végétation, la «pierre branlante» et un monolithe vigoureusement dressé. Le chemin suit un versant nord où se plaisent les feuillus : érables champêtres et sycomores, tilleuls, frênes, charmes, chênes sessiles... L'occasion de découvrir une avifaune* forestière qui chante à gorge déployée à la belle saison (grive musicienne, fauvette à tête noire, bouvreuil, accenteur mouchet, roitelets huppé et à triple-bandeau, mésanges noire et huppée, sitelle). Bientôt, alors que le chemin s'élève, apparaît le bourg médiéval de Saint-Victor perché sur son piton rocheux. Autrefois, le village vivait en partie du commerce du saumon. Au premier plan, contournée par la méandre, la presqu'île du Châtelet abrite les ruines d'un prieuré mentionné dès le XIe s. Après trois colossaux châtaigniers, révélateurs de l'acidité du sol, les hêtres s'imposent parmi de gros blocs isolés.

Après une maison au portail bleu, rejoignez la rou-

F.M/Bios

Le chat du Moyen Age

Au Moyen Age, communément apprivoisée, la genette d'Europe était considérée comme un animal de compagnie. Ce carnivore de la famille des viverridés comme la mangouste, descendrait de la genette africaine qui, du Maroc, serait passée en Espagne avant que ne s'ouvre le détroit de Gibratar. En France, sa répartition est limitée au nord par la Loire et à l'est par le Rhône. Très gracieuse, elle a une tête et un museau fins, des oreilles assez allongées et arrondies et un corps longiforme. Son pelage gris cendré, autrefois très recherché, est marqué de taches noires qui forment des bandes sur les flancs. Sa queue, forte et longue, est annelée de noir. C'est un animal mystérieux, nocturne, comme l'indique sa pupille étroite comme celle d'un chat, qui vit dans les bois. Elle habite les endroits rocailleux, les flancs escarpés et boisés des montagnes et des cours d'eau. Son comportement rappelle celui de la martre : très vive et agile, elle grimpe aux arbres, notamment pour se réfugier en cas de danger, mais chasse surtout au sol de petites proies. Elle se nourrit principalement de petits rongeurs et dans une moindre mesure de passereaux, d'insectes, de fruits et de baies à la belle saison. *(d'après Robert Hainard, Les mammifères sauvages d'Europe, tome 1, Delachaux et Niestlé).*

te goudronnée, le «chemin du Quéret» [6]. Remontez-la à droite. Après deux coudes, à la hauteur de la villa «le Bosquet», négligez un premier chemin à droite. 100 m plus haut, juste après l'entrée en épingle à cheveux d'une villa [7], prenez à droite un sentier balisé jaune/bleu. Passé un petit champ, il monte en sous-bois. A une patte-d'oie [8], continuez l'ascension à gauche sous les frondaisons de fayards*, pins sylvestres et bouleaux. Plus loin, un étonnant mégalithe dressé rappelle l'occupation protohistorique du plateau de la Danse. Sa toponymie serait liée à la célébration de la fête du gui par les Celtes, ou, selon une autre version, à des elfes qui entraînaient dans des danses folles les filles de Saint-Victor... Ignorez plusieurs sentes sur votre gauche pour gravir les dernières pentes par le sentier bien balisé. A la sortie du bois, dans une clairière sur le plateau [9], suivez à droite le sentier qui rejoint la cote* 685 (la table d'orientation n'existe plus). En descendant à gauche parmi les genêts et de vénérables pins, vous bénéficierez depuis des rochers dégagés d'un des plus beaux panoramas de toute la région (tenez vos enfants par la main) : la Loire serpente entre les versants granitiques décrivant des méandres d'azur au sein du défilé. A l'ouest, les hautes croupes des monts du Forez séparent le bassin de la Loire du fossé d'Ambert. Au nord, s'étale la vaste dépression du Forez. Revenez sur vos pas pour traverser le plateau dans des taillis clairs de chênes pubescents et de pins sylvestres garnis de mégalithes. Après une vaste prairie [10] où la vue porte à nouveau sur l'amont des gorges, la petite route vous ramène à droite au parking.

La brochure *A pied autour du lac de Grangent* éditée par le Syndicat mixte d'aménagement des gorges de la Loire vous permettra de découvrir d'autres circuits pédestres (SMAGL, Hôtel du département, 2, rue Charles de Gaulle - 42022 St-Etienne Cedex 1, tél. : 77 33 42 45). Une promenade en bateau, au départ de la base nautique de St-Victor-sur-Loire, est un moyen idéal pour découvrir l'ensemble du site : Navig'Inter, tél. : 77 90 32 38 et 77 37 57 47.

L'écopôle du Forez

Située dans la plaine du Forez entre Feurs et Montrond, l'Ecozone Loire est une réserve de 750 ha qui longe le fleuve sur ses deux rives. Au cœur d'anciennes carrières réhabilitées et rendues à la nature et au fleuve, de lônes, de marécages, de prés humides et d'une ripisylve*, l'écopôle est un site d'observation de la faune et de la flore des zones humides ouvert au grand public grâce à 12 km de sentiers, des affûts aménagés et un centre d'accueil et d'information astucieusement construit sur pilotis pour éviter les crues du fleuve. Près de 200 espèces d'oiseaux ont été recensées dans ce refuge et une flore spécialisée se répartissant suivant la profondeur de la nappe phréatique refléte la diversité des milieux naturels. En janvier 1994, une famille de castor a été réintroduite sur le site. L'Ecozone Loire fait partie du programme communautaire LIFE Loire. La Loire est l'un des derniers fleuves de la CEE à posséder encore un fonctionnement naturel. Le programme LIFE Loire a pour objectifs de maintenir la dynamique fluviale afin de préserver la richesse biologique du fleuve et ses fonctions écologiques (écrétage naturelle des crues et production d'une eau de qualité dans la plaine alluviale), et de favoriser le développement d'activités économiques compatibles avec la préservation des milieux.

L'Ecopôle du Forez est ouvert tous les jours de 14 h à 18 h. Accès depuis le pont sur la Loire à Feurs par la D 107- Adresse : Villeneuve - 42110 Chambéon, tél. : 77 27 86 40.

L'île de Grangent depuis le belvédère du château d'Essalois.

Les gorges de la Loire

La Loire, le plus long fleuve de France avec 1 012 km, est aussi l'un des fleuves d'Europe les moins aménagés. De sa source, à 1 400 m d'altitude au mont Gerbier des Joncs, à Roanne, elle parcourt une suite de gorges et d'amples bassins comme ceux du Puy et du Forez. Dans l'ancien socle cristallin soulevé au quaternaire par le plissement alpin, qui s'élève vers les monts du Forez, elle a creusé un spectaculaire défilé de 30 km de long et de plus de 300 m de hauteur. A chaque méandre, le paysage se renouvelle en permanence. La végétation des gorges, situées entre 400 m et 700 m d'altitude, est celle de l'étage collinéen*. Grâce à la variabilité des expositions, les milieux naturels s'imbriquent en mosaïque : escarpements, landes, bois de feuillus et de résineux. Des plantes peu exigeantes (genêt purgatif, callune, aubépine, églantier...) et méridionales (érable de Montpellier, chêne pubescent...) sur les sols pauvres et arides, côtoient à faible distance le hêtre dans les stations les plus humides et le pin sylvestre dans celles plus sèches : deux espèces caractéristiques de l'étage montagnard*. La faune reflète naturellement cette diversité. La fauvette orphée, le moineau soulcie, les bruants fou, ortolan et zizi, le pouillot de Bonelli et la perdrix rouge révèlent les influences méridionales du site. Douze rapaces diurnes se reproduisent dans le défilé : un nombre exceptionnel en région Rhône-Alpes. En rive gauche*, l'immense versant boisé sous les communes de Chambles, Çaloire et St-Maurice-en Gourgois est le refuge de ces oiseaux de proie qui animent en permanence de leur vol élégant le ciel des gorges. Milan noir, milan royal, buse variable, bondrée apivore, circaète Jean-le-blanc, épervier d'Europe, faucon hobereau, busard saint-martin et busard cendré... en sont les plus remarquables en compagnie d'une belle palette de rapaces nocturnes : hibou grand-duc, hibou moyen-duc, chouette hulotte et chouette effraie. En 1957, la mise en eau du barrage de Grangent noya une partie des gorges en créant un plan d'eau qui s'étire sur 28 km jusqu'à Aurec. Ce lac artificiel permet la pratique de nombreuses activités nautiques et est devenu un lieu de pêche réputé pour ses brochets, sandres, perches, carpes, tanches et brèmes. Classé en réserve de chasse, il accueille plusieurs milliers d'oiseaux d'eau lors des migrations et en hiver : canards de surface et plongeurs, grand cormoran... Châteaux, tours et églises, témoins du passé séculaire des gorges comme voie stratégique de communication, raviront enfin les amateurs de vieilles pierres.

A lire : *Les gorges de la Loire, un constraste de milieux*, guide du patrimoine naturel de la région Rhône-Alpes n° 5, FRAPNA/SRPN.

Le puits Couriot, siège du musée de la Mine. La partie de campagne, Fernand Léger, 1953, une des œuvres du musée d'Art moderne de Saint-Etienne.

Le musée de la Mine

L'histoire minière et stéphanoise se découvre sur le site du puits Couriot, lieu d'extraction de 1913 à 1973. Conçu pour atteindre les couches les plus profondes du gisement houiller, il produisait à son apogée 3 000 tonnes de charbon par jour et employait 1 500 mineurs. Depuis 1994, Couriot est devenu un grand musée industriel et minier. La première tranche, une galerie souterraine spectaculaire de 350 m de long, constitue l'épine dorsale d'un projet à vocation européenne. En gagnant le fond par la cage d'extraction, vous pourrez vivre 50 minutes d'aventure souterraine. Comme les ouvriers, vous arriverez au pied des tailles en train souterrain, immergé dans l'ambiance de la mine. Grâce à des reconstitutions fidèles, vous découvrirez l'évolution des techniques d'exploitation en passant d'un chantier moderne, fortement automatisé et électrifié, à d'autres datés des années 50 et 30 animés par l'air comprimé, puis aux fronts de taille et galeries d'avant 1914 dans lesquelles l'abattage et le transport du charbon devaient tout à la force de l'homme et de l'animal.

Musée de la Mine, 3, bd Franchet d'Esperey - 42000 Saint-Etienne, tél. : 77 33 50 05. Deux types de visite sont alternativement offerts : un son et lumière automatisé ou une visite guidée par un agent où vous détaillerez à loisir l'environnement, les systèmes d'exploitation et le travail des hommes. Ouvert du lundi au vendredi sauf le lundi matin, de 10 h à 11 h 30 et de 14 h à 17 h 30, le samedi et le dimanche de 14 h à 18 h.

Le musée d'Art moderne

Fruit de la volonté culturelle de la ville et du mécénat de Casino, ce vaste musée abrite la plus belle collection d'art moderne et contemporain de France après celle de Beaubourg. Construit en 1987 par Didier Guichard, ce parallélépipède, à l'architecture sobre et fonctionnelle, rappelle par ses carreaux de céramique noire à l'extérieur la vocation charbonnière de la cité. Le musée présente un panorama cohérent de la création artistique de ce siècle, des origines de l'art moderne (naissance de l'art non représentatif, Cubisme, Fauvisme, Dadaïsme, Surréalisme, Art abstrait des annnées 30...) aux mouvements artistiques qui se succèdent depuis la fin de la dernière guerre (Nouveau Réalisme, Figuration narrative, Pop Art, supports/surfaces, Arte povera, Néo-Expressionnisme...). Quelques noms à retenir parmi les plus célèbres : Picasso, Léger, Bram Van Velde, Dubuffet, Miro, Delaunay, Picabia, Kandinsky, Warhol, Ernst... La bibliothèque Jean Laude possède avec 30 000 ouvrages l'un des plus importants fonds français consacré à l'histoire de l'art du XXe siècle.

Musée d'Art moderne de Saint-Etienne, la Terrasse - 42000 Saint-Etienne, tél. : 77 93 59 58. Ouvert tous les jours de 10 h à 18 h. Fermé les 1er janvier, 1er mai, 1er novembre et 25 décembre. Bibliothèque Jean Laude : ouverte tous les jours, de 10 h à 17 h, le mercredi de 10 h à 20 h.

Les monts du Lyonnais

Cet montagnes granitiques, rongées par l'érosion depuis l'ère primaire, s'allongent sur une quarantaine de kilomètres du nord au sud, depuis la vallée de la Turdine au couloir du Gier. A l'est, la chaîne d'Yzeron, prolongée par celle de Riverie, forme une véritable barrière montagneuse, obstacle aux communications entre Lyon et la vallée de la Loire. Son versant oriental profondément entaillé par les vallées du Bozançon, du Garon et de l'Yzeron, retombe brutalement sur le plateau lyonnais. Au sud, au sein d'un moutonnement de lourdes croupes aplanies, s'ouvre le bassin de la Coise, affluent de la Loire. Plus à l'ouest, le profond sillon de la Brévenne sépare la chaîne d'Yzeron d'un ensemble confus de vallonnements et de sommets, dont les principaux sont les monts Pélerat, Arjoux, Pottu et Boussuivre, point culminant à 999 m d'altitude. La forêt, qui recouvrait originellement l'ensemble du massif, ne subsiste plus que sur les sommets et les versants accidentés en raison des défrichements intensifs dus à l'agriculture. Chênes, pins sylvestres et hêtres forment les principaux boisements. C'est un pays bocager* de prairies et champs, où fermes et hameaux isolés se répartissent en un semis serré. Contrairement à beaucoup de régions de moyenne montagne durement frappées par l'exode rural, les monts du Lyonnais ont conservé des densités humaines élevées (65 habitants/km2), malgré une population dispersée à près de 50%. Après la disparition du travail de la soie à domicile, fort ancien, à part quelques vieilles industries comme la chapellerie à Chazelles-sur-Lyon et le travail du cuir à Saint-Symphorien-sur-Coise, l'agriculture, favorisée par la proximité de Lyon, fut la seule solution à l'émigration. Les exploitations agricoles pratiquent la polyculture avec une orientation marquée vers la production laitière : les étables des monts du Lyonnais ont les meilleurs rendements de la région Rhône-Alpes. La culture de petits fruits (fraises, framboises, fraises des bois, groseilles, myrtilles), la valorisation des produits et l'accueil à la ferme apportent des revenus complémentaires. La forte cohésion sociale de la région et un remarquable esprit d'initiative ont insufflé une véritable dynamique aux domaines économiques et socio-culturels, forgeant un pays attaché à ses traditions et ouvert aux réalités d'aujourd'hui.

Novembre drape ses nuages sur les hauteurs de Saint-Martin-d'en-Haut.

13 LA VALLÉE NOIRE
chaîne d'Yzeron

A 21 km de Lyon, pâturages, landes et forêts de Vaugneray offrent une campagne préservée en belvédère de l'Ouest lyonnais et de la vallée de la Brévenne.

fiche technique

Durée : 2 h 30
Longueur : 8 km
Dénivelé : 265 m
Difficulté : aucune
Période : toute l'année
Equipement : randonnée classique
Balisage : incomplet, blanc et rouge (GR 76)
Carte IGN 1/100 000 : n° 51, pli B2
Carte-Guide IGN 1/25 000 ; n° 2931 est : l'Arbresle
A voir aux environs : château de Bénevent (XVIe s.) à Vaugneray, Courzieu (quartier des Hôtelleries, parc animalier), musée de la Mine à St-Pierre-la-Palud, chapelle romane St-André de Larny à Pollionnay, musée Antoine Brun à Ste-Consorce.

itinéraire d'accès

De Tassin-la-Demi-Lune, prenez la direction de Craponne. A la fin de la ligne droite de Craponne, suivez la D 24 vers Grézieu-la-Varenne contourné par le nord, puis le col de la Luère où vous tournerez à gauche sur la D 113 vers le col de Malval. A 1,5 km, garez-vous à gauche après le château et la chapelle de St-Bonnet-le-Froid.
Transports en commun : aucun

description

Avant de partir, profitez de l'esplanade à gauche du château. Elle offre un vaste panorama sur le versant nord-ouest de la chaîne d'Yzeron et le profond sillon de la Brévenne qui l'isole des croupes occidentales des monts du Lyonnais. Située sur la voie romaine d'Aquitaine qui reliait Lyon à Bordeaux, Saint-Bonnet doit son nom à la halte qu'effectuèrent, en 722, les habitants de Clermont-Ferrand lorsqu'ils ramenèrent le corps de leur évêque, saint Bonnet, décédé à Lyon. Ancienne résidence d'été des abbés de Savigny, le château, à l'origine du XVe s., fut transformé en demeure néo-féodale au XIXe s.. Sa chapelle dont les fondations dateraient du VIIe s., est toujours un lieu de pèlerinages (24 juin, 15 août et 8 septembre). Seul, son accès est libre (par la terrasse de l'auberge).

Face à l'entrée de l'auberge, traversez la D 113 pour rentrer sous les arbres. Au croisement, à 20 m, avant de suivre à droite le GR 76 (balisage blanc/rouge doublé de jaune et rouge), jetez un œil sur la vallée de Vaugneray depuis les insolites remparts et tourelles rococo en briques et mica blanc [1]. Longeant la crête [2], le sentier passe successivement trois énormes cyprès, une voûte de coudriers*, puis un beau chêne. Après une plantation incongrue

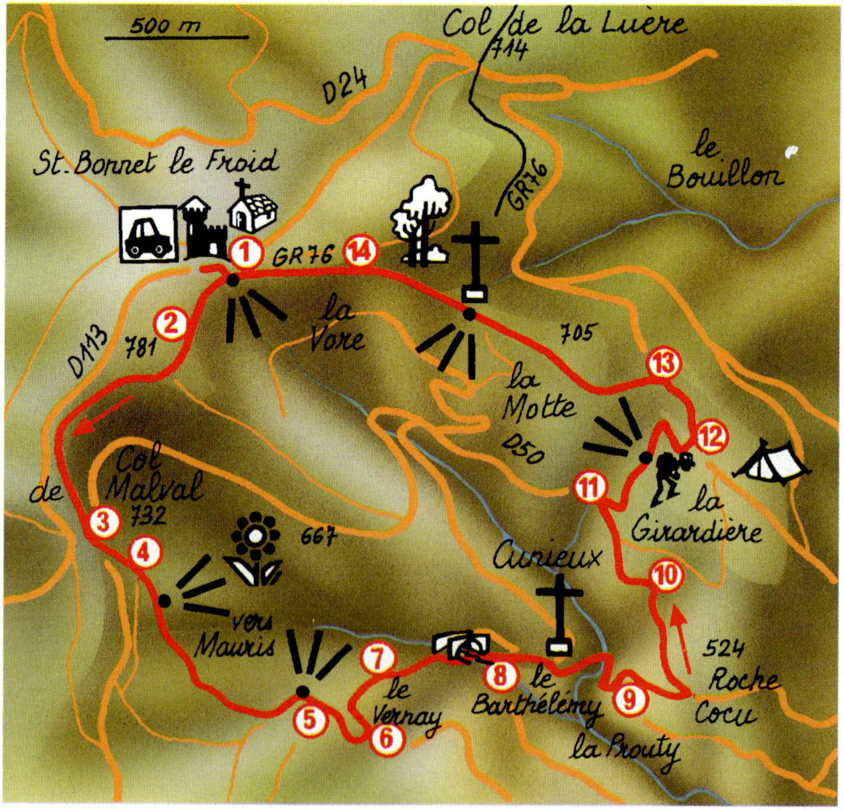

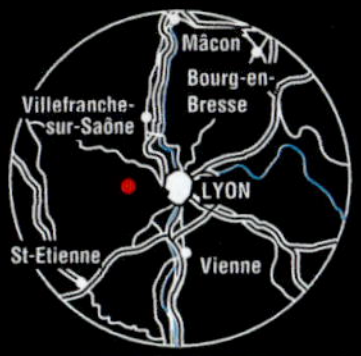

de douglas avec quelques spécimens âgés, la chênaie naturelle reprend ses droits. En surplomb de la route, remarquez deux chênes, qui curieusement, forment un X en croisant leurs fûts. Peu après, pins sylvestres et mégalithes apparaissent. Au col de Malval 3, traversez à gauche le carrefour : entre la D 50 vers Vaugneray et la D 113 vers Yzeron, prenez un chemin en contrebas de cette dernière (pas de balisage). 150 m plus loin 4, restez sur le sentier principal qui descend dans des taillis de châtaigniers. Une récente «coupe rase» procure un point de vue sur la vallée. L'importance de ses forêts valut à Vaugneray son ancienne appellation Vallis Nigra, d'où provient son nom actuel. Rongées depuis des siècles par les défrichements agricoles, elles ne subsistent plus qu'à l'état d'îlôts plus ou moins étendus sur les croupes et les versants accidentés. Plus loin en sous-bois, les alignements de blocs moussus le long du chemin témoignent de son passé séculaire : cette «coursière» reliait Vaugneray à Courzieu. A l'orée de la forêt, à travers des prairies, le sentier longe une haie, puis rejoint un chemin carrossable. A votre gauche, vous découvrez la crête précédemment parcourue, hérissée de cimes de hauts douglas, et le versant de la Berlandine. Droit devant, le plateau lyonnais conduit le regard jusqu'à la métropole. 100 m plus loin 5, continuez à gauche sur une petite route goudronnée qui arrive rapidement à la verticale de la ferme du Vernay. Bifurquez à gauche sur le premier chemin qui longe le haut de l'exploitation 6 et passe à l'arrière de l'étable de stabulation. 20 m plus loin, une patte d'oie se présente au début de la descente. Le chemin communal descend à droite 7 jusqu'à un portail à refermer après votre passage (chiffre 1 marqué en rouge à droite), franchit le pâturage (nouveau portail à

La ferme de la Vore en balcon de la "Vallée Noire".
Une faucheuse assagie, vestige des traditions agricoles d'antan.

Galerie reconstituée au musée de la Mine de Saint-Pierre-La-Palud.

Les mines des monts du Lyonnais

L'histoire minière des monts du Lyonnais remonte au Moyen Age. Dès 1444, Charles VII chargea Jacques Cœur de remettre en état les mines du Lyonnais, notamment celle de Pampailly, à Brussieu, qui produit du plomb et fut surtout le gisement d'argent le plus important du royaume de la fin du XIVe s. à la fin du XVe s.. A la même époque, les mines de pyrite de cuivre de Saint-Pierre-la-Palud et de Chevinay furent exploitées par les frères Baronnat de Lyon. A la fin du XVIIe s., les gisements de Sourcieux et du Pilon prirent le relais. Au milieu du XVIIIe s., à la suite de l'implantation d'une fonderie et de leur administration à Sain-Bel, elles furent dénommées improprement «mines de Sain-Bel». Elles produisaient jusqu'à 80 tonnes de cuivre fin les bonnes années. A partir de 1840, les frères Perret extrayèrent du soufre des énormes amas de pyrite de fer jusqu'alors laissés pour compte, pour fabriquer de l'acide sulfurique. Ce fut l'origine du développement de la grande industrie chimique de Saint-Fons. En 1872, la compagnie Saint-Gobain racheta les mines, installa le centre principal d'exploitation à Saint-Pierre-la-Palud et porta la production jusqu'au niveau record de 320 000 tonnes de pyrite en 1903 ! L'épuisement du gisement et le manque de rentabilité conduisirent à la fermeture définitive en 1972. Pour que ne disparaisse pas ce patrimoine séculaire, des mineurs retraités ont créé près du puits Perret, un musée qui retrace l'histoire de la mine et de ses techniques par l'exposition d'archives, de matériel et notamment par la visite d'une galerie fidèlement reconstituée avec ses boisages en sous-sol. Une salle paléontologique présentant des fossiles dont le fameux ichtyosaure découvert à Belmont en 1984 et une exposition de minéraux achèvent la visite.

Musée de la Mine de Saint-Pierre-la-Palud : visite guidée 1 h 30, du 1er mars au 30 novembre, les samedis, dimanches et jours fériés, de 14 h à 18 h, en semaine sur demande, tél. : 74 70 39 66. Site minier de Jacques Cœur : maison des Mines en création, visite l'été, tél. : 74 70 85 19.

refermer), puis longe des vergers de fruits rouges à respecter absolument : cerisiers, framboisiers, groseillers, cultures bien traditionnelles des monts du Lyonnais. Au fond du vallon, sous les frondaisons de peupliers, franchissez à gauche le pont puis remontez la route [8]. Au calvaire, négligez le chemin qui part à gauche. La route tourne à l'angle d'une belle ferme puis contourne par la droite une petite combe. Dans la première épingle à cheveux, ignorez un chemin à droite. A la prochaine fourche [9], à 100 m, gagnez à droite la D 50. Prudemment, en suivant son bas-côté gauche (enfants tenus par la main), remontez-la sur 800 m [10]. A la verticale de la ferme de la Girardière [11], quittez-la pour bifurquer en épingle à cheveux sur un large chemin à droite. Il longe une prairie où poussent de gros châtaigniers centenaires. En vis-à-vis, le versant en friche, couvert de genêts, résulte de l'abandon de pâturages. Passé une masure, par un dernier lacet, vous rejoignez la voie romaine qui s'élève de Vaugneray à Saint-Bonnet [12]. Suivez-la à gauche. Après une allée bordée de cèdres et de douglas (ruine), à une fourche où trône un pin sylvestre [13], continuez à gauche (balisage jaune) dans une pinède en balcon de la vallée. Il est facile de repérer, sur les pentes opposées, les alignements serrés des framboisiers. Plein ouest, en crête, un bâtiment clair signale le col de Malval avec à sa gauche, le dôme boisé du crêt Chevreau. Vers le sud, en arrière-plan, les croupes de Pié Froid, du Grand Bétey et du Châtelet dominent le hameau de Châteauvieux et la vallée encaissée de l'Yzeron. A une croix en fer forgé (cote* 698), où vous retrouvez le GR 76, restez à gauche pour surplomber bientôt la splendide ferme de la Vore : un exemple remarquable de l'architecture rurale des monts du Lyonnais. Autour d'une cour fermée par une grande porte, trois bâtiments massifs, aux toits en tuiles et aux murs extérieurs aveugles, s'ordonnent en fer à cheval. Le dernier kilomètre s'effectue dans un bois varié de chênes, charmes, châtaigniers, noisetiers, hêtres, frênes où de beaux arbres ont été préservés [14].

Visite du château de St-Bonnet et de ses jardins possible sur rendez-vous pour les groupes, tél. : 78 45 81 10.

H.N.

L'arbre-roi

Arbre des druides gaulois, symbole de force et de sagesse, le chêne est le symbole de la forêt collinéenne*. Bien adapté au climat atlantique, aux sols profonds et bien drainés, il s'entoure d'un cortège de compagnons qui se plaisent à sa proximité : charme, châtaignier, frêne, merisier et noisetier. A part le chêne pubescent, un méridional qui affectionne les coteaux secs et ensoleillés, deux espèces se rencontrent sous nos latitudes tempérées : le chêne sessile qui préfère l'ombre des futaies* et le chêne pédonculé plus exigeant en lumière, souvent dans les haies et qui tolère de plus mauvais sols. Le nom latin du premier Quercus sessiliflora nous donne la façon la plus sûre de les distinguer. En effet, ce sont ses fleurs qui sont sessiles (sans queue) et donc ensuite ses glands, à l'opposé de ceux du chêne pédonculé. Leur longévité peut atteindre 500 à 1 000 ans, pour une hauteur maximale de 30 à 40 m. La première glandaie se produit entre 40 et 80 ans. Leur bois d'excellente qualité est utilisé en ébénisterie, pour les parquets, la construction et le chauffage. Le chêne à ne pas manquer dans la région est celui de Saint-Maurice-sur-Dargoire. Situé à la proximité du château de Layer cet arbre exceptionnel étend sa lourde ramure sur un cercle de 30 m de diamètre !

Les aigles de Courzieu

Au cœur des monts du Lyonnais, le parc animalier de Courzieu est célèbre pour ses démonstrations de rapaces en vol libre : aigles, faucons, vautours, hiboux... Vous pourrez également vous promener en forêt à la découverte des prédateurs d'Europe : lynx, chats sauvages et meute de loups dont vous découvrirez le comportement au cours d'un parcours attrayant ; vous émerveiller à la maison des abeilles, sur son sentier dendrologique ou devant les plantes médicinales du jardin botanique.

Parc animalier de Courzieu : ouvert tous les jours du 15 mars au 15 novembre, de 10 h à 19 h, spectacles en «vol libre» à 14 h 30 et 16 h 30, tél. : 74 70 96 10.

A gauche : démonstration de rapaces en vol libre au parc animalier de Courzieu. Le chêne monumental de Saint-Maurice-sur-Dargoire.

14 CRETES D'YZERON
balcon de l'Ouest lyonnais

A 25 km de Lyon, le tracé de l'ancien aqueduc romain, belvédère de la vallée de l'Yzeron et des contreforts occidentaux des monts du Lyonnais, vous promène de fermes en pâturages et bois, avec en point d'orgue le point de vue de la Madone.

fiche technique

Durée : 2 h 40
Longueur : 9 km
Dénivelé : 219 m
Difficulté : aucune
Période : toute l'année, hiver selon enneigement
Equipement : randonnée classique
Balisage : incomplet, jaune, bleu
Carte IGN 1/100 000 : n° 51, pli B2
Carte-Guide IGN 1/25 000 ; n° 2932 est : Mornant
A voir aux environs : Yzeron, maison de l'Araire, cascade en contrebas du village, chapelle St-Jean-Baptiste de Châteauvieux (XIe s.), bourg médiéval de Rochefort à St-Martin-d'en-Haut, parc animalier de Courzieu.

itinéraire d'accès

De Tassin-la-Demi-Lune, suivez la direction Francheville/Craponne puis remonter la D 489 jusqu'à Yzeron, où vous tournerez à gauche vers le centre du bourg. Garez-vous sur la place du village ou sur le parking au-dessus.

Transports en commun : transports publics 69 ligne n° 194 Lyon/St-Martin-en-Haut/St-Symphorien-sur-Coise, arrêt Yzeron, tél. : 78 62 67 69.

description

Perché sur son éperon rocheux à 750 m d'altitude, au carrefour des profondes vallées de l'Yzeron et du Garon, le village pittoresque d'Yzeron est une ancienne place-forte des comtes du Forez. Admirez tout d'abord le panorama de la table d'orientation située sur la terrasse de l'église. Revenez sur vos pas pour descendre à droite une ruelle. Au

La madone d'Yzeron.

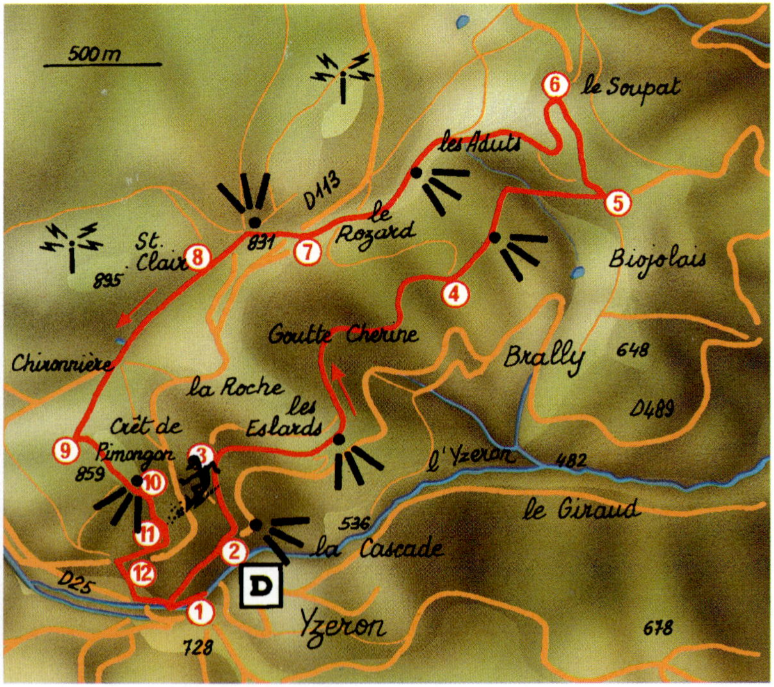

croisement plus bas, se trouve à 100 m sur la droite la maison de l'Araire. Propriété du Groupe de recherche sur l'histoire et le folklore de l'Ouest lyonnais (adresse : passage de l'Araire - 69510 Messimy), elle présente des expositions temporaires annoncées par la presse. Suivez à gauche le chemin du Châtel [1]. Après les sapeurs pompiers, il rejoint la D 489. Suivez-la prudemment à droite vers Lyon. 400 m plus loin [2], quittez-la en montant une petite voie goudronnée, à gauche, en direction des Esselards (balisage jaune et bleu clair). Du premier virage, ne manquez pas en arrière un premier point de vue sur Yzeron. A une patte-d'oie [3], allez à droite pour passer au dos de la ferme des Esselards par un chemin en balcon de la vallée. Bordé de gros chênes, de frênes et de châtaigniers, ce chemin à mi-pente suit le tracé de l'ancien aqueduc romain de l'Yzeron dont quelques vestiges affleurent au sol. Il captait les eaux du torrent à l'emplacement du récent plan d'eau du Ronsey. Veillez à rester bien à l'horizontale en suivant le balisage. Après une brève échappée sur la combe de Goutte Chérine, le chemin progresse en sous-bois (hêtres) et croise à plusieurs reprises des amas de blocs de granite*. Ignorez ensuite un départ de sentier sur la gauche [4] pour traverser la combe humide et boisée des Aduts. Le ruisseau bondit en gerbes blanches entre les blocs. A la cote* 673 [5], la vue se dégage au nord sur les contreforts qui dominent Vaugneray, du crêt Chevreau au col de la Luère. Remontez ici, à gauche, en épingle à cheveux, un chemin carrossable qui arrive au hameau du Soupat. Aux maisons [6], prenez sur la gauche la première route goudronnée. Elle prodigue des vues panoramiques sur Lyon, l'Ouest lyonnais et le versant nord de la vallée de l'Yzeron avec les croupes de Pié Froid, du Grand Betey et du Châtelet, qui

Des prairies des monts du Lyonnais aux falaises du Bugey, il n'y a parfois qu'un regard.

Le charmant bourg perché d'Yzeron. Le site de la cascade d'Yzeron.

tentent de masquer en arrière-plan le signal de Saint-André et le sud de la chaîne. Après les fermes traditionnelles des Aduts, gardez la droite à la fourche de la cote* 806. 200 m plus loin, après une grosse ferme à l'aplomb du hameau du Rozard [7], rejoignez directement à droite la D 113 pour la traverser et poursuivre en direction de Saint-Clair. A la cote* 831, la petite route rejoint la ligne de crête [8] en offrant un joli coup d'œil sur les monts de Tarare et leur point culminant : la tour Matagrin à 999 m d'altitude. Passez devant la massive ferme de Saint-Clair pour vous diriger vers un mamelon boisé : le crêt de Pimongon. Au croisement de la cote* 816, traversez à gauche une prairie, puis un bois en direction de la Madone (balisage jaune). Dans un pré étroit, suivez à gauche sur 50 m la lisière des arbres avant d'obliquer à droite à nouveau dans un bois de chênes bordé de genêts [9]. Au sommet, depuis 1893, est érigée Notre-Dame-d'Yzeron, à la blancheur virginale couronnée d'or (panorama sur le haut des vallées de l'Yzeron et du Garon). Par la gauche, dévalez directement vers Yzeron [10] (balisage blanc). En bas du versant, à la hauteur d'une ligne électrique [11], rejoignez par la droite la D 113. Suivez-la à droite jusqu'à la montée des Bruyères qui descend à gauche vers le village [12] (au croisement, remarquez la ferme des Bruyères avec ses fenêtres à meneaux et son fronton triangulaire décoré d'un blason). Poursuivez ensuite à droite dans les pavillons jusqu'à la D 489, d'où vous gagnerez le centre du village.

Une ferme-forteresse

La ferme traditionnelle des monts du Lyonnais serait la lointaine héritière de la villa gallo-romaine. Bâtie en pierre ou en pisé, c'est une vaste construction, couverte de tuiles, aux murs extérieurs aveugles, qui ordonnent ses trois bâtiments en fer à cheval autour d'une cour fermée ; ce qui la protège du vent et des regards indiscrets. D'un côté, se trouve l'habitation avec sa galerie en bois, «l'aître», au fond la remise ou «chapit», et de l'autre côté, l'étable, l'écurie et la grange. Le quatrième côté est constitué par un mur où est enchassé un large portail, surmonté par un linteau de bois ou une voûte de pierre. Les murs sont construits en granite du pays alors que les linteaux, colonnes et encadrements de portes et fenêtres sont taillés dans la pierre dorée, plus tendre, du Beaujolais voisin.

La ferme des Eslards à Yzeron.

"La petite Vendée"
(Balade suivante)

Territoire longtemps disputé entre les comtes du Forez et les archevêques de Lyon, les monts du Lyonnais ont surtout marqué la mémoire collective lors de la Révolution par le soutien inconditionnel qu'apportèrent ses habitants aux prêtres réfractaires. L'affaire du serment des prêtres à la Constitution mit le feu aux poudres. Alors que la majorité des prêtres du Plateau Lyonnais devinrent constitutionnels, ceux des villages de montagne refusèrent le serment et poursuivirent leur ministère. L'administration nomma de nouveaux curés qui célébraient la messe dans des églises vides et sous la protection de l'armée. Ils subirent l'hostilité de la population qui lutta contre le pouvoir en place et protégea fidèlement les «réfractaires» en organisant un réseau clandestin de missionnaires dont le plus célèbre fut l'abbé Animé. Les perquisitions des troupes dans les villages frondeurs étaient souvent vaines : les soldats devaient se contenter de briser les croix, de saisir les objets de culte et de faire des proclamations contre le fanatisme et la superstition. La répression fut particulièrement sanglante après le siège de Lyon, en 1793. Toutes les églises furent pillées, les prêtres en place arrêtés et envoyés devant le tribunal révolutionnaire. Nombre d'entre eux périrent sous la guillotine ou fusillés. Beaucoup de communes furent même débaptisées : Saint-Martin-d'en-Haut devint Martin-l'Espérance, Yzeron : Montagne-les-Bois, Saint-André-la-Côte : Haute-Montagne, Riverie : Beaurepaire... *(d'après J. Rivoire)*

Moment de grâce dans les monts du Lyonnais.

15 LES HAUTS DE RIVERIE
sur les traces des "chauffeurs du Lyonnais".

A 36 km de Lyon, perché sur son éperon rocheux, le bourg médiéval de Riverie, l'un des plus beaux villages de la région, offre un panorama remarquable sur le Pilat, la vallée du Rhône, le Dauphiné et les Alpes. L'occasion de s'aérer parmi les mamelons de pâturages et les grosses fermes isolées où sévissaient la redoutable bande des «chauffeurs du Lyonnais».

fiche technique

Durée : 2 h 40
Longueur : 8,5 km
Dénivelé : 150 m

L'église romane de Riverie-Masque de pierre sur sa façade. Passage voûtée menant à la rue Morte.

Difficulté : aucune
Période : toute l'année, l'hiver selon enneigement
Equipement : randonnée classique
Balisage : incomplet, jaune, blanc et rouge (GR 7)
Carte IGN 1/100 000 : n° 51, pli B2
Carte-Guide IGN 1/25 000 ; n° 2932 est : Mornant

A voir aux environs : signal de St-André (15 min à pied du hameau de Pierre Longue sur la D 113); hameau médiéval de Rochefort à St-Martin-d'en-Haut ; St-Didier-sous-Riverie : église, croix du XVIe à Verzeux et à la Fillonnière, vestiges de l'aqueduc romain du Gier ; bourgs médiévaux de Montagny, de Chassagny, de Mornant ; chêne de St-Maurice-sur-Dargoire (proche du château de Layer).

itinéraire d'accès

Sortez de l'agglomération lyonnaise par l'A 7 (sortie à l'échangeur de Pierre-Bénite-Sud en direction de Brignais) ou par la D 42 à suivre vers Rive-de-Gier. Au

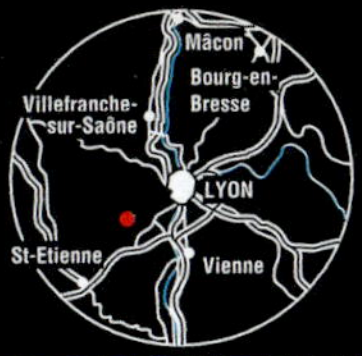

carrefour de Bellevue, vous bifurquerez à droite vers St-Maurice-sur-Dargoire. Dans le village, continuez à droite vers St-Didier-sous-Riverie/St-Symphorien-sur-Coise pour monter à Riverie (5,5 km d'ascension). Rejoignez à droite le centre du village pour vous garer.
Transports en commun : aucun
Tournez à droite sur la D 113 pour garer au parking.

description

L'étymologie de Riverie, issue de *ripa*, est due à sa situation géographique sur le rebord des monts du Lyonnais. Autrefois, ce site stratégique sur la route de Vienne à Roanne, était le siège d'une puissante baronnie qui contrôlait une dizaine de villages. En 1590, les troupes de la Ligue l'assiégèrent et démantelèrent son château et ses remparts. La forteresse féodale fut remplacée par l'actuelle maison-forte. Curieusement, Riverie est, aujourd'hui, la plus petite commune de Rhône-Alpes (près de 42 ha). La découverte de ses richesses médiévales est un bon préambule avant de commencer la balade. De la rue principale, dirigez-vous à droite vers le vieux bourg. A 100 m, vous parvenez à la place du Marché [1]. L'auberge *«la Picoraille»* occupe l'ancien hospice de l'ordre des chevaliers de Saint-Jean-de-Jérusalem. A sa droite, un passage voûté conduit à la rue Morte où fut enterrée la population mâle massacrée par les Ligueurs. Le sang des victimes coula, d'après la légende, jusqu'à Saint-Didier-sous-Riverie ! Revenez sur la place pour prendre à gauche une ruelle qui conduit au puits communal (1496). Tournez à droite pour rejoindre l'église du XIe s. restaurée. Sur sa façade, le beau blason à deux levrettes représente les armoiries du baron de Bénéon. Par sa droite, gagnez la terrasse de la maison-forte (début du XVIe s.), où se trouve un magnifique tilleul planté

Le village médiéval de Riverie. Saint-Didier-sous-Riverie et le plateau lyonnais depuis le chemin de ronde de Riverie.

au temps de Sully. Revenez au puits communal pour prendre à droite l'ancien chemin de ronde 2 réservé aujourd'hui aux piétons. En suivant le tracé des anciens remparts, il offre de splendides panoramas qui se renouvellent sans cesse et s'étendent par temps clair jusqu'aux Alpes, du Mont-Blanc aux Ecrins. Après avoir négligé un chemin qui descend à gauche vers Saint-Didier-sous-Riverie, la vue plonge sur la «retombée» des monts du Lyonnais profondément entaillée par les saignées boisées du Petit et du Grand Bozançon, une frontière naturelle entre les départements du Rhône et de la Loire (l'aqueduc romain du Gier les traversaient à leur confluent). Au-delà, se profilent la vallée du Gier et le sillon rhodanien qui encadrent le massif du Pilat. En vue de Sainte-Catherine, à la croisée d'un chemin, se trouve une belle croix (1677). De retour à la rue principale (D 63), gagnez à gauche le carrefour avec la D 2 3 par où vous êtes arrivé en voiture. Prenez aussitôt à droite une petite route, qui au départ, la suit parallèlement (balisage jaune). A un calvaire en fer forgé, montez à droite un chemin herbeux à travers des prairies en balcon du bocage de la vallée du Petit Bozançon 4. Au sud-ouest, la croix du Grand Châtelard domine des pentes boisées. Sans le soupçonner, vous passez à la verticale de la grotte de la Madone accessible et visible depuis la D 2. Le chemin se transforme momentanément en sentier bordé d'un muret de pierres sèches, avant de s'élargir à nouveau en vue de Sainte-Catherine. Ce village est à cheval sur la ligne de partage des eaux entre l'Océan Atlantique et la Mer Méditerrannée, respectivement les bassins de la Loire et du Rhône. Dans le bourg, une peinture murale illustre ce caractère géographique. Après avoir ignoré un chemin à droite, vous dépassez une source et un abri en pierres avant d'arriver au hameau de Montaland. Poursuivez à droite la route qui remonte vers le nord entre deux villas 5. A gauche, vous découvrez une belle perspective sur le vallon verdoyant de la Coise et les crêts de l'Aubépin. En contrebas, la Vergnassière est la première des massives fermes traditionnelles croisées par l'itinéraire.

Le village de Sainte-Catherine symbolise la ligne de partage des eaux entre l'Atlantique et la Méditerranée. En arrière-plan, le hameau de l'Aubépin.

Le chemin tourne vers l'ouest en longeant un muret et une hêtraie, traverse successivement deux petits bois dominant le hameau de Charézieux, témoin muet de l'un des nombreux crimes des «chauffeurs du Lyonnais» *(cf encadré)*. A la jonction avec la route qui rejoint directement Riverie par la droite 6 (cote* 819), descendez à gauche tout d'abord en direction de Charézieux, puis vers le hameau de Chavassieux, par un chemin creux en sous-bois des Pins du Monsu (pin sylvestre, épicéa, merisier, bouleau). En bas du versant, il retrouve dans un coude une petite route à suivre à droite. Après avoir dépassé un calvaire blanc (à 20 m), puis un petit étang alimenté par le ruisseau de la Vergnassière, quittez-la

L'élevage laitier des monts du Lyonnais présente les plus forts rendements de la région Rhône-Alpes.

Les «chauffeurs du Lyonnais»

Sous la révolution, la contrée fut le théâtre des exactions d'une bande de brigands. Ils assassinaient les voyageurs, attaquaient les fermes isolées, massacraient parfois des familles entières comme la famille Piégay à Charézieux. La légende rapporte que ces coupe-jarrets n'hésitaient pas à «chauffer» les pieds de leurs victimes par un feu de paille allumé dans la cheminée, pour leur faire avouer la cachette de leur magot. Leur chef, un certain Grataloup, originaire de Saint-Martin-d'en-Haut, surnommé «le Petit Monsieur», fut finalement pris et exécuté à Lyon le 23 prairial, an VIII. En fait, la popularité de ses tristes exploits doit sans doute beaucoup au roman de Joseph Vingtrinier Les chauffeurs du Lyonnais qui connut un succès retentissant à la fin du siècle dernier.

dans le premier virage 6 pour remonter en prolongement un sentier encadré par deux haies. Sur la droite, l'imposante ferme de Richagneux se dévoile. A mi-pente, au croisement avec la route de Chavassieux (calvaire), suivez à droite le bitume sur 250 m, jusqu'à un transformateur EDF 7 où vous obliquerez à gauche sur un chemin parallèle. Il passe au dos de la ferme de Chiparie, puis grimpe jusqu'à un croisement près d'une ferme isolée 8. Descendez à droite la route qui la longe puis gagne le hameau de Soleymieux. Au croisement (cote* 804), remontez à gauche la route qui après la ferme d'Arcole, se hisse en crête 9. Partout, s'étalent les pâturages. Au printemps, le vanneau huppé agresse par son vol élégant et ses cris stridents l'intrus qu'il juge trop près de son nid. L'élevage est l'activité dominante à ces altitudes : la production laitière des monts du Lyonnais est la plus performante de l'ensemble de la région Rhône-Alpes. L'horizon se dégage au nord sur le Signal de Saint-André et ses crêts voisins : à sa gauche, le crêt Pelossier et à sa droite, le Châtel et le Rampeau. Le point culminant des monts du Lyonnais fut l'un des repères géodésiques établis par le géographe Cassini pour lever la première carte du royaume au XVIIIe s. Le village de Saint-André-la-Côte était situé sur une voie ancienne reliant Vienne au Forez et jalonnée d'hôpitaux (celui de Saint-André est mentionné en 1351). Suivez la route jusqu'à la sortie d'un îlot boisé où elle oblique à gauche 10 : continuez à droite sur le chemin principal. 200 m plus loin 11, bifurquez à droite, plein sud, sur le chemin bordé d'un muret de pierres et emprunté par le GR 7, à travers de vastes champs de céréales mollement ondulés. Durant la descente où le regard embrasse le Plateau Lyonnais 12, négligez un sentier à gauche avant de laisser à votre droite le bois du Grand Molard, puis un second à la cote* 801. Rejoignez ensuite la D 113. Longez-la à droite sur 100 m, puis à la sortie du virage 13, prenez la seconde route à droite qui s'enfile entre des villas. Un chemin raide la prolonge 14 et vous ramène à Riverie.

16 CROIX ET CHAPELLES DE L'AUBÉPIN
vallée de la Coise

A 42 km de Lyon, au cœur des monts du Lyonnais, promenade, de chapelles en croix, dans la vallée verdoyante de la Coise, en panorama du Pilat et du Forez.

fiche technique

Durée : 2 h 10
Longueur : 7,5 km
Dénivelé : 185 m
Difficulté : aucune
Période : toute l'année, l'hiver selon enneigement

Equipement : randonnée classique
Balisage : incomplet, bleu clair
Carte IGN 1/100 000 : n° 51, pli B2
Carte-Guide IGN 1/25 000 ; n° 2932 est : Mornant
A voir aux environs : Larajasse : église (XVe s.), maisons anciennes, château de Varax (XVIIIe s.), château de La Fay (XVe s.-XVIIe s.), dolmen de Vaudragon; Pomeys : château de Sacconay (XIVe - XVIe s.); St-Symphorien-sur-Coise : capitale du saucisson, vieux bourg (porte de Riverie, maisons du XVe s. et XVIe s., quartier des tanneries), église-forteresse (XVe s.), maison des métiers, centre culturel des monts du Lyonnais au château de Pluvy, célèbre marché du mercredi; musée du Chapeau à Chazelles-sur-Lyon; bourg médiéval de Riverie.

itinéraire d'accès

Sortez de l'agglomération lyonnaise par l'A 7 (sortie à l'échangeur de Pierre-Bénite-Sud en direction de

La chapelle Saint-Pierre.

Le hameau de Lamure et la haute vallée de la Coise.

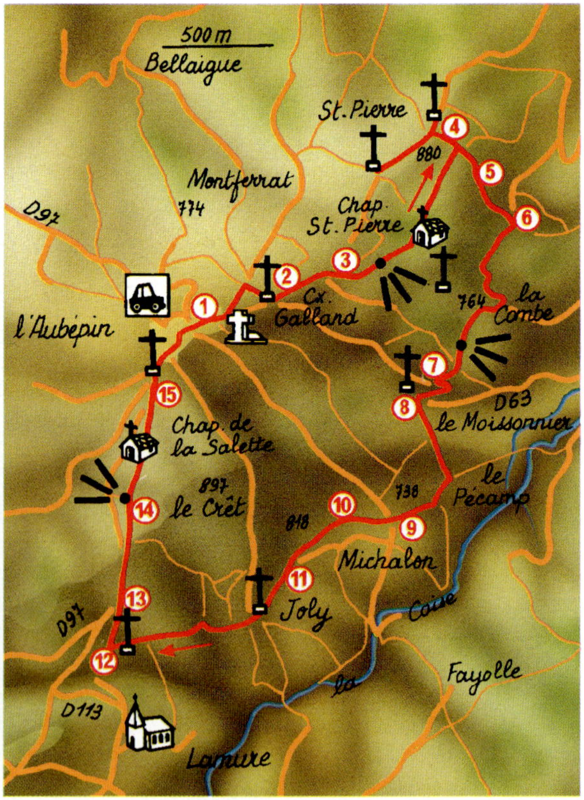

Brignais) ou par la D 42 à suivre vers Rive-de-Gier. Au carrefour de Bellevue, vous bifurquerez à droite vers St-Maurice-sur-Dargoire. Dans le village, continuez à droite vers St-Didier-sous-Riverie/St-Symphorien-sur-Coise. Passez Riverie puis Ste-Catherine. 1 km plus loin, bifurquez à gauche sur la D 63 vers l'Aubépin (parking sur la place du bourg).
Transports en commun : aucun

description

Du parking, revenez dans le centre du bourg au carrefour des routes de Larajasse, Saint-Christophe-en-Jarez et Sainte-Catherine. Sortez du village par cette dernière 1. Avant le cimetière, obliquez à gauche en direction des Grandes Bruyères. A 150 m, au premier croisement, se trouve une croix dont le croisillon initial a été remplacé par du béton (!). Seule sa base, datée de 1539, est d'époque. Bifurquez là à droite pour rejoindre la route de Sainte-Catherine où vous prendrez aussitôt à gauche la route de Saint-Pierre 2. A son départ, ne manquez pas la croix Galland, du XVIe s., protégée par l'ombrage d'un cerisier. Son croisillon est orné de deux sculptures représentant le Christ sur le devant et la Vierge à l'arrière. La montée offre une superbe vue sur le verdoyant vallon de la Coise. A 250 m, quittez la route pour suivre le second chemin à droite 3. Il grimpe au sommet du mamelon boisé. Un beau pin sylvestre veille sur la chapelle Saint-Pierre-de-Pizey (1706), du nom d'un ermite qui aurait séjourné là. Redescendez jusqu'à une intersection marquée par une modeste croix en bois (cote* 880). Par la petite route 4, gagnez à gauche le hameau de Saint-Pierre (jolis toits en tuiles). A 50 m sur la droite, au milieu des maisons, est dressée, sur un mur, une émouvante croix datée de 1706, c'est-à-dire contemporaine de l'édification de la chapelle. Une large table de pierre forme son piédestal. A la base carrée de son fût, légèrement conique, l'inscription «J O S 1814» témoigne d'une restauration. Son croisillon est similaire à celui de la croix Galland. Les plus curieux iront découvrir à 400 m, au sud-ouest, sur la route de l'Aubépin, la croix de Montmain (XVIIe - XVIIIe s.) dont le croisillon de pierre a été remplacé par un substitut en bois. Dans les deux cas, revenez à la cote* 880 pour descendre tout droit sous une voûte d'érables et de frênes 5. Sur votre gauche, au nord-ouest, quelques dômes boisés émergent des lourdes croupes. La plus haute, le Signal de Saint-André, est le point culminant des monts du Lyonnais, à 935 m d'altitude. 500 m plus loin, dans une épingle à cheveux 6, en vue d'une ferme isolée, tournez à droite sur un chemin dans un bois de chênes et de pins sylvestres, en ayant soin de négliger aussitôt un sentier sur la gauche. Peu après, dans la descente, continuez à gauche puis passez une villa récente avant de rejoindre, à la verticale de la ferme de la Combe, une petite route à mi-

Croix datée de 1706 au hameau de Saint-Pierre.

pente (cote* 764). A travers pâturages, elle vous mène à droite, en balcon de la vallée de la Coise, à la D 63 [7] (à gauche, vue sur Sainte-Catherine et Riverie). Descendez-la jusqu'à la seconde épingle à cheveux [8]. Avant de plonger à droite vers le Moissonnier et le Pécamp, jetez un œil en haut du chemin, au pied d'un gros sapin, sur la croix de Moissonnier qui fut élevée en 1850 par la comtesse de Cibeins pour célébrer une naissance. La ferme du Moissonnier est le point le plus bas du circuit (cote* 721). Sur le versant opposé, se dresse le fier pigeonnier de la ferme de la Faverge. Sur la droite de la ferme du Pécamp, montez un chemin raide et boueux [9] (superbe noyer à gauche) qui croise une route (clôture électrique à enjamber), puis dépasse un récent bâtiment agricole. Lorsque le chemin s'oriente à droite [10], poursuivez tout droit sur un sentier engazonné et étroit qui surplombe le hameau de Michalon et son panorama bucolique. Après quelques gros chênes ombrageant un poulailler, il rejoint à hauteur d'un frêne une petite route [11] où vous progressez toujours, à droite, en direction du village de Lamure. Ne descendez pas au hameau de Joly d'où part le balisage bleu clair. 50 m plus loin, au départ du chemin de l'Aubépin, une croix de fer forgé remplace un croisillon de pierre tombé en ruines. La route dépasse deux fermes. A une croix en fer forgé (1870) [12], remontez à droite (balisage rouge). Les moins pressés visiteront le charmant hameau fleuri de Lamure et son église (1 km aller et retour). A la jonction avec la D 113 et la D 97 [13], longez cette dernière à droite sur 150 m avant d'obliquer à droite sur un chemin qui suit la crête [14]. A l'ouest, vous reconnaîtrez le sillon de la Coise qui rejoint la vallée de la Brévenne avec les bourgs de Saint-Symphorien-sur-Coise et de Chazelles-sur-Lyon (musée du Chapeau, *cf encadré*). Au-delà, la plaine et les monts du Forez forment l'horizon. Après une intersection, apparaît la pittoresque chapelle de la Salette, fondée en 1870 en hommage à Notre-Dame-de-la-

(A) Croix de mission à l'Aubépin (1891).
(B) Croix en fer forgé au hameau de Lamure.
(C) Croix de Moissonnier (1850).
(D) La croix Galland (XVIe s.).

A la croisée des chemins

Le gibet du Christ, la croix, est le symbole par excellence de la chrétienté. Reproduite initialement sur les monnaies romaines de Constantin au IVe s., elle orne ensuite les lieux et objets de culte, puis est érigée sur les places publiques, les routes, en signe de victoire et de protection de la religion. Au Moyen Age, croix et calvaires commémorent faits d'armes et épidémies, servent de bornes pour les limites des communes, des abbayes et des monastères, protègent sources, fontaines et puits dont l'eau est indispensable à la vie. Au XIXe s., les «croix de mission» apparaissent, évoquant le souvenir d'un pèlerinage. Affirmant la puissance de la religion envers la nature et ses excès tant redoutés, de nombreuses croix sont également dressées aux points remarquables du relief : sommets, cols. Aujourd'hui, ces précieux repères chargés d'histoire guident toujours nos pas. D'après Les *croix à Larajasse et autres lieux voisins* de G. de Jerphanion, Séminaire des missions de Syrie, 1942.
de Syrie, 1942.

Salette (sanctuaire situé à Corps en Isère), à l'intérieur, statuettes naïves et nombreux *ex-voto.* Il ne vous reste plus qu'à vous diriger vers le clocher de l'Aubépin pour rejoindre la D 97 15 (au carrefour, belle croix de mission en pierre de Volvic datée de 1891), puis votre véhicule.

D'autres sentiers à thèmes sont à découvrir dans le topoguide *Sentiers et découvertes en région lyonnaise* édité par la Sécirely*.

Démonstration de mise en forme de chapeau. Affaire conclue au marché aux veaux de Saint-Laurent-de-Chamousset.

Le musée du Chapeau

La tradition chapelière de Chazelles-sur-Lyon remonte aux Croisades. Au XIIe s., le comte Guy II de Forez fixa dans le bourg une commanderie de chevaliers de Saint-Jean-de-Jérusalem. Les commandeurs auraient transmis aux habitants l'art de fouler le feutre qu'ils avaient eux-mêmes appris auprès des Arabes. Dès le XVe s., le bourg devient un important centre chapelier. La chapellerie de feutre de poils de lapin domestique, de garenne et de lièvre, assura sa prospérité et son apogée en 1930, avec près de 2 500 personnes employées. Malheureusement, l'évolution de la mode d'après-guerre porta un coup fatal à cette industrie. Aujourd'hui, les établissements Ecuyer-Thomas sont les seuls en France à produire des chapeaux de feutre de luxe et fournissent toujours la mode parisienne. Installé dans une ancienne chapellerie, le musée du Chapeau présente, grâce à des techniques muséographiques modernes, les techniques de fabrication, le contexte social et culturel de la chapellerie et l'évolution de la mode de 1850 à nos jours, grâce à plus de 300 couvre-chefs aux noms évocateurs : bibis, capelines, faluches, canotiers, gibus, toques, chapeaux melon... et à des coiffures d'hommes et de femmes célèbres : Grace Kelly, Antoine Pinay, Maurice Chevalier, Fernandel, les Frères Jacques...

Musée du Chapeau : ouvert tous les jours sauf mardi, de 14 h à 18 h, groupe de plus de 15 personnes sur rendez-vous. Démonstrations publiques par des chapeliers les 1er et 3ème dimanches du mois. Adresse : 16, route de St-Galmier - 42140 Chazelles-sur-Lyon; tél. : 77 94 23 29.

Le plus ancien marché du Rhône

(Balade suivante)

C'est au marché de Saint-Laurent-de-Chamousset, le lundi matin, qu'est vendue la majorité des veaux de la région (12 000 par an). Créé par lettre patente du Roi en 1497, il déplace acheteurs et vendeurs de tous horizons notamment des Italiens. Si vous voulez apprécier le «manège» des blouses noires, soyez présents dès 9 h 45, car à 10 h précises, la cloche donne le feu vert aux acheteurs qui se précipitent. En un quart d'heure, les meilleurs veaux sont vendus. La confiance règne entre chacun : l'acheteur remet un simple ticket avec le prix au paysan, qui emmène son veau au camion pour se faire payer.

La cadole Montizuel

(Balade suivante)

A Brullioles, la «capitale du bigarreau», Jean Dupin, ancien exploitant agricole, a passionnément rassemblé une collection unique de machines agricoles d'antan et d'outils utilisés avant la modernisation du monde rural. En sa compagnie, vous découvrez l'histoire des campagnes des monts du Lyonnais. De l'alambic à la première machine à laver, en passant par tous les types de charrues et de batteuses en état de marche, cette grange est la mémoire de ceux qui ont travaillé et aimé la terre.

Ouvert les samedis et dimanches après-midi, la semaine sur rendez-vous. M. Jean Dupin, Montizuel - 69690 Brullioles; tél. : 74 70 52 95.

Jean Dupin présente une ancienne batteuse toujours en fonctionnement à la cadole Montizuel.

17 MONT POTHU
vallée de la Brévenne

A 45 km de Lyon, l'ascension du mont Pothu part de Brullioles, pittoresque capitale du bigarreau au cœur du charmant vallon du Cosne : une vraie «carte postale» des monts du Lyonnais.

fiche technique

Durée : 2 h
Longueur : 7 km
Dénivelé : 278 m
Difficulté : aucune
Période : toute l'année, l'hiver selon enneigement
Equipement : randonnée classique
Balisage : jaune/vert, blanc/rouge (GR 7)
Carte IGN 1/100 000 : n° 43, pli D3
Carte-Guide IGN 1/25 000 ; n° 2931 ouest : Tarare et 2931 est : l'Arbresle
A voir aux environs : St-Laurent-de-Chamousset: château (XIVe au XVIe s., ne se visite pas), porte de Brullioles (XVIe s.), marché aux veaux du lundi *(cf. encadré);* Montrottier : place de la Basse-Cour, place de la Dîme ; belvédère de la Madone à Villechenève ; site minier de Jacques Cœur (armoiries sur le portail de l'église) à Brussieu (visite l'été, tél. : 74 70 85 19); train de l'Evasion de l'Arbresle à Ste-Foy-l'Argentière *(cf. encadré).*

Le bigarreau a pour capitale Brullioles.

itinéraire d'accès

Rejoignez la N 7, direction Roanne depuis Tassin-la-Demi-Lune ou par l'A 6 (sortie Limonest) et la Tour-de-Salvagny. A l'Arbresle, prenez à droite la N 89 vers Ste-Foy-l'Argentière. Après Sain-Bel, à la Brévenne, montez à droite la D 24 en direction de Brulliolles/Bessenay/Montrottier. A 100 m, continuez tout droit sur la D 81 vers Brullioles. Garez-vous dans le village sur la place de l'auberge ou celle de l'église.

Transports en commun : transports publics 69, ligne n°168 Lyon/Chambost/Longessaigne, arrêt Brullioles, tél. : 78 62 67 69.

description

Depuis la place Neuve (auberge), prenez la route de Saint-Julien-de-Bibost (D 635) [1]. Face à la belle croix en «pierre dorée» devant la chapelle Saint-Roch (XVIIIe s., mobilier classé), suivez à gauche la départementale (balises GR 7, jaune/vert, jaune, bleu...). Après avoir longé le cimetière, poursuivez à droite vers Pothu. A 200 m, après le boulodrome [2], montez à gauche, sur une petite route en suivant le balisage jaune/vert qui est celui de l'itinéraire. 100 m plus loin [3], bifurquez à droite toujours vers Pothu. Après avoir dépassé une ferme à la cour délicatement rosée, tournez à nouveau à droite [4]. Faites 100 m, puis, en vue de la ferme de Malherbe, droit devant [5], montez à gauche, en épingle, un chemin qui rejoint un raidillon engazonné le long d'une clôture. Il laisse à gauche une habitation, puis la maison de Noémi (chambres d'hôtes) où il devient asphalté. Au croisement [6], allez à gauche. A l'énorme cyprès qui orne l'enceinte de la ferme de Pothu (porche intérieur), montez à droite au-dessus des bâtiments où le sentier vire en lacet sur la droite [7]. Après le second lacet, le sentier se creuse, devient secret à

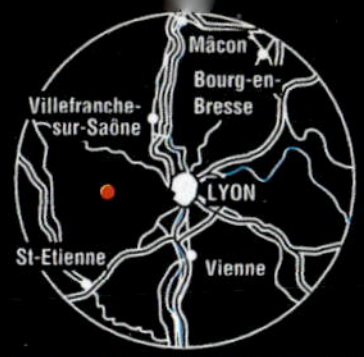

l'ombrage de taillis de chênes, de frênes et de noisetiers. Il est encore temps de profiter du panorama, qui, peu à peu, s'est dévoilé au cours de l'ascension. Adossé au versant sud-est du mont Pothu, Brullioles est une vraie image d'Epinal : il a gardé le cachet des petits villages d'autrefois, ceux dont on rêve... Au-delà, s'étire le vallon du Cosne, affluent de la Brévenne qui, par son profond sillon, sépare la chaîne d'Yzeron du nord des monts du Lyonnais. Les hautes croupes boisées sont échancrées du nord au sud par les cols de la croix du Ban, de la Luère, de Malval, de la croix de Part et des Brosses. Au sud-ouest, le village de Montromant est situé à mi-pente du vallon sauvage du Rossand. En crête, à droite, pointe le clocher d'Aveize. Au nord-est, les bourgs dorés de Sain-Bel et de l'Arbresle, phares de pierre en amont* de la vallée de la Brévenne, ont pour toile de fond les monts d'Or.

Par un dernier lacet, grimpez sous l'ombrage de chênes et de charmes (arum tacheté). Une patte d'oie se présente à 500 m [8] : restez à droite (toujours le même balisage + pancarte Brullioles 15, 22 et 27 km). De beaux pins sylvestres apparaissent sur un replat ; certains sont morts foudroyés. Ignorez une sente à gauche juste avant la clairière sommitale clôturée que vous longez par la droite pour rejoindre de gros blocs [9]. Le sentier continue en descente sur 30 m puis remonte vers la gauche en plusieurs traces jusqu'à un second amas de mégalithes qu'il laisse à sa droite. Plusieurs légendes circulent encore sur le mont Pothu et «la Pierre» qui aurait été un mystérieux autel druidique. De récentes découvertes archéologiques témoignent de la fréquentation du site depuis la Préhistoire. Plus bas, après de nouveaux blocs, le sentier traverse une vaste coupe rase [10] d'où le regard embrasse

Couchant au sommet du mont Pothu.
Les tours crénelées du château de Chamousset surplombent la vallée du Cosne.

des crêts boisés au nord de Montrottier. Au nord-ouest, derrière un pylône, se dresse la tour de télécommunications de la tour Matagrin (1 004 m). Plein nord, les monts du Beaujolais ourlent l'horizon. Un large chemin descend rapidement sur la droite de la coupe. Au premier croisement 11, suivez à gauche les balises jaune/vert. 50 m plus bas, à un second carrefour, tournez à droite sur le chemin principal. Il rejoint vite un large chemin transversal et plat 12, à prendre à gauche dans une hêtraie (abandon du balisage jaune/vert au profit du rouge). Ce chemin, toujours orniéré, est un vrai livre de la forêt. Il suffit d'un peu d'attention pour y découvrir les traces de ses hôtes : chevreuil, sanglier, renard, blaireau... A une intersection où trône un beau fayard* 13, négligez le chemin qui part à gauche. Après de splendides pins sylvestres, l'orée du bois vous réserve une belle perspective sur le vallon du Conan issu de Montrottier. Aussitôt après, le long d'une plantation de douglas 14, bifurquez à gauche pour entrer en sous-bois en suivant le balisage rouge et blanc/rouge du GR 7. Le sentier dévale une chênaie-charmaie (à sa sortie, ignorez une sente à gauche), puis, à travers des prairies de fauche, progresse horizontalement en balcon de la pittoresque vallée du Cosne 15. Ce paysage de bocage* semi-clos et de doux mamelons boisés avec des fermes-forteresses isolées (le Gonnet, Grand Pitaval, Pitaval...) est une «carte postale» des monts du Lyonnais. Le château de Chamousset dont l'architecture semble sortie tout droit d'un conte de fées, domine le versant opposé. Edifié au XIVe s., remanié au XVIe s., il fut restauré au siècle dernier par un élève de Viollet-le-Duc. Bien qu'il ne se visite pas, il est possible de le contempler de belle façon depuis la route menant à la ferme de Chamousset (à partir de la D 81).

Après une jolie ferme en pisé (cote* 657), un chemin goudronné prend le relais. A l'intersection avec le chemin montant à la ferme de la Borne 16, restez à droite. 200 m plus loin (cote* 638), alors qu'il redescend, quittez-le pour prendre à gauche un chemin gazonné à mi-pente 17. Après un dernier bois et à nouveau en vue de la chaîne d'Yzeron, le GR vous ramène progressivement vers Brullioles. Dépassez les premières maisons pour retrouver l'asphalte. A la Grand-Croix, conservez à gauche la même direction le long d'un verger de cerisiers (belle vue sur le village), puis sur une petite route. 100 m plus loin 18, à la hauteur d'une borne à incendie rouge, plongez à droite sur un chemin herbeux qui conduit au croisement à proximité du cimetière. Rejoignez la chapelle Saint-Roch pour revenir ensuite à droite au centre du village.

La brochure *Circuit azur dans les monts du Lyonnais* vous propose d'autres itinéraires pédestres dans le canton de Saint-Laurent-de-Chamousset.

La ferme de Chamousset
avec en toile de fond l'échine boisée du mont Pothu.

A toute vapeur avec le «petit train de L'Evasion»

Voilà un moyen original de découvrir l'histoire, l'agriculture, le folklore et la gastronomie des monts du Lyonnais. Tracté par une locomotive à charbon de 1914, le train, composé de trois wagons, rallie sur une voie ferrée de 1876 à «l'enivrante» vitesse de 25 km/h, l'Arbresle à Sainte-Foy-l'Argentière où, dans la gare, est présentée une exposition de matériel ferroviaire et l'historique du train. Chaque dimanche, les voyageurs sont accueillis dans un village différent pour participer aux animations locales et goûter aux charmes du pays.

Le train de l'Evasion circule tous les dimanches de juin à septembre, départ de l'Arbresle à 10 h et à 15 h, renseignements et réservations au 74 70 90 64.

(A) et (B) le style gothique flamboyant de la chapelle de Clévy. (C) Le portail de l'église du XVe s. a été réemployé dans l'entrée du presbytère à Saint-Forgeux. (D) La chapelle de Grévilly, remarquable belvédère de la vallée de la Turdine. (E) Le clocher-mur de la chapelle de Vindry à Saint-Loup.

Les chapelles médiévales des monts de Tarare

(Balade suivante)

Trois chapelles, peu connues, sont à découvrir dans le canton de Tarare. Construite au XIVe s., la chapelle votive de Clévy est constituée d'une nef et d'une chapelle latérale. Dans le chœur, elle présente une baie aveugle à remplage de style gothique flamboyant. En face de l'entrée de la chapelle, de l'autre côté de la D 33, au pied d'une croix monumentale, se trouve inséré dans le sol un bloc de granite qui présente une cavité en forme d'œil. Il faisait l'objet d'une dévotion païenne : les mères faisaient uriner leurs enfants sur cette pierre pour les protéger des maladies et leur apprendre à marcher plus vite. Erigée au XIe s., la chapelle de Grévilly domine remarquablement la vallée de la Turdine depuis la commune de Saint-Forgeux. Elle devint un lieu de pèlerinage à la Vierge en 1322. Elle a conservé son chœur roman orné de peintures médiévales et présente un portail gothique sous un bel auvent. Très ancienne, même si aucune date ne peut être donnée, la chapelle de Vindry présente un étonnant clocher-mur avec sa galonnière. A l'intérieur, un bénitier en pierre dorée et les fresques de Louis Josserand (1937) côtoient plusieurs tableaux dont l'ex-voto du curé Chauve Les Olmes à Marie à la signification mystérieuse.

Accès : Clévy, par la D 33 via St-Romain-de-Popey ou depuis Pontcharra ; Vindry, depuis Pontcharra par la D 31e vers St-Loup ; Grévilly, depuis Pontcharra par la D 27 via St-Forgeux. Chapelles de Grévilly et Clévy : ouvertes tous les jours; chapelle de Vindry : fermée (clefs chez Mme Buffez, tél. : 74 05 75 61).

18 MONT POPEY
vallée du Trésoncle

A 43 km de Lyon, la vallée du Trésoncle, lovée autour du sombre mont d'Arjoux, offre une remarquable harmonie de paysages : vergers de cerisiers, pâturages, bois. Avec, en prime, un belvédère sur la vallée de la Turdine, les monts du Beaujolais et les monts du Lyonnais.

fiche technique

Durée : 2 h
Longueur : 6,5 km
Dénivelé : 173 m
Difficulté : aucune
Période : toute l'année
Equipement : randonnée classique
Balisage : double trait bleu
Carte IGN 1/100 000 : n° 43, pli D3
Carte-Guide IGN 1/25 000 ; n° 2931 est : l'Arbresle
A voir aux environs : château d'Avauges (reconstruit au XVIIe s.); chapelles médiévales de Clévy, de Grévilly et de Vindry ; musée lapidaire de Savigny ; carrières de Glay à St-Germain-sur-l'Arbresle ; village de Bully ; l'Arbresle : superbe église du XVe (vitraux XVIe s. et boiseries), vestiges du château des abbés de Savigny (XIe-XVe s.), maisons gothiques et Renaissance ; couvent Ste-Marie-de-la-Tourette à Eveux (architecture de Le Corbusier) ; Sain-Bel : château du XIIe s., église du XIe s. et maisons anciennes ; château de Cruzols à Lentilly.

itinéraire d'accès

Rejoignez la N 7, direction Roanne depuis Tassin-la-Demi-Lune ou par l'A 6 (sortie Limonest) et la Tour-de-Salvagny. A l'Arbresle, prenez à droite la N 89 vers Ste-Foy-l'Argentière. A Sain-Bel, tournez à droite sur la D 7 vers Savigny. Poursuivez-la ensuite en remontant la vallée du Trésoncle jusqu'à Ancy. Garez-vous à gauche sur la place de l'église.
Transports en commun : aucun

description

Commune fleurie, Ancy marie à merveille le granite* et la pierre jaune. Avant de partir, admirez le portail gothique de l'église, dédiée à saint Pierre. Il provient de l'une des deux églises de l'abbaye de Savigny, détruites en 1793. De la place, traversez la rue principale (D 7) pour monter une petite route 1, qui rapidement, le long de vergers de cerisiers, s'élève au-dessus du village et de la vallée du Trésoncle. Négligez un premier chemin à droite, puis un second 100 m plus haut (cabanon rouge), en poursuivant à gauche sur un chemin engazonné entre deux haies. Dans un lacet qui offre un superbe point de vue sur Ancy, la vallée et le cône sombre du mont d'Arjoux, vous pénétrez sous des taillis de noisetiers, chênes et frênes avant de déboucher sur une voie goudronnée à la croix du Crêt. Après avoir joui du panorama au nord-ouest sur la vallée de la Turdine et les monts de Tarare, prenez à droite, en épingle, le chemin de crête 2 (balisage jaune et bleu). Parmi des taillis clairs de chênes pubescents et de pins sylvestres bordés de genêts à balais : il

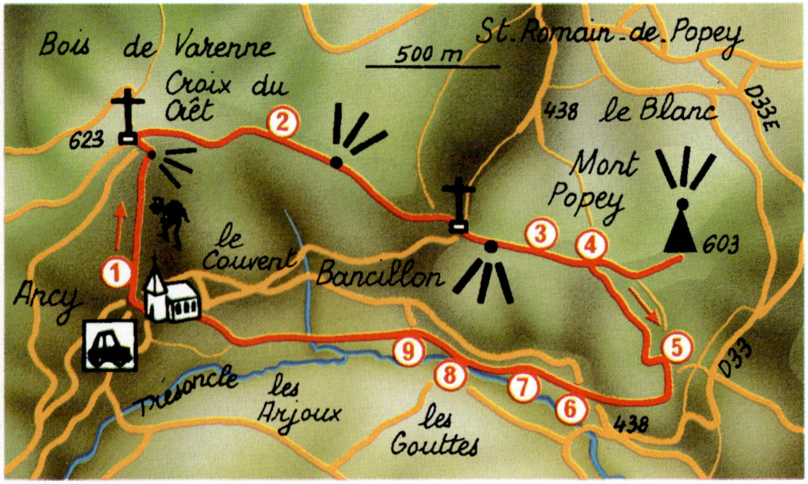

progresse en balcon de la vallée. Au sud-est, s'étirent la vallée de la Brévenne et la chaîne d'Yzeron. Arrivé à un beau pin, ignorez un chemin sur la gauche. Le versant sud est réservé à des parcs à moutons. Après une brève descente, vous parvenez à la croix du Bancillon (1869). Ornée d'un cœur, elle est, comme toutes les croix de la région, taillée dans la pierre jaune de l'Arbresle. Poursuivez en crête [3] en profitant au nord de dégagements sur Saint-Romain-de-Popey, la vallée de la Turdine, et au sud sur l'aval* de la vallée avec ses mosaïques de champs de céréales, de pâturages, de vergers de cerisiers et ses grosses fermes traditionnelles. Le sentier s'enfonce à nouveau dans des buissons d'aubépine, d'épine noire et d'églantier, puis parvient à une patte-d'oie [4]. Dirigez-vous à gauche vers un gros pin, puis le long d'un champ, rejoignez le mamelon boisé du mont Popey. Comme le mont Arjoux à la silhouette évocatrice, il est formé de roches volcaniques. Leur irruption en surface se produisit lors de la fracture qui donna naissance à la vallée de la Brévenne. La pelouse sommitale (croix en bois) réserve une vue panoramique sur la vallée de la Turdine avec, en arrière-plan, le pays des Pierres Dorées. Revenez au croisement précédent [4] pour descendre à gauche le versant sud, en friche, face aux hameaux de Mullin et de Taylan. A hauteur d'une parcelle cultivée à droite, négociez deux lacets avant de gagner un verger de cerisiers au milieu duquel trône un frêne isolé [5] (balises bleu et rouge). Obliquez alors à droite pour revenir par une large courbe vers la vallée du Trésoncle. Entre les cerisiers, vous rejoignez la D 7 [6]. Suivez-la à gauche sur 10 m avant de plonger sur un chemin qui gagne le bas du vallon [7]. Après quelques abricotiers, vous passez des cultures maraîchères (serre et bassin) et des alignements de framboisiers et de groseilliers. En surplomb du Trésoncle, une jolie rivière à truites, à l'ombre de hauts peupliers garnis de lierre, vous gagnez une petite route qui remonte à gauche vers la ferme des Gouttes [8]. Prenez-la à droite sur 200 m. Après la ferme, au premier virage vers le nord [9], continuez à gauche sur un chemin qui se dirige vers le clocher d'Ancy. A travers des pâturages, il longe à distance la rivière. A l'intersection de la cote* 471, remontez au village indifféremment par la droite ou par la gauche.

Le village d'Ancy dans la vallée du Trésoncle.

19 CRETES DE VIOLAY
les montagnes du Matin

A 58 km de Lyon, cette promenade vous invite à découvrir le bocage* des «montagnes du Matin», en lumineux belvédère du Roannais, des monts de la Madeleine, de la trouée de Tarare et du Haut-Beaujolais.

fiche technique

Durée : 2 h 45
Longueur : 9 km
Dénivelé : 217 m
Difficulté : aucune
Période : toute l'année, l'hiver selon enneigement
Equipement : randonnée classique
Balisage : jaune/blanc, blanc/rouge (GR 7)
Carte IGN 1/100 000 : n° 43, pli D7-D8
Carte-Guide IGN 1/25 000 ; n° 2931 ouest : Tarare
A voir aux environs : table d'orientation de la tour Matagrin ; sentier botanique de la Belette et moulin à eau de maître Marcel (tél.: 77 28 63 36) à Ste-Agathe-en-Donzy (D 1) ; musée du Tissage à Bussières (métiers en fonctionnement d'avril à octobre, accès par la D 1, tél. : 77 28 33 95) ; vieille ferme avec galerie à colonnes à Affoux ; Tarare : maisons médiévales sur la place du Marché, tour de la Prébende des Martin (XVe s.) rue du Château, église St-André, moulinage Jean-Baptiste Martin, château de la Bussière (XVIe s.), fête des Mousselines tous les 5 ans (juin 95) ; château de Joux-sur Tarare (XIIe s., ne se visite pas).

La race charolaise se plaît dans les pâturages des monts de Tarare.

itinéraire d'accès

Rejoignez la N 7, direction Roanne-Tarare depuis Tassin-la-Demi-Lune ou par l'A 6 (sortie Limonest) et la Tour-de-Salvagny. Passez l'Arbresle, Pontcharra-sur-Turdine et Tarare. 1 km après la sortie de la ville, montez à gauche la D 14 jusqu'à Violay. Dans le bourg, prenez à gauche la route de Signy (D 49 direction Villechenève). A 100 m, se trouve un parking.
Transports en commun : aucun

description

Les ancêtres celtes des Foréziens, les Ségusiaves, voyaient se lever le soleil sur les monts du Lyonnais et ils les baptisèrent poétiquement «montagnes du Matin». Violay provient du latin *via* : la commune était placée à la croisée d'importants chemins (voie Sayette, voie romaine). Sur le mur de la cure, une coquille Saint-Jacques sculptée signale que le village était une halte connue des pèlerins sur la route de Saint-Jacques-de-Compostelle. Aujourd'hui, des industries textiles (rideaux), de salaison et une fabrique de meubles assurent l'économie de la commune.

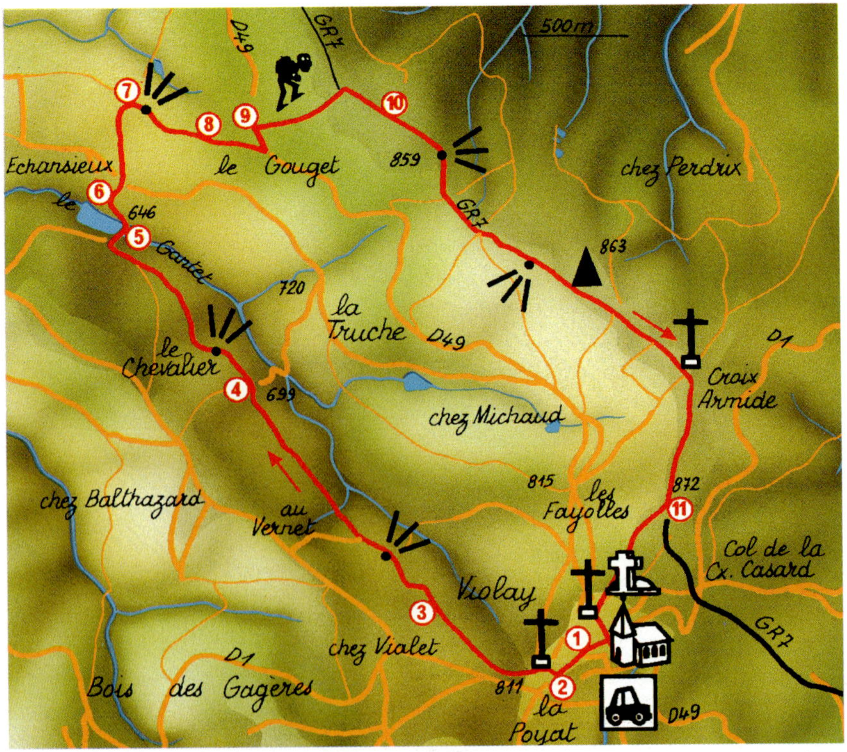

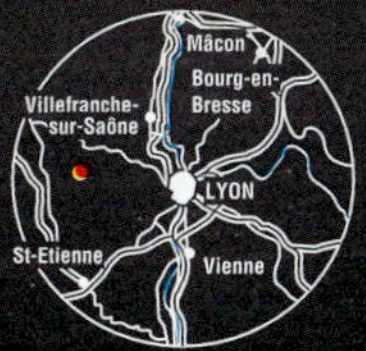

Du parking, revenez au croisement précédent pour suivre à gauche la route du Chêne [1]. A 150 m [2], tournez à droite sur le chemin de la Chapelle en direction «chez Vialet». 30 m plus loin, au calvaire, dirigez-vous à gauche (balisage jaune-blanc) en négligeant, 30 m plus bas sur la droite, une voie sans issue. La voie goudronnée cède la place après le hameau chez Vialet à un bon chemin à la pente agréable [3]. En vis-à-vis des maisons du Bouton, la descente, douce, s'effectue en balcon de la vallée du Gantet à l'habitat dispersé (fermes du XVIIe s.). Harmonie et sérénité se dégagent de ce paysage bocager* qui se renouvelle sans cesse au fil de vos pas. Moutons, vaches et chevaux rappellent l'importance de l'élevage dans ces collines élevées. Après un carré de douglas, le chemin laisse à droite la ferme du Vernet, puis traverse un versant en friche couvert de fougères (quelques chênes) et de genêts à balais. En contrebas, s'étire un bois de chênes et de bouleaux. Face au hameau de la Truche, passez la pittoresque ferme du Chevalier. Au croisement [4], restez à gauche pour progresser toujours à mi-pente du vallon dans la même direction. A proximité, un site archéologique a été mis à jour avec un énorme amas de pierres, une enceinte et les fondations d'un bâtiment. Dans un rayon de 1 000 m, des silex taillés et des poteries gallo-romaines témoignent également de l'occupation ancienne du lieu qui d'après la tradition orale, serait l'ancien Violay.

Le fond du vallon, très humide, abrite plus bas deux petits étangs de retenue des eaux du Gantet. Sur une petite route, l'itinéraire se faufile à droite entre les deux plans d'eau [5], puis passe une ferme abandonnée en pierres et pisé qui sert de grange. A une patte-d'oie [6], restez à droite. 100 m plus loin, traversez le carrefour pour monter pleine pente une petite route prolongée par un chemin. Après une

Harmonie automnale du vallon du Gantet.

La tour Matagrin

Construite en 1876, au sommet du mont Boussuivre, la tour Matagrin était à l'origine un singulier rendez-vous de chasse. Point culminant des monts de Tarare à 1 004 m d'altitude, située sur la ligne de partage des eaux Atlantique-Méditerranée, elle est l'un des points de triangulation de la France. Une borne napoléonienne, repère trigonométrique érigé en 1812 à cet endroit, est incluse dans le mur extérieur près de la porte. En haut de la tour, une table d'orientation guide la découverte d'un exceptionnel panorama à 360 degrés. De ce belvédère, par temps clair, vous découvrez 14 départements ! Le spectacle est grandiose lorsqu'au lever du soleil, en toile de fond de la Dombes et du Bugey, la chaîne des Alpes apparaît. En poursuivant le tour d'horizon vers la droite, vous reconnaîtrez au-delà des moutonnements des monts du Lyonnais, le Pilat, le plateau du Velay avec le mont Mézenc et le Gerbier de Jonc, puis la plaine et les monts du Forez, les monts de la Madeleine, le Roannais et, au nord, les monts du Beaujolais avec le mont Saint-Rigaud et le sillon de l'Azergues.

La tour Matagrin est ouverte toute l'année. Accès depuis Violay par le col de la croix Casard (route de Tarare, D 1) où, à droite, vous prendrez la route de Villechenève sur 800 m, puis un chemin à gauche qui conduit au joli bois de mélèzes proche de la tour (aire de pique-nique).

vieille ferme (cour intérieure avec piliers), il gagne un croisement sur un faux-plat au milieu des pâturages 7. Poursuivez à droite. Au nord, la vue porte sur le vallon du ruisseau du moulin Lafay, parallèle à celui du Gantet. Remarquez sur les pentes opposées, plein sud, de vastes chablis*. 400 m plus loin 8, ignorez, sur la gauche, le chemin menant à la ferme des Gouttes. A la verticale du Goujet, profitez d'une nouvelle perspective sur le vallon avant de suivre à gauche sur 100 m la D 49. Quittez-la 9 pour grimper à droite, dans une plantation de douglas, un sentier toujours balisé qui rejoint directement la crête. Suivie par le GR 7, elle vous ramène, à droite 10, jusqu'à Violay en vous offrant un superbe panorama : à l'ouest, les monts du Forez et de la Madeleine ; au nord-est, la trouée de Tarare et les monts du Beaujolais. Droit devant, au sud-ouest, la tour Matagrin guide votre retour (*cf. encadré*). Après un bois de chênes et de hêtres malingres parsemés de pins sylvestres, le GR évolue longuement à découvert parmi prairies et cultures de céréales. A la hauteur d'une croix en bois, les monts de la Madeleine réapparaissent. Après un carré de peupliers, négligez plusieurs croisements en conservant toujours la même direction. Bientôt, le dôme de cuivre du clocher de Violay apparaît. Au croisement de la croix Armide, obliquez légèrement à droite en gardant la même altitude. A la cote* 872 11, à l'angle d'une borne à incendie et d'un bosquet de douglas, quittez le GR pour redescendre directement sur le village. Après le cimetière, ne manquez pas à l'intersection, une croix très ancienne (XVIIe s. ?) dont le fût tronconique a été renforcé par une armature métallique. A proximité, se trouve la chapelle Saint-Roch, sanctuaire vraisemblablement érigé après la grande peste de 1630 et qui a subi plusieurs restaurations (joli chœur avec une statue de Saint-Roch polychrome). Rejoignez à gauche le centre du bourg. Les plus curieux visiteront le petit musée, installé dans d'anciennes caves voûtées, où sont exposées les découvertes archéologiques de la Truche (rue du 8-Mai, clef au foyer-logement, tél. : 74 63 95 95).

La brochure *Randonnées pédestres dans les monts de Tarare* vous propose de nombreux itinéraires à la découverte de ce verdoyant pays.

Première gelée sur la retenue des eaux du Gantet.

Une tradition textile séculaire

Dès le XVe s., on tissait la toile de chanvre dans les fermes à «4 vaches et 4 métiers» des vallées du Reins et de la Trambouze, pour le compte de négociants lyonnais. Le coton à la fin du XVIe s., puis la soie, firent leur apparition sur les métiers à bras dans la «boutique», une pièce à demi enterrée de la ferme. Grâce à des chutes d'eau aménagées, les nombreux torrents fournirent l'énergie nécessaire à l'industrialisation de ces activités textiles ainsi qu'aux nombreux moulins et papeteries. Commencée au XVIIIe s., l'expansion industrielle atteint son apogée au XIXe s. et laissa dans chaque village une empreinte d'urbanisation et une atmosphère d'autrefois (ateliers à Grandis, sheds vitrés des Filatures, quartier Déchelette à Amplepuis, moulinage Jean-Baptiste Martin à Tarare, usines à couvertures de Cours-la-Ville...). Les crises successives du textile entraînèrent la fermeture des petits ateliers et furent à l'origine de l'exode rural qui frappa la région dès la fin du XIXe s.. A Tarare, la pureté des eaux de la Turdine fit très tôt la réputation de ses activités de blanchiment et de teinture. L'artisanat des toiles y était actif. A la fin du XVIIIe s., la ville connut une expansion sans précédent grâce à la mousseline, une toile ajourée de fils fins imitant la soie. Après la guerre, le voile d'ameublement lui donna un nouvel essor.

Les "sheds" du village des Filatures dans la vallée du Reins.

Panorama de la tour Matagrin : en octobre les monts du Beaujolais émergent d'une mer de nuages.

20 CRETE DES SAUVAGES
monts de Tarare

A 56 km de Lyon, à travers bois et pâturages, l'échine des Sauvages est un belvédère de choix sur le relief tourmenté du Tararois et des monts du Beaujolais.

fiche technique

Durée : 2 h
Longueur : 6,5 km
Dénivelé : 133 m
Difficulté : aucune
Période : toute l'année, l'hiver selon enneigement
Equipement : randonnée classique
Balisage : blanc/rouge (GR 7)
Carte IGN 1/100 000 : n°43, pli C8
Carte-Guide IGN 1/25 000 ; n° 2930 ouest : Amplepuis

A voir aux environs : N.-D.-de-la-Roche (*cf. encadré*); château de Rochefort (XIIIe s.), musée Barthélemy Thimonnier (*cf. encadré*) et quartier Déchelette à Amplepuis ; lac des Sapins à Cublize ; Tarare : maisons médiévales sur la place du Marché, tour de la Prébende des Martin (XVe s.), rue du Château, église St-André, moulinage Jean-Baptiste Martin, château de la Bussière (XVIe s.), belvédère de N.-D.-de-Bel-Air, fête des Mousselines tous les 5 ans (juin 95) ; château de Joux-sur-Tarare (XIIe s., ne se visite pas)

itinéraire d'accès

Rejoignez la N 7, direction Roanne-Tarare depuis Tassin-la-Demi-Lune ou par l'A 6 (sortie Limonest) et la Tour-de-Salvagny. Passez l'Arbresle et Pontcharra-sur-Turdine. Au centre de Tarare, au second

Au-delà de la crête rousse du bois Fourrier, se profile le sillon de la vallée du Reins. Une balade : un plaisir à savourer en famille.

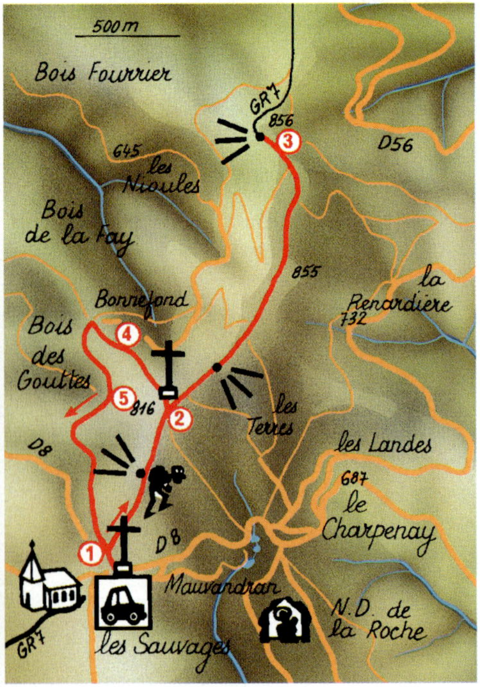

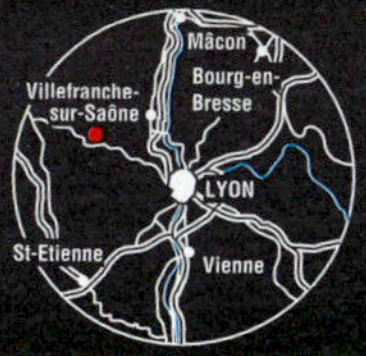

feu, tournez à droite sur la D 8 en direction de Cours-Amplepuis. Aux Sauvages, garez-vous le long de la route ou à gauche dans le centre du village.
Transports en commun : Transports publics 69 ligne n° 186 Lyon-Tarare-Cours-la-Ville, arrêt les Sauvages - bourg , tél. : 78 62 67 69.

description

Sur la ligne de partage des eaux entre la Loire et le Rhône, le col des Sauvages fut toujours un passage privilégié entre le Lyonnais et le Roannais, mais aussi redouté pour ses accès difficiles. Au carrefour de la route de Tarare, devant l'hôtel Saint-Pierre, est érigée l'ancienne clef de voûte de la chapelle des Tallebard qui était attenante à l'ancienne église paroissiale de Saint-Pierre-des Sauvages. Elle est incluse dans un monument élevé au souvenir des prêtres réfractaires sauvés de la déportation par les habitants, en 1793. L'église, au centre du bourg, abrite une pietà polychrome du XVe s. sauvegardée du vandalisme révolutionnaire.
Du carrefour, suivez la petite route qui se dirige, au nord, vers Bonnefont-les Nioules-le Pouet. A 50 m [1], prenez à droite le GR 7 qui grimpe hardiment vers la crête. Après un carré d'épicéas, il dévoile des vues dégagées au sud et à l'ouest qui ne cesseront de s'embellir au cours de l'ascension. La montée soutenue requiert un pas lent et régulier : à vous de trouver votre rythme pour ne pas arriver en haut essoufflés ! Sur un faux-plat bienvenu, vous rejoignez une intersection marquée par une croix [2], continuez tout droit entre les pâturages pour gravir les quarante derniers mètres de dénivelé (pylône). La crête est un observatoire privilégié pour contempler les hautes

Enveloppés d'un voile de brume, les doux moutonnements des monts du Lyonnais s'étendent à perte de vue.
Les monts de Tarare, une terre d'élevage par excellence.

Maison Renaissance sur la place du Marché à Tarare.
La quartier Déchelette à Amplepluis.

croupes des monts de Tarare où la Turdine a creusé sa profonde vallée : plus de 700 m de dénivelé en quelques kilomètres ! A votre gauche, Notre-Dame-de-la-Roche (*cf. encadré*) figure au premier plan de ces montagnes qui culminent à la tour Matagrin (*cf balade n° 19*). A l'ouest, au-delà de la dépression du Roannais, se profilent les monts de la Madeleine. En contrebas, la vallée du Rançonnet conduit à Amplepuis. L'étranglement du col des Sauvages, où passait dès l'antiquité une voie romaine, l'ancienne route de l'Etain, fut emprunté ensuite par la «route royale», la voie de communication historique de Lyon à Paris. La N 7 suit aujourd'hui des rampes moins raides au col du Pin-Bouchain. Le relief des Sauvages est également franchi par la voie ferrée Lyon-Atlantique grâce à un tunnel de 3 km qui fut l'un des plus longs de France jusqu'au percement du Mont-Cenis.

Hors pâturages, les sols laissés en friche et formés sur des roches granitiques* et volcaniques, naturellement pauvres et acides, sont le royaume du genêt et de la fougère, de la callune et de l'aubépine. A gauche, un tas de pierres témoigne d'un ancien épierrage, étape indispensable pour la mise en valeur de ces terres. Le sentier dépasse deux carrés de douglas. A gauche, le bois Fourrier tente de résister vainement à l'enrésinement en cette essence venue d'Amérique du Nord. Des chevaux s'ébattent sur les prairies à l'aplomb de la ferme de Bonnefond. La désagréable sensation de passer du jour à la nuit vous étreint lorsque le chemin pénètre dans un bois sinistre de douglas. Leur plantation dense acidifie les sols et empêche le développement de sous-bois. A la sortie des résineux, on goûte avec joie un splendide panorama sur les pentes boisées du vallon de Peisselay où se niche le hameau de la Renardière, et surtout par temps clair sur les Alpes (Mont-Blanc, massifs de la Vanoise et des Ecrins). Poussez plus en avant jusqu'à un vaste chablis* sur la gauche [3]), qui offre de belles échappées sur le bois Fourrier et, au nord, sur la vallée du Reins enserrée par les sombres crêts du Haut-Beaujolais. Faites demi-tour pour regagner les Sauvages par le même itinéraire en savourant une nouvelle perspective sur le paysage. Revenu à la croix (cote* 816)[2], le retour jusqu'aux Sauvages peut s'effectuer par une variante forestière *via* le bois des Gouttes : de la croix, obliquez à droite, puis à gauche, pour descendre [4] jusqu'à la cote* 774 où une petite route [5], à travers bois et prairies, vous ramène à gauche au village.

Le quartier Déchelette

C'est sur le site des tissages mécaniques d'Amplepuis, après la guerre de 1870, que débuta la construction du quartier Déchelette du nom du propriétaire de l'usine. Cet univers clos, fondé sur les théories du catholicisme social prôné par Albert de Mun, est un exemple type des réalisations des industriels de la fin du XIXe s.. La cité ouvrière permit de fixer une main-d'œuvre d'origine rurale, peu exigeante, en lui offrant en échange de journées de 10 à 12 heures de travail un ensemble de structures socialement indépendantes. Ainsi, dans un périmètre restreint, on trouvait des habitations à loyer réduit, relativement décentes pour l'époque, une école tenue par des religieuses rémunérées par l'usine, une modeste chapelle sans ornementation, une coopérative et même de petits jardins munis de cabanes à outils et d'enclos pour les lapins et les poules, qui ont valu à ce lieu le nom de «village en bois». L'organisation de cette micro-société était telle, qu'il apparut à l'occasion d'enquêtes orales que des personnes restèrent chez «Déchelette» plusieurs décennies sans jamais monter au bourg. Désireux de perpétuer l'autonomie sociale de l'industrie, Eugène Déchelette inscrivit sur son testament que le patron ne doit jamais oublier sa mission à remplir envers ses ouvriers : *«il faut tout faire pour leur bien moral»*.

Accès au quartier Déchelette : du centre d'Amplepuis, prenez la route de St-Victor-sur-Rhins-Roanne, puis bifurquez sur la 2e rue à droite.

Le musée Barthélemy Thimonnier

Tailleur de métier, Barthélemy Thimonnier est rapidement hanté par l'idée de coudre mécaniquement. S'inspirant du point de crochet utilisé par les brodeuses des monts du Lyonnais, il construit dans le secret un appareil en bois et métal reproduisant le point de chaînette et dépose le premier brevet français pour un «métier à coudre» en juillet 1830. Dès octobre de la même année, le premier atelier de confection du monde voit le jour à Paris, au 155 de la rue de Sèvres, où 80 machines cousent six fois plus vite qu'à la main. L'intendance ayant besoin d'habits pour l'armée, en campagne en Algérie, les commandes affluent. Mais, dans la nuit du 20 au 21 janvier 1831, 200 ouvriers tailleurs, craignant que cette invention ne suppriment leur gagne-pain, saccagent l'atelier et brisent les «casse-bras», sobriquet dont ils avaient affublé la machine à coudre. Thimonnier, ruiné, leur échappe de justesse. Toute sa vie durant, l'opiniâtre et génial inventeur perfectionne son «métier à coudre» et dépose plusieurs brevets. Sans appui moral et financier, c'est dans la misère qu'il meurt, à Amplepuis, le 5 juillet 1857... Trop tôt pour connaître l'extraordinaire essor de son invention. Le musée qui lui est dédié à Amplepuis, présente, à l'aide de plus de 100 modèles français et étrangers, l'histoire de la machine à coudre, de 1830 à nos jours. Différents aspects du passé d'Amplepuis sont évoqués à l'étage. L'autre intérêt majeur du musée qui ravira petits et grands, c'est une remarquable rétrospective de l'évolution du cycle, de la «machine à courir» du baron Drais à la bicyclette moderne en fibre de carbone.

Ouvert les mercredis, vendredis, samedis, dimanches et jours fériés et tous les jours, de mi-juin à mi-septembre, de 14 h 30 à 18 h 30 ; groupes sur rendez-vous, 69550 Amplepuis, tél. : 74 89 08 90.

Notre-Dame-de-la-Roche

En 1840, une bergère, Marie Pestier, en déposant une image de la Vierge au creux d'un rocher, fonda le pèlerinage de Notre-Dame-de-la-Roche (premier dimanche après le 15 août). Dès 1862, Louis Perret l'aménagea avec le concours d'artistes renommés : Bossan, Dufresne et notamment le sculpteur Fabisch, auteur de la Vierge de Lourdes, qui réalisa la Vierge noire, d'une hauteur de 4,50 m, en pierre de Volvic. Le chemin de croix comporte quatorze stations en pierre sur des rochers. L'une des trois chapelles, celle de Notre-Dame-de-la-Compassion abrite un remarquable groupe sculpté, copie d'une mise au tombeau célèbre du XVIe s. du château de Bléon (Dordogne), dont l'original est parti aux Etats-Unis.

Accès depuis le hameau du Charpenay sur la route de Tarare.

Barthélemy Thimonnier, l'inventeur de la machine à coudre.
Le sanctuaire de Notre-Dame-de-la-Roche.

21 ROCHE D'AJOUX
la «Suisse beaujolaise»

A 65 km de Lyon, cet ancien autel druidique domine les sombres forêts du val d'Azergues au cœur de la montagne beaujolaise et offre un formidable panorama circulaire des monts de la Madeleine aux Alpes.

fiche technique

Durée : 2 h 20
Longueur : 7 km
Dénivelé : 258 m
Difficulté : aucune
Période : toute l'année, l'hiver selon enneigement
Equipement : randonnée classique
Balisage : jaune, blanc/rouge (GR 7)

La statue de Napoléon 1er au col des Echarmeaux, œuvre du sabotier Molette.

Carte IGN 1/100 000 : n° 43, pli B8
Carte-Guide IGN 1/25 000 ; n° 2929 ouest : Chaufailles
A voir aux environs : tour d'orientation du mont St-Rigaud, château des Fougères (XIIIe s.) à Poule-les-Echarmeaux, château de la Farge et accueil à la ferme du Bois Botton (tél. : 74 03 70 38) à Propières, chœur roman et fresques du XVe s. de l'église de Monsols, maison du col de Crie (ouverte de mars à octobre, de 11 heures à 18 heures), autel d'Avenas (XIIe s.), château de Pramenoux (XIIe - XVIIe s.) à Lamure, sentier botanique de la forêt de la Cantinière, douglas géants de Claveisolles, corniche de l'Azergues depuis les Echarmeaux à Grandis par la D 10 *via* Ranchal puis la D 54 *via* St-Nizier-d'Azergues, hameau des Filatures dans la vallée du Reins, musée Jean-Claude Colin à St-Bonnet-le-Troncy, caves voûtées des Dépôts, musée Marius-Audin et maison de pays de Beaujeu.

itinéraire d'accès

Quittez Lyon par l'A 6 et sortez à Limonest pour suivre la direction de Lozanne (D 485). Remontez ensuite toute la vallée de l'Azergues jusqu'au col des Echarmeaux. Au rond-point, garez-vous à droite le long des maisons.
Transports en commun : Transports publics 69

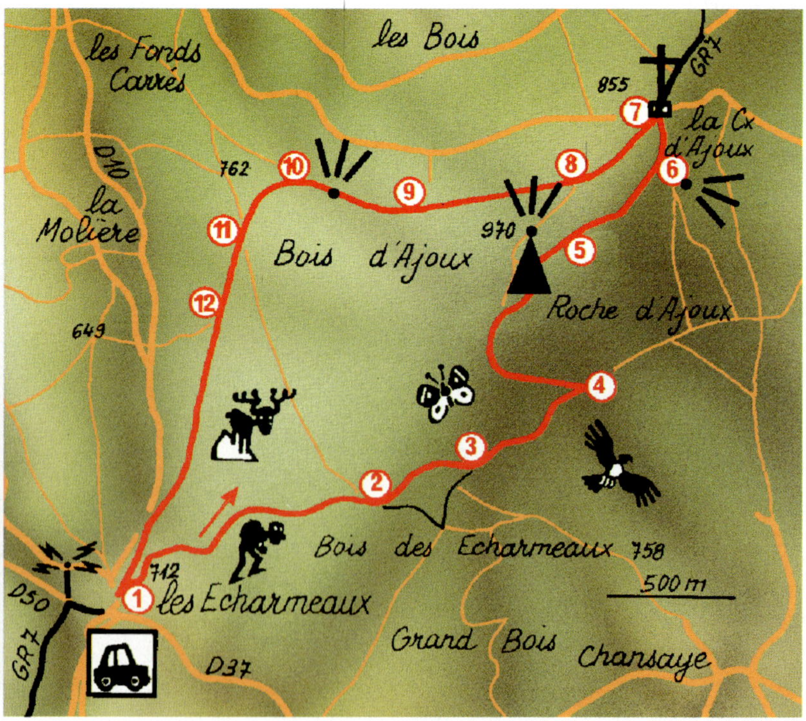

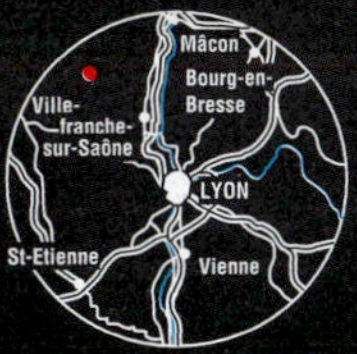

ligne n° 204 Villefranche-Beaujeu-Monsols, arrêt les Echarmeaux, tél. : 78 62 67 69 ; ligne SNCF n° 567 Lyon-Lozanne-vallée d'Azergues, arrêt Poule (à 3 km des Echarmeaux), tél. : 78 92 50 50.

description

Le val d'Azergues offre un constrate saisissant. En une trentaine de kilomètres, on passe des vignobles du Bas-Beaujolais et des villages fleuris des Pierres Dorées aux sombres versants de résineux qui enserrent des hameaux de montagne. Important nœud routier, le col des Echarmeaux commande trois des quatre vallées qui dévalent du mont Saint-Rigaud, le point culminant de la montagne beaujolaise et le Rhône à 1 012 m d'altitude. Les vallées de l'Ardières *via* Beaujeu et de l'Azergues *via* Lamure et Lozanne rejoignent le val de Saône et celle du Botoret, par Chauffailles, se dirige vers la Loire. Dès le XIVe s., des charrois de bœufs acheminaient les fûts de vins de la Saône à la Loire en remontant la vallée de l'Ardières jusqu'aux Echarmeaux. Dans l'attente du convoyage, les vins du Beaujolais et du Mâconnais étaient entreposés au hameau des Dépôts, dans de vastes caves voûtées, sur plusieurs niveaux. Ce gigantesque entrepôt appartient aujourd'hui à une maison de négoce et se visite toujours (Vins Louis Tête, tél. : 74 04 82 27). Depuis le début du XXe s., les Echarmeaux, desservis par la ligne de chemin de fer Lyon-Paray-le-Monial, sont une station de villégiature des Lyonnais.

Avant la balade, admirez au centre du rond-point la statue de Napoléon 1er, éxécutée sous le Second Empire par le sabotier Molette, un fervent bonapartiste ainsi qu'en témoigne le quatrain gravé sur son socle. Faute de modèle, il se méprit sur la célèbre posture de l'Empereur, la main sous le gilet, un geste familier dû à de fréquents maux d'estomac. Au lieu de la main droite, l'artiste représenta la gauche, ce qui soulage plutôt le foie ! Deux autres exemples de son art sont érigés à proximité : la Vierge du mont Joly (accès par la D 10 E puis à gauche par le GR 7) et le socle d'une croix avec quatre bas-reliefs (D 10). Montez au col pour suivre la D 485 en direction de Propières. A 30 m du rond-point, prenez à droite une voie goudronnée «surbalisée» (GR 7, poule jaune, rose-vert). Aussitôt après la première propriété sur la gauche, se présente une patte-d'oie 1 : poursuivez à droite (GR 7) le long d'une haie de thuyas et d'une barrière blanche. Après quelques plantations de douglas qui contrastent singulièrement dans la forêt de feuillus, le sentier s'élève vigoureusement sur le versant est de la montagne. Après 10 min de marche, ignorez dans une courbe deux chemins à droite et à gauche. A l'orée d'une haute sapinière, dans un virage à droite, alors que la vue se dégage sur le haut de la vallée, enjambez un ruisseau puis obliquez à gauche sur le GR 7 2. Il suit un raccourci agréable à travers une clairière, des résineux, puis une seconde trouée très sauvage où se mêlent bouleaux, genêts et fougères. A angle droit 3, il rejoint le che-

L'énorme mégalithe de la roche d'Ajoux, où jadis se déroulaient sabbats et cérémonies druidiques domine la haute vallée de l'Azergues.

Sapin ou épicéa ?

Les deux plus grands résineux de nos forêts dont la hauteur peut dépasser 50 mètres sont souvent confondus à tort. Car, dans leur apparente ressemblance, les différences sont nombreuses. Le sapin blanc présente une écorce gris argenté, une cime en dôme lorsqu'il vieillit, des aiguilles émoussées et aplaties, rehaussées dessous de deux lignes blanches et des cônes dressés s'ouvrant sur l'arbre. L'épicéa au tronc brun clair a une silhouette toujours conique, des aiguilles piquantes et insérées «en brosse» sur le rameau, et des cônes qui pendent et tombent entiers au sol. L'épicéa forme parfois des peuplements purs appelés pessières, mais les deux espèces se côtoient souvent, associées au hêtre. Le sapin exige une forte humidité de l'air et ne peut se régénérer qu'à l'ombre d'autres essences. Son bois est très recherché en menuiserie, charpente et caisserie. L'épicéa est très résistant au froid et son bois sert de combustible, de pâte à papier et pour la construction. Il fournit la plupart des «sapins de Noël».

Cônes d'épicéa.

Au cœur des monts du Beaujolais, la Haute-Azergues.

Les monts du Beaujolais

Comme les monts du Lyonnais, ils font partie de la dorsale de hautes terres qui séparent les pays de la Loire du monde rhodanien. Plus particulièrement, ils sont le trait d'union entre la plaine du Roannais et le val de Saône. Sur leur versant occidental où les pâturages charollais cèdent progressivement la place aux forêts, ils s'élèvent progressivement de moins de 300 m d'altitude à une ligne de faîte voisine de 900 m. Leurs points culminants sont le mont Saint-Rigaud, la roche d'Ajoux, le mont Tourvéon, le mont Soubran et la Pyramide. Rongées par l'érosion verticale des cours d'eau, ces montagnes hercyniennes, fractionnées et relevées par le plissement alpin, se réduisent à des alignements de croupes fortement entaillées par de profondes et étroites vallées. Les plus marquées sont celles de la Trambouze, du Reins et de l'Azergues. Leur versant oriental, le Beaujolais, dévale brusquement sur la plaine de la Saône par un dénivelé de 600 m en moins de 9 km. Quel constraste entre les crêts couverts d'austères forêts de résineux, qui évoquent les paysages vosgiens, et le piémont oriental qui, à l'abri des vents pluvieux d'ouest, est le royaume de la vigne et évoque les coteaux méditerranéens ! Depuis les temps les plus anciens, les vallées encaissées ont servi de voies de communication. Leurs fortes pentes, lourd handicap pour les activités humaines, ont permis, pendant des siècles, le développement d'une économie basée sur la force motrice des eaux. En 1853, 45 moulins et scieries fonctionnaient le long de l'Azergues, grâce à des petites retenues d'eau. Puis ce seront les tissages mécaniques qui rechercheront les rives des puissants torrents du Reins, de la Trambouze et de l'Azergues (*cf. le Haut-Beaujolais textile*).

Le topoguide *Sentiers en Haute-Azergues* vous offre 10 boucles, de une heure à une journée, pour découvrir la région. Renseignements : Syndicat d'initiative de Haute-Azergues - 69870 Lamure-sur-Azergues, tél. : 74 03 13 26.

min balisé en jaune où l'ascension continue à gauche parmi des genêts et le long de chablis*. Les spectaculaires troncs cisaillés sont le résultat de l'ouragan de 1982. La traversée horizontale offre un superbe panorama sur le val d'Azergues. A l'extrémité de la ligne droite, bifurquez à gauche en épingle à cheveux [4]. Le GR grimpe hardiment, décrivant une large courbe vers la droite, vers la croupe sommitale couronnée de fayards* malingres, conséquence du sol pauvre et des rudes conditions climatiques qui sévissent sur ces crêtes d'altitude. Les premiers mégalithes moussus signalent la roche d'Ajoux. Contournez-la par sa droite pour la gravir par son versant ouest et jouir de son formidable belvédère sur le Haut-Beaujolais, la vallée de l'Azergues, les monts du Forez, de la Madeleine, le Roannais et le Charollais, le Jura et les Alpes. Tout proche, au nord-est, s'élève le mont Saint-Rigaud, qui autrefois était doté de vertus miraculeuses : des pénitentes en quête de maternité le gravissaient. Il existe toujours un pèlerinage traditionnel le 15 août. Les sombres et austères versants de la montagne beaujolaise sont la cause des enrésinements excessifs, principalement en douglas, lors des reboisements (*cf. encadré*). Au sud-ouest, les légendes fleurissent sur le sommet conique du mont Tourvéon. On raconte que Nostradamus venait y observer les astres et que les ruines d'une forteresse auraient appartenu au traître Ganelon, coupable de la mort de Roland à Roncevaux. En châtiment, il aurait été projeté du haut de la montagne, enfermé dans un tonneau hérissé de pointes... A 5 km, plein nord, un prieuré de la puissante abbaye de Cluny s'intalla dès le Xe s. dans le hameau du même nom. Il fut abandonné au XVe s. «Ajoux» provient de «Joux» qui signifie montagne boisée en vieux français. Cette toponymie illustre parfaitement l'insularité de ce sommet granitique émergeant des bois. Au souvenir des sabbats et des cérémonies druidiques qui s'y déroulaient dans les temps anciens, l'imagination vagabonde.

Au pied de la roche, ignorez vers la gauche le balisage rose-vert, pour descendre la crête [5], guidé dans la hêtraie par les marques blanc-rouge et jaune. La chouette de Tengmalm, rapace nocturne montagnard, hante de ses vibrants hululements ces vastes espaces de solitude. Cerf, chevreuil et sanglier y trouvent refuge. Après 400 m, le sentier bascule à gauche et dévale le versant nord. Il traverse à flanc une forêt mixte puis débouche sur un immense chablis* où la vue s'ouvre sur les pâturages au nord de Chênelette. A la fin de la clairière [6], empruntez à gauche un chemin «orniéré», qui 200 m plus loin rejoint le col de la croix d'Ajoux [7]. En abandonnant le GR, obliquez aussitôt complètement à gauche sur un chemin horizontal qui s'enfile entre des plantations de douglas d'âges différents. Après 200 m, la hêtraie et un discret balisage jaune réapparaissent. Alors que la descente s'amorce, au niveau d'un large chablis* sur la droite [8], négligez un chemin qui monte à gauche. Vous pénétrez ensuite sous une sapinière puis dépassez une seconde trouée due aux effets dévastateurs des tourbillons. Ignorez plus loin une sente à droite [9]. Les sous-bois clairs de gros sapins assurent quelques vues dégagées au nord sur la vallée du Sornin. Suite à une nouvelle petite clairière, une plantation dense de douglas avec absence de tout sous-bois est la preuve flagrante de la stérilité écologique de ce genre de reboisement. A l'orée d'un nouveau chablis*, à la hauteur d'arbres de plus de 30 m de hauteur, quittez le balisage jaune qui descend vers Propières pour obliquer à gauche sur

L'enrésinement excessif du Haut-Beaujolais fait oublier qu'autrefois d'immenses forêts de chênes et de hêtres recouvraient la région.

un discret chemin (2 croix jaunes) 10. Il progresse sous de belles frondaisons et décrit une large courbe vers la gauche. Dans une clairière, il rejoint un chemin venant de la gauche. Poursuivez à plat dans la même direction. Peu après, sous la futaie, traversez tout droit un croisement complexe à 4 chemins 11. Une fourche se présente 50 m après : restez bien à droite en gardant la même orientation. Le sentier devient étroit dans une clairière puis s'élargit à nouveau en forêt. 300 m après la dernière patte-d'oie, ignorez un chemin qui file à droite 12. Le dernier kilomètre est une douce et agréable descente à travers de hautes sapinières clairiérées. A la verticale de la route de Propières, une allée parallèle vous ramène au col des Echarmeaux.

Le douglas du Beaujolais

Jusqu'au Moyen Age, les monts du Beaujolais étaient couverts d'une immense forêt de chênes et de hêtres comme le rappellent les toponymies : Chénelette, Favardy, La Faye... A la fois source de bois de chauffage, de bois d'œuvre, lieu de pâture pour les animaux, réserve d'espace cultivable, elle était une ressource essentielle pour nos ancêtres. Jusqu'au début du XIXe s., sous la pression démographique et malgré les ordonnances royales, son déboisement fut intense, réduisant sa surface à une «peau de chagrin». Au XIXe s., sous l'impulsion de grands propriétaires, le reboisement en résineux s'amorce, puis s'accélère après la loi de 1860 sur la conservation et la restauration des terrains de montagne. Le Conseil général du Rhône établit des pépinières à Vauxrenard, Saint-Apollinaire et Claveisolles. De 1860 à 1912, 5 200 hectares furent reboisés. Depuis le début du siècle, l'exode rural qui frappe le Haut-Beaujolais n'a fait qu'accentuer le phénomène. La forêt reconquiert partout sa place. Sa superficie de 30 000 ha en 1913, a aujourd'hui doublé. A côté d'espèces indigènes comme le sapin et le pin sylvestre, d'autres ont été introduites : mélèze, épicéa et surtout douglas de Californie rapporté à Claveisolles par le comte du Sablon en 1835. Cette dernière espèce fut longtemps une curiosité exotique avant que sa croissance rapide n'intéresse vivement les sylviculteurs qui la privilégièrent. Trouvant son optimum écologique sur les pentes du Haut-Beaujolais, cet arbre fournit en 30 à 40 ans des charpentes de bonne qualité. Actuellement, les résineux et surtout le douglas occupent les trois quarts de cette superficie boisée. Cet enrésinement est malheureusement un désastre écologique : il acidifie les sols, empêche le développement de tout sous-bois et appauvrit considérablement la faune présente dans la forêt collinéenne* d'origine.

A 67 km de Lyon, une balade insolite dans la solitude des crêtes du Beaujolais viticole, à travers de vastes landes à genêts et à callune, des pelouses balayées par les vents et de profondes forêts.

fiche technique

Durée : 4 h 30
Longueur : 12 km
Dénivelé : 168 m
Difficulté : longueur
Période : toute l'année, l'hiver selon enneigement
Equipement : randonnée classique
Balisage : orange/bleu, bleu/rouge, jaune
Carte IGN 1/100 000 : n° 43, pli B8
Carte-Guide IGN 1/25 000 ; n° 2929 est : Beaujeu et n° 2930 est : le Bois-d'Oingt
A voir aux environs : pissotière, caveau et musée de la Vigne et du Vin de «Clochemerle» (Vaux-en-Beaujolais), château (XVIIe s.) et cuvage (XVIIIe s.) de la Chaize à Odenas, habitat vigneron de la Grange Charton à Régnié-Durette, château de Varennes (XVIe s.) à Quincié, mont Brouilly (pèlerinage des vignerons le 8 septembre), cuvage de Brouilly à St-Lager, château d'Arginy (Xe s.) à Charentay, musée des Arts et Traditions populaires Marius-Audin à Beaujeu, cloître de Salles-Arbuissonas (XIIe s.), panorama de la chapelle de St-Bonnet et château de Montmélas à Montmélas-St-Sorlin.

itinéraire d'accès

Quittez l'agglomération lyonnaise par l'A 6. Sortez à Belleville. A la Croisée de Belleville, suivez la D 37 vers Beaujeu. Passez Cercié au pied du pittoresque mont Brouilly. Un kilomètre après le rond-point des

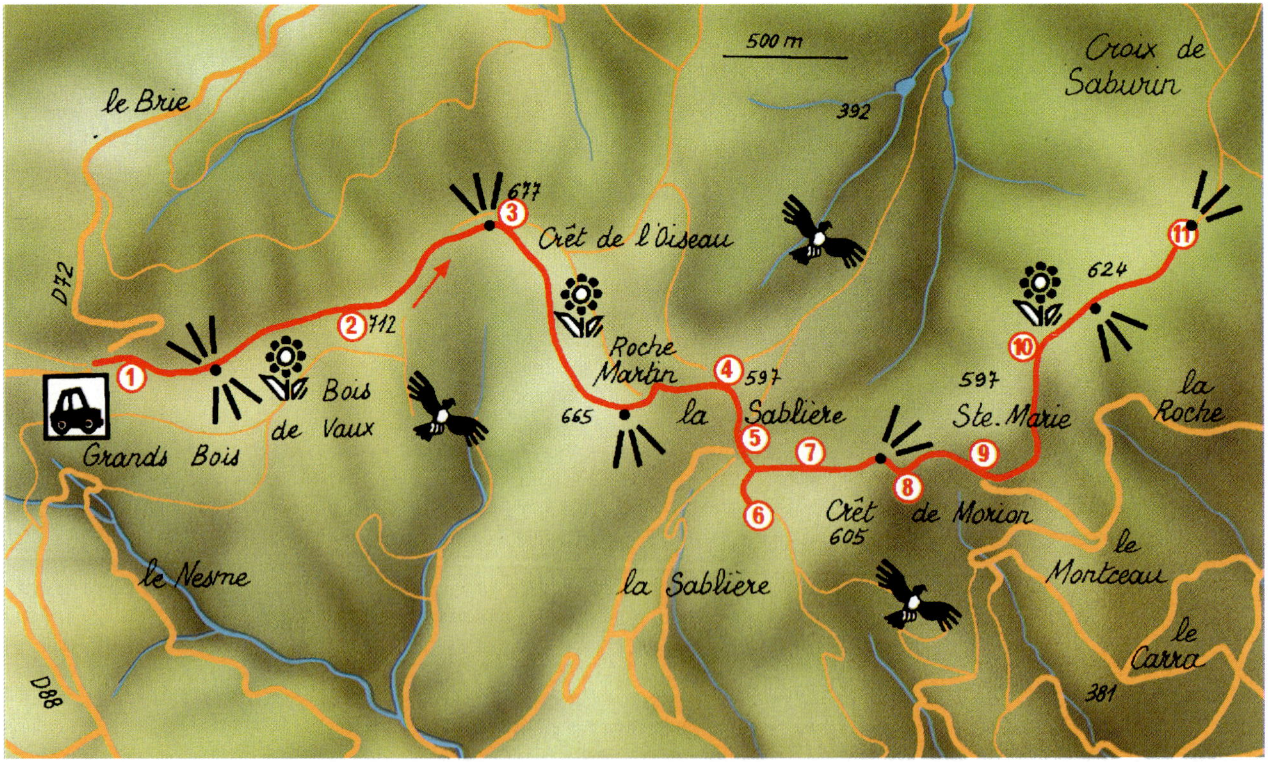

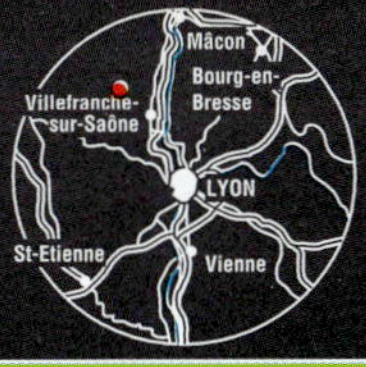

Samsons, tournez à gauche sur la D 9 en direction de Quincié-Marchampt. A l'entrée de Marchampt, prenez à gauche la D 72 qui traverse le village et grimpe au col de la croix Rosier. Après 6 km d'ascension, 300 m après le dernier lacet, garez-vous sur le premier replat engazonné (vue dégagée au sud, environ 700 m avant le croisement du col).
Transports en commun : aucun

description

Partez à gauche sur le chemin montant dans des taillis de chênes, charmes et noisetiers (balisage orange puis orange-bleu) 1. Après 400 m, vous voilà sur la crête. Pour votre plus grand plaisir, l'itinéraire va la suivre, alternant brèves montées et descentes en balcon permanent sur le Beaujolais. Les pelouses sommitales sont cernées par des landes où callune et trois espèces de genêts se rencontrent : le sagitté, le poilu et celui à balais. Fougère aigle, ronce, rosier sauvage, sureau noir, aubépine, épine-vinette s'y mêlent au gré des sols et des orientations. Après une brève descente, à la hauteur d'un rognon rocheux barbouillé de balises (cote* 712), on retrouve le sentier qui monte depuis le dernier lacet de la route 2. Il contourne la combe encaissée du ruisseau des Chardilles. A la patte d'oie de la cote* 677 3, continuez à droite en suivant le balisage bleu-rouge à travers un champ de genêts élevés et des squelettes d'arbres brûlés. Au lieu-dit Roche-Martin (cote* 665), sous l'échine du crêt David, l'horizon se dégage. Droit devant, la crête totalement boisée louvoie à droite, puis file complètement défrichée jusqu'à la grosse ferme fortifiée de Sainte-Marie, bien utile pour se repérer. Au-delà, la crête de la croix de Saburin s'étire frangée par les pelouses claires. Le chemin de terre serpente dans des taillis, puis après un lacet, offre une superbe perspective sur un profond vallon qui dévale vers Cherves et Quincié, la patrie de Bernard Pivot. C'est la combe de Longueval, la bien nommée, aux flancs couverts d'un épais manteau de feuillus (chênaie-charmaie). Le sentier plonge ensuite entre deux talus, sous des taillis de chênes bien ombragés et tapissés de fougères. C'est le royaume à l'automne des cèpes et des chanterelles. En bas de la descente 4, poursuivez à droite en suivant les balisages bleu/rouge et orange-bleu. Face à la bâtisse de la Sablière, une vigne «égarée» vous rappelle que vous êtes bien en Beaujolais ! Il faut dire que malgré l'exposition favorable, plein sud, elle atteint ici sa limite altitudinale à 560 m. Après la première vigne, bifurquez à gauche pour dévaler un fossé jusqu'à un croisement 5. Traversez-le pour suivre tout droit la ligne de crête le long d'une seconde vigne à droite. Avant de prendre le premier sentier qui s'enfonce en forêt, sur la gauche, à angle droit 7 (croix bleu-rouge sur un châtaignier et anciennes balises jaune, vert, bleu, blanc), poussez un peu plus loin sur le chemin principal. Il longe une plantation de douglas avant de dominer magistralement les vignobles du Perréon et de Clochemerle 6 (*cf encadré*). Au sud-ouest, les hautes croupes du crêt de l'Heule, de la Pyramide (888 m) et les hauteurs de Saint-Cyr-le-Chatoux forment un vaste amphithéâtre boisé draîné par une multitude de torrents aux noms évocateurs : ruisseau des Chardilles, du Rosier, de Fond Satillon, du Bout du Monde, du Laveur, de la Futes, de Montmain, de la Ponsonnière, de la Papilloud, des Bussières, de Fonzelle, des Palletières, des Fées... Avouez que le coup d'œil valait le détour. Revenez sur vos pas pour suivre le sentier étroit précédemment décrit 7 (à droite au retour). Il chemine sous des châtaigniers prolixes en fruits à l'automne. A l'orée du bois, vous découvrez les landes naturelles où trône la ferme Sainte-Marie.

Un repère bien utile dans les landes blondes de la croix de Saburin : la ferme fortifiée de Sainte-Marie.

Au printemps, orchis mâle et militaire fleurissent dans les graminées tandis que les chants de l'alouette lulu, de la fauvette grisette, du bruant fou et de la linotte égaient ces vastes solitudes. Au crépuscule, la lande est le théâtre des spectaculaires parades de l'engoulevent : des vols en cercles où l'oiseau claque des ailes. Il est envoûtant de se laisser bercer par son chant monotone : un insolite ronronnement modulé sur plusieurs notes qui n'est pas sans rappeler un moteur de mobylette ! Près de dix rapaces nichent dans les environs : épervier,

Le vignoble du Perréon s'étale à perte de vue.
Le célèbre caveau de Clochemerle.

buse variable, bondrée apivore, busard saint-martin, circaète, faucon crécerelle... Ouvrez l'œil, ils survolent fréquemment les crêtes. La faune entomologique est également remarquable avec l'ascalaphe, la mante religieuse et de nombreux papillons parmi lesquels deux espèces rares : le grand porte-queue et le grand-nègre hongrois. Logiquement, une forêt devrait remplacer la lande dans un siècle. Conséquence d'anciens défrichements qui ont profondément modifié le sol de ces crêtes granitiques, la lande à callune bloque ici le processus de colonisation des arbustes et devient un milieu stable où s'arrête la succession végétale (*d'après Anne-Marie Laurent*). Un arrêté de biotope protège l'ensemble de ces richesses.

Sur un vaste périmètre, les prairies sèches de Sainte-Marie sont clôturées. Evitez-les par la droite en longeant des taillis d'acacias et de noisetiers [8].

Clochemerle

Clochemerle s'appelle en réalité Vaux-en-Beaujolais. Qui n'a pas lu ce roman picaresque est simplement à plaindre. Il ne sait rien des charmes plantureux de Judith Tourmignon, ignore la pieuse vilénie de Justine Putet, ne se doute pas de la guerre sans merci qui oppose l'instituteur Taffardel à la baronne de Courtebiche, au bon curé Ponosse et au notaire Girodot, suppôts de la réaction, et ne connaît pas la sagesse et l'opiniâtreté du maire, Barthélémy Piéchut, qui souhaite construire un urinoir... pour soulager la gent virile de Clochemerle ! Ce roman de l'écrivain lyonnais Gabriel Chevallier, connut un grand succès dès sa parution en 1934 avec plusieurs rééditions et même une (médiocre) adaptation cinématographique. Dubout illustra même, avec son talent habituel, une édition. «*Le lecteur tiendra compte de ce que nous sommes en plein Beaujolais, au pays du bon vin, glissant au gosier mais traître pour la tête, qui enflamme subitement l'éloquence, qui dicte les interjections et les défis. Et le Beaujolais se trouve placé au voisinage de la Bresse, de la Bourgogne, du Charollais, du Lyonnais, toutes contrées fertiles, grasses, joyeuses, dont l'abondance naturelle a passé dans la langue.*» Ce ne sont pas les membres de la joyeuse confrérie du G.O.S.I.E.R. S.E.C. qui vous diront le contraire...

La plus luxueuse pissotière du Beaujolais et la cave de Clochemerle dont les murs présentent les principales scènes du roman méritent le détour. Cave de clochemerle : ouverte tous les jours de 10 h à 12 h et de 14 h30 à 19 h 30.

Plus bas [9], suivez à gauche la piste menant à la ferme. Elle la contourne par une large courbe qui remonte vers le nord. A la hauteur du portail de la propriété [10], grimpez à gauche en suivant le balisage jaune vers la crête. La cote* 624 vous réserve une vue admirable sur les pelouses, délicieusement blondes en fin d'été, qui moutonnent aux sommets des versants boisés. Progressez sur l'ultime crête à travers une abondante végétation de chênes, de noisetiers, d'épine noire, de genêts et de genévriers. Peu après, un chaos rocheux semble jaillir de terre et marque la fin de l'itinéraire [11]. Le panorama est à nouveau généreux sur les modestes sommets du Beaujolais. En alignement de la crête, au nord-ouest, se profile la silhouette caractéristique du mont Brouilly qui trahit son origine volcanique. A ses alentours, l'océan de vignes s'étire à perte de vue, limité à l'est par le val de Saône. Vers le sud, vous reconnaîtrez Villefranche, la colline de Buisante et les monts d'Or. Au nord, en arrière de la crête dominant Marchampt et Quincié, s'élève le pylône du Fût d'Avenas. Faites demi-tour et revenez sur vos pas : la solitude des landes du Haut-Beaujolais, contrairement au vin de ce beau pays, est à consommer sans modération.

Le pays des Pierres Dorées

(Balade suivante)

En opposition avec les terrains cristallins et volcaniques du nord du vignoble, le sud du terroir beaujolais est d'origine sédimentaire. Une grosse écaille de calcaire de l'ère secondaire, entaillée par l'Azergues et de nombreux vallons, occupe le triangle entre la Turdine et la vallée de la Saône. Partout, la roche affleure d'elle-même. Facile à exploiter et à sculpter, la Pierre Dorée est un calcaire ocre jaune coloré par les oxydes de fer. Intensément extraite de nombreuses carrières depuis des siècles (les plus importantes se visitent au hameau de Glay à Saint-Germain-sur-l'Arbresle), elle est employée dans les églises, châteaux, maisons, calvaires, lavoirs et murets dressés au-dessus des vignes. Caractère architectural majeur, elle fait l'originalité et la personnalité de ce pays. Vieux villages perchés, manoirs chenus chargés d'histoire ou de légendes, paysages vallonnés harmonieux et tendres qui rappellent la Toscane, mosaïque géométrique sans fin des parcelles de vignes, caves fraîches sous les voûtes blondes, hameaux fleuris, vigneronnages éparpillés au long des routes et chemins qui invitent à la balade : le pays des Pierres Dorées est une terre d'équilibre où se cultive encore l'art du savoir bien vivre. Avec son vin sans prétention et ses bourgs qui s'incendient au couchant, il incarne la beauté du Beaujolais à l'état pur.

Le dépliant *Au pays des Pierres Dorées* recense le riche patrimoine architectural du pays. Renseignements auprès du syndicat d'initiative des Pierres Dorées, place de la Mairie - 69380 Châtillon-d'Azergues, tél. : 78 47 98 15.

Les carrières de Glay à St-Germain-sur-l'Arbresle furent l'un des plus importants sites d'extraction de la "pierre dorée", qui donne son nom au Beaujolais méridional. Elle se retrouve dans tous les bâtiments de la région. En haut, le village de Chessy- les-Mines ; ci-dessous, maison vigneronne et cadolle à Theizé.

23 AU PAYS DES PIERRES DORÉES
le charme toscan du Bas-Beaujolais

A 32 km de Lyon, de vieux villages perchés en manoirs chargés d'histoire, parmi des paysages vallonnés qui évoquent la Toscane, promenade à la rencontre de l'harmonieux pays des Pierres Dorées.

fiche technique

Durée : 2 h 50
Longueur : 9 km
Dénivelé : 212 m
Difficulté : aucune
Période : toute l'année
Equipement : randonnée classique
Balisage : incomplet, jaune/rouge, jaune
Carte IGN 1/100 000 : n° 43, pli C9
Carte-Guide IGN 1/25 000 ; n° 2930 est : le Bois-d'Oingt
A voir aux environs : Theizé : chapelle St-Hippolyte (XVIIe s.), Oingt : château de Prosny, chapelle de Saint-Clair à Ville-sur-Jarnioux, château et lavoir de Jarnioux (XVe-XVIIe s.), fresques (XIVe s.) de la chapelle St-Paul-de-Lacenas, château (XVe s.) et maisons à auvent de Bagnols, château de la Flachère (XIXe s.) à St-Vérand, Espace Pierres-Folles à St-Jean-des-Vignes, le Bois-d'Oingt (village de roses), Ternand, Châtillon-d'Azergues, Chessy-les-Mines, Charnay, Chazay-d'Azergues, hameau ancien de Graves à Pouilly-le-Monial, église romane de Morancé, carrières de Glay à St-Germain-sur-l'Arbresle, tour télégraphe et vue de Buisante à Marcy-en-Beaujolais, Ecole de dégustation des Pierres Dorées à Chessy-les-Mines (tél. : 78 43 93 94).

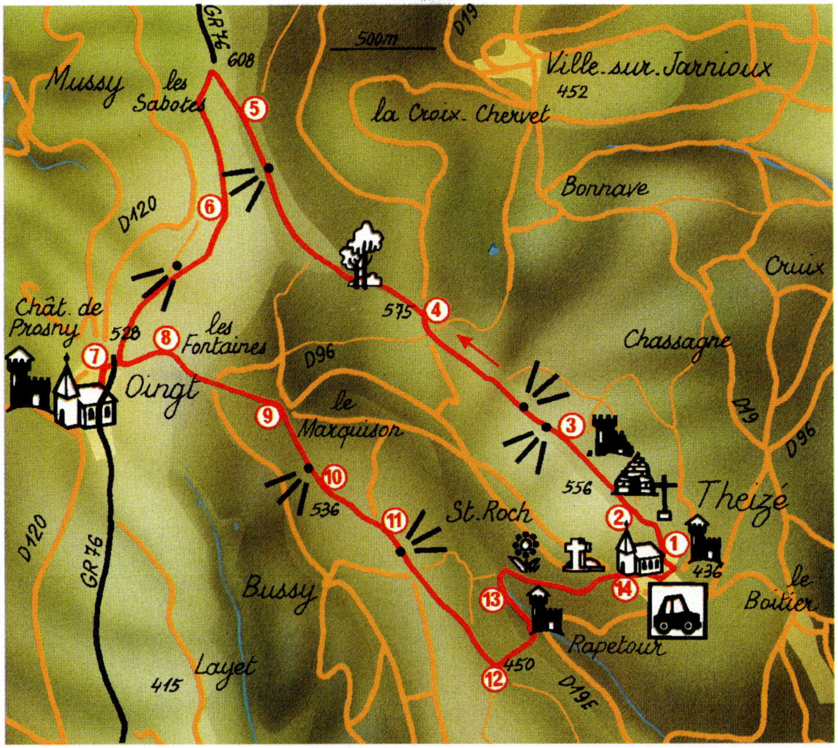

itinéraire d'accès

Quittez Lyon par l'A 6 et sortez à Limonest pour suivre la direction de Lozanne. Remontez la vallée de l'Azergues par la D 485. Après le beau village de Châtillon, tournez vers Chessy où, à gauche, à la sortie du village, vous suivrez la D 19 jusqu'à Theizé (belle vue sur le château de Bagnols avant Frontenas). Garez-vous sur la place de l'église.

Transports en commun : Transports publics 69, ligne n° 202 Villefranche-Bois-d'Oingt-Tarare, arrêt Theizé - le Boitier, tél. : 78 62 67 69.

description

Fruit des richesses du terroir et des siècles de labeur des hommes, une harmonie indicible règne à Theizé. Avant de partir, admirez, sur la place du village, la croix des Enfants de Theizé, érigée en 1567. Son fût octogonal porte les emblèmes de la corporation des tailleurs de pierres. A l'extrémité de la place, montez à gauche en direction du château de Rochebonne et de la vieille église. A 100 m, un porche donne accès à l'ancienne église du XVIe s., qui sert aujourd'hui de lieu d'expositions et de concerts (visite l'après-midi en été). Elle a gardé, à mi-hauteur dans le chœur, un litre funéraire, c'est-à-dire une bande noire portant les armoiries du seigneur placée d'autant plus haut que sa noblesse était grande. Avant de tourner à gauche au niveau d'une croix, gagnez en haut de la rue l'esplanade du

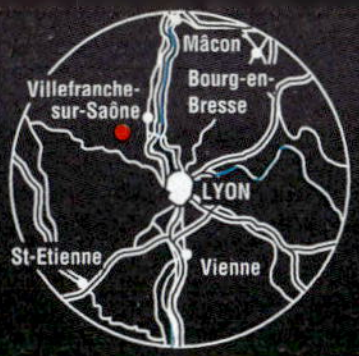

Marronnier où la vue porte jusqu'aux Alpes. A gauche, le château de Rochebonne, du XVIIe s., dresse sa façade classique surmontée d'un fronton triangulaire entre deux tours rondes en saillie. Il présente une vaste salle d'armes, des peintures du XVIIIe s. en trompe-l'œil et un escalier à balustres (visite à partir de l'ancienne église). En 1995, il accueillera une exposition permanente, originale et vivante, sur le thème des vendanges et de la vinification.

Revenez au chemin de Bancillon. Goudronné au départ, il monte le long du château (balisage jaune-rouge et jaune), puis domine rapidement le village en s'enfilant entre deux émouvants murets de pierres [1]. Par une allée de buis, il accède à la Vierge édifiée en hommage à Notre-Dame-de-Lourdes en 1943 : un remarquable belvédère sur l'est du pays des Pierres Dorées. Le sentier serpente ensuite entre des buis et des bosquets de pins noirs et sylvestres, puis laisse à sa droite un superbe clos de vignes pourvu à chaque angle de deux cadolles* en parfait état [2]. Plus haut, après un troisième abri en pierres sèches au toit croquignolesque, vous passez au pied d'une tour qui servit de relais au fameux télégraphe Chappe. La vue porte déjà sur le bourg médiéval d'Oingt, les monts de Tarare et le Haut-Beaujolais. Une patte-d'oie se présente [3] : restez à gauche parmi des buis et des taillis de chênes pubescents, puis sur la pelouse de crête égayée en juin par les corolles roses et blanches de la coronille variée. A la borne de la cote* 603, c'est un panorama à 360 degrés au cœur du pays des Pierres Dorées qui ravira vos sens. Vous reconnaissez les villages du Bois-d'Oingt et de Bagnols au sud, de Ville-sur-Jarnioux et de Cogny

Le superbe bourg médiéval d'Oingt mérite une visite attentive. Dans la splendeur du levant, les façades ocres de Theizé au cœur du pays des Pierres Dorées. La vigne, ici en limite d'altitude, se partage le vallon de Nizy avec les vergers et les pâturages.

T. Contucci

Lytoceras cornucopiae *reconstitué (Toarcien moyen) et gisement de fossiles à l'espace Pierres Folles.*

Les «pierres folles» de Saint-Jean-des-Vignes

Pierres qui parlent, pierres qui racontent leur histoire d'il y a plusieurs millions d'années. Au cœur des collines et des vignes du Beaujolais, l'Espace Pierres-Folles vous invite à un merveilleux voyage. Vous pourrez observer la disparition progressive d'un continent sous la mer, découvrir des traces laissées par un tremblement de terre et vous initier à la lecture géologique d'un paysage. Un jardin botanique avec plus de 400 espèces ligneuses et herbacées régionales agrémente cette découverte. Le musée présente au rez-de-chaussée l'évolution de la Terre depuis sa formation jusqu'à notre ère. Une initiation à la paléontologie vous est proposée par la lecture d'une coupe stratigraphique, la présentation d'une collection de fossiles de toutes tailles, depuis les grands reptiles marins jusqu'à la microfaune et la reconstitution du milieu marin de l'ère secondaire. Les relations sols-végétaux sont présentées au premier étage avec la reconnaissance des différentes essences d'arbres et leur usage dans l'agriculture. Un parcours des terroirs du Beaujolais vous fait comprendre qu'à chaque formation géologique correspond un sol et un beaujolais. Grâce à un jeu de reconnaissance des arômes, votre nez identifiera sans hésitation les parfums de fruits présents dans les crus. Le dernier étage est réservé à la découverte historique et paysagère de la région.

Espace Pierre Folles, 69380 St-Jean-des-Vignes, tél. : 78 43 69 20. Musée : ouvert du 1er mars au 30 novembre, de 14 h à 18 h, les samedis, dimanches et jours fériés; sur rendez-vous pour les groupes en semaine. Sentier géologique et jardin botanique : accès libre toute l'année, visite guidée le 2e samedi du mois à 15 h (gratuit). Accès par la D 485. Après Lozanne, prenez à droite la D 70 vers Belmont-St-Jean-des-Vignes. A Belmont, bifurquez à droite vers St-Jean puis à gauche 200 m plus loin vers l'Espace Pierres-Folles.

au nord. La crête se prolonge en une longue échine boisée qui monte au crêt de Châtoux, puis se poursuit vers l'un des plus beaux belvédères du Beaujolais viticole : le signal de Saint-Bonnet. Vers le levant, la colline de Buisante plonge vers Villefranche et la plaine de la Saône avec, en arrière-plan, l'immense plateau de la Dombes.

Après une brève descente, vous dépassez des tas de pierres, résultats d'anciens épierrages. Après avoir longé l'aire d'envol d'un club d'aéromodélisme, suivez à droite une petite route sur 100 m [4]. Prenez ensuite à gauche le chemin en direction de Navoureux (pancarte en bois). En haut de la pente, adossé à un bois, un banc vous invite à savourer le paysage. Le sentier évite par la gauche le bois. Lorsque trois voies apparaissent, restez sur celle du milieu en suivant les balises jaunes. Plus loin, à une patte-d'oie, suivez à droite puis à gauche le balisage. Le sentier traverse le bois des Bruyères sous une très belle voûte de buis qui semblent se courber avec grâce sur votre passage et forment un véritable corridor végétal. A la sortie du bois, les façades ocres d'Oingt se dressent, plus superbes que jamais. Vous longez des prairies de fauche, repaire de mulots et de campagnols dont sont friands la buse variable et le faucon crécerelle. Le sentier s'oriente ensuite vers le crêt de Châtoux. Après avoir négligé à gauche un chemin filant vers l'ermitage de Saint-Abram [5], puis dépassé un cabanon en pierres, vous rejoignez à la cote* 608 une petite route empruntée par le GR 76. Descendez-la à gauche vers le Bois-d'Oingt [6]. En magnifique balcon de la combe de Vervuis, tapissée de vignes, et de la vallée de l'Azergues, elle progresse vers Oingt. Sur la crête opposée, plein ouest, le village de Sainte-Paule domine le hameau de Mussy. Une croix de 1596 sur la place du village, représentant deux bergers, deux Rois mages, la Vierge et la Sainte Trinité, et les trésors de son église romane (pietà et vitrail du XVe s., bénitier, culots d'ogive sculptés) valent un détour en voiture. Au débouché d'un bois d'acacias, l'arrivée sur Oingt devient un vrai régal. Siège de la confrérie des Grapilleurs des Pierres Dorées, ce village a été soigneusement préservé du modernisme et mérite une visite attentive. Des trois portes qui fermaient la cité, il ne reste que la porte de Nizy par laquelle on pénètre dans le village [7]. Des ruelles ont été repavées à l'ancienne comme les rues Tyre-Laine, tout de suite à gauche, Trayne-Cul, et la rue Philippe-Vapillon. Bordée de vieilles maisons où se sont installées des échoppes d'artisans, elles mènent à la Maison commune (XVIe s.) et à l'église, l'ancienne chapelle du château (XIVe s.) qui a conservé un chœur gothique avec des culots d'ogive sculptés et de hautes fenêtres. La vicomté d'Oingt et l'abbaye de Savigny furent au cœur de la guerre sans merci que se livrèrent, durant le haut Moyen Age, les seigneurs du Forez et ceux du Lyonnais. De nombreuses tours, vestiges d'anciennes forteresses, témoignent de ces âpres combats. C'est le cas de la haute tour du village, unique relique du château du XIe s. De mai à la Toussaint, les après-midi des samedis et dimanches, vous profiterez de sa vue panoramique. La plus célèbre fille du pays est Marguerite d'Oingt (1289 - 1310), prieure de la chartreuse de Poleteins, mystique, qui est considérée comme le premier écrivain lyonnais qui écrivit en français.

De retour sur la D 96, traversez à droite le carrefour pour suivre la route de Theizé-Pouilly-le-Monial-Villefranche [8]. A 200 m, elle surplombe joliment le

vallon de Nizy, écrin d'une polyculture traditionnelle à cette altitude : vignes, bocage* de prairies d'élevage, vergers. Négligez successivement la route du Colombier à droite, celle des Fontaines à gauche, puis de nouveau à droite, la route de Moiré (D 607, calvaire de 1784). Après une longue ligne droite, à l'entrée d'un virage à gauche [9] (cote* 534), quittez la départementale pour prendre à droite une petite route. A la fourche, 10 m plus loin, restez à droite en crête. Après trois maisons, un chemin prolonge l'asphalte [10]. Il offre une vue plongeante sur la combe encaissée du ruisseau de Merloux qui dévale au sud de Theizé. Le chemin longe un bois de pins noirs bordé d'une haie de frênes, puis traverse des buis avec des chênes isolés avant de rejoindre en biais une route [11]. Suivez-la à droite dans le vignoble qui gagne ici le crêt de la Fay. Au croisement de la cote* 505, continuez tout droit le long de chênes et d'une prairie. Au fond du vallon, cerné par les vignes, le manoir de Rapetour résiste non sans mal aux siècles. Construit au XVe s., il était jadis, avec Rochebonne et Cruix, l'un des trois fiefs de Theizé. Exemple unique d'architecture hybride des styles toscan et beaujolais, c'est l'un des plus intéressants trésors du Beaujolais qui, malheureusement, ne se visite pas. Edifié sur l'emplacement d'une ancienne forteresse signalée dès 830, il a conservé son appareil féodal défensif extérieur et abrite une superbe cour à l'italienne avec une galerie Renaissance. Sa restauration est en cours.

A la cote* 450, la route bute à angle droit sur une voie montante [12]. Descendez-la vers le manoir. A l'angle de la forteresse, après une très belle maison vigneronne dotée d'une galerie à colonnes de pierre, prenez à gauche un chemin aménagé en sentier botanique par les élèves de l'école de Theizé. Décrivant une boucle dans le fond du vallon [13], il remonte ensuite vers Theizé. A la belle saison, un élégant étiquetage vous fera découvrir la multitude des plantes sauvages. Après le cimetière, traversez la D 96 [14] pour passer devant l'ancien lavoir reconverti en parterre de fleurs, puis retrouvez la place de l'église.

"Cadolle" de vigneron et château de Rochebonne (XVIIe s.), deux expressions de la "pierre dorée" à Theizé.

Le vignoble beaujolais

(A) L'automne, sans conteste la plus belle saison pour découvrir le vignoble beaujolais. (B) Habitat vigneron de la Grange Charton à Régnié-Durette. (C) Le Moulin-à-Vent (XVIIe s.) qui donna nom au plus renommé des crus du Beaujolais. (D) Représentation de Bacchus, le dieu du Vin à Theizé. (E) Le cépage gamay, plant unique du Beaujolais. (F) Le caveau de la Chaize (XVIIe s.) est avec 108 m de longueur l'un des plus vastes du Beaujolais. (G) L'automne pare d'or le vignoble du Perréon.

Au XVe s., la vigne n'est présente en Beaujolais qu'entre Villefranche et Anse, sur *"la plus belle lieue de France"*. Le plant gamay, banni de Bourgogne en 1395 par Philippe le Hardi qui le traite de "très desloyault plant", en comparaison du pinot, s'acclimate peu à peu sur les sols cristallins, légers, acides et sablonneux entre Juliénas et Villié-Morgon. Dès le XVIIe s., cette région produit déjà les meilleurs beaujolais. De 1600 à 1800, seigneurs et bourgeois citadins développent le vignoble et, signe d'aisance, construisent d'élégantes demeures dont le grand nombre caractérise toujours le Beaujolais viticole. Au XVIIIe s., l'ouverture du marché parisien aux vins de consommation courante et l'entrée du Beaujolais dans "l'étendue des cinq grosses fermes" royales dispensées de certains droits pour les transports vers la capitale, contribuent à l'essor du vignoble. La production est alors rassemblée aux "dépôts" de Beaujeu et chargée sur de lourds chars à bœufs qui suivent la "route des vins", par le col des Echarmeaux jusqu'à Charlieu. Embarqués sur la Loire, ils gagnent Orléans, puis Paris par le canal de Briare, le Loing et la Seine. A la fin du XVIIIe s., les grands cuvages sont édifiés pour pouvoir stocker les récoltes dans l'attente d'un moment favorable pour la vente. Après la confuse période révolutionnaire, le XIXe s. voit apparaître de redoutables fléaux qui s'abattent sur la vigne : la pyrale de 1830 à 1850 vaincue par Benoît Raclet de Romanèche-Thorins grâce à l'échaudage ; puis le mildiou, l'oïdium et le phylloxéra de 1875 à 1900, qui a pour seul remède le greffage du plant gamay sur des ceps américains. La reconstitution du vignoble est onéreuse et délicate, car il faut apprendre à greffer. La prospérité revient après la Seconde Guerre mondiale avec l'extraordinaire promotion du beaujolais. Redécouvert par les consommateurs parisiens dans les années 60, il connaît une commercialisation précoce dans les grandes surfaces dès les années 70, puis est lancé sur les marchés mondiaux, grâce notamment aux célèbres "beaujolais nouveaux" que l'on déguste simultanément aux quatre coins de la planète le troisième jeudi de novembre.

Aujourd'hui, le vignoble s'étend sur 22 000 ha et 96 communes des départements du Rhône et de la Saône-et-Loire, formant une région de 50 km du nord au sud, sur une largeur moyenne de 15 km. Il est délimité au nord par le vignoble mâconnais, à l'ouest par la chaîne montagneuse des monts du Beaujolais (la culture de la vigne s'arrête suivant l'exposition, entre 500 et 550 m d'altitude), à l'est par le val de Saône, au sud par les monts du Lyonnais et le cours inférieur de l'Azergues, où le vignoble lyonnais prend le relais jusqu'à la métropole, irriguée, comme chacun sait, par "trois fleuves" : le Rhône, la Saône et le... beaujolais ! Le nord et le centre du Beaujolais sont constitués de terrains de l'ère primaire issus du plissement hercynien, composés de débris de granite*, de porphyre, de schistes* ou de diorites. Le sud du terroir est formé de terrains sédimentaires, essentiellement argileux et argilo-calcaires. Le climat, très favorable à la culture

C

D

E

G

de la vigne, de type semi-continental tempéré, présente des écarts de température importants entre été et hiver (maximale 35°c, minimale -10°c) et une pluviosité moyenne (850 mm). Les orages de grêles et les gelées printanières constituent les risques climatiques les plus importants.

La vinification beaujolaise est très originale et unique au monde. Elle repose sur trois critères : l'encépagement unique en gamay noir à jus blanc, la plus importante densité de plantation au monde (9 000 à 10 000 pieds/ha), la récolte manuelle (pour les vendanges, 35 000 personnes sont mobilisées entre 15 et 20 jours à la mi-septembre) et la vinification en grappes entières associée à une macération courte. Les grappes entières sont déversées dans des cuves où elles vont fermenter de 4 à 10 jours (en fonction du type du vin). Ce qui permet de combiner la fermentation alcoolique classique dans 10 à 30 % du moût libéré à l'encuvage, et la fermentation intracellulaire qui assure une dégradation de l'acide malique du raisin avec l'apparition d'arômes spécifiques. L'intérêt de ces vins réside dans la fraîcheur et la finesse des parfums qui rappellent certaines fleurs : pivoine, rose, violette, iris et aussi quelques fruits : abricot, cerise, pêche et petits fruits rouges.

Le beaujolais nouveau est issu d'une macération courte de trois à quatre jours, favorisant le caractère tendre et gouleyant du vin, une coloration pas trop soutenue et des arômes de fruits rappelant le goût de la banane mûre. A part ce vin de primeur commercialisé dès novembre, les autres beaujolais font l'objet d'une conservation et d'un élevage pendant 2 à 10 mois avant la mise en bouteille. Généralement consommés au cours des deux années qui suivent la récolte, de très belles bouteilles peuvent être savourées au bout d'une décennie. La récolte annuelle, 1 300 000 hl produits par 4 200 exploitations viticoles, se répartit entre les trois appellations : beaujolais (50 %) , beaujolais-villages (25 %) et les dix crus (25 %) : brouilly, côte de brouilly, chénas, chiroubles, fleurie, morgon, juliénas, moulin à vent, saint-amour et, le dernier-né, régnié. 85 % de cette production sont achetés en vrac par 500 négociants qui assurent l'assemblage, la mise en bouteilles et la revente. 50 % de la production est exportée.

24 MONT DU PY
vignoble de morgon

A 55 km de Lyon, promenade initiatique entre les vignes du plus«morgonnant» des beaujolais, des vallons secrets et la chênaie séculaire de Pizay.

fiche technique

Durée : 3 h 10
Longueur : 9,6 km
Dénivelé : 122 m

Le mont du Py où le morgon s'affirme plus qu'ailleurs. Liserons.

Difficulté : longueur
Période : toute l'année
Equipement : randonnée classique
Balisage : incomplet, jaune
Carte IGN 1/100 000 : n° 43, pli B10
Carte-Guide IGN 1/25 000 ; n° 2929 est : Beaujeu et n° 3029 ouest : Belleville

A voir aux environs : château de Corcelles (XVe s.), table d'orientation du Fût d'Avenas, autel d'Avenas (XIIe s.), habitat vigneron de la Grange Charton à Régnié-Durette, mont Brouilly, cuvage de la Chaize (XVIIIe s.), musée des Arts et Traditions populaires, et caveau des beaujolais-villages à Beaujeu, maison des beaujolais à St-Jean-d'Ardières, Romanèche-Thorins : musée Raclet, musée du Compagnonnage et hameau du vin.

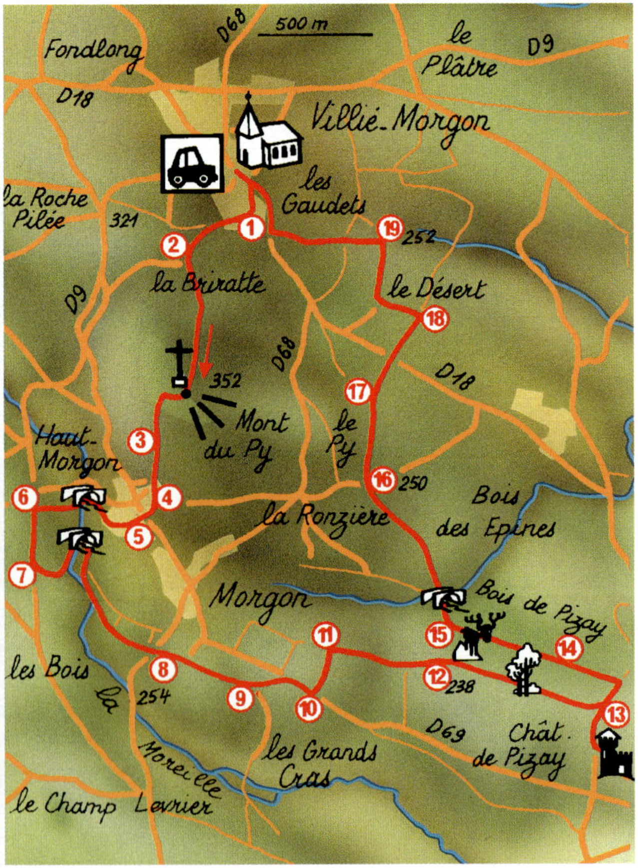

Le jardin à la française du château de Pizay.

itinéraire d'accès

Quittez l'agglomération lyonnaise par l'A 6. Passez Villefranche et sortez à Belleville. A la Croisée-de-Belleville, suivez momentanément la D 37 vers Beaujeu. Après le pont de chemin de fer, tournez à droite sur la D 18 vers Villié-Morgon. Garez-vous sur la place de l'église.

Transports en commun : aucun

description

Ne manquez pas avant ou après la balade de visiter le château de Fontcrenne (XVIIe s.), où siège la mairie et dont les caves abritent le caveau de Villié-Morgon, le premier ouvert en Beaujolais en 1952 et l'un des plus beaux par sa suite de salles voûtées (ouvert tous les jours, tél. : 74 04 20 99). Dans son parc aux essences rares, un monument aux morts courageusement antimilitariste représente des femmes en deuil dénonçant la guerre.

De la place de l'église, suivez la D 18 vers Pizay. Quittez-la 30 m plus loin pour tourner à droite sur le chemin de la Brinatte. Au premier croisement 1, continuez à droite sur la route principale qui monte vers le coteau. Sur la droite, négligez trois chemins avant de prendre le quatrième 2, en surplomb du hameau de la Brinatte. Ne manquez pas de jeter un coup d'œil en arrière sur Villié-Morgon. Parmi les vignes du célèbre cru, le chemin grimpe vers le mont du Py où l'expression du terroir s'affirme plus qu'ailleurs. Cette douce colline *«d'où coule un lait incomparable et pur»* (Emile de Villié), est épanouie comme un sein généreux. A son sommet, une croix est érigée depuis 1906 en reconnaissance d'une récolte exceptionnelle. Tout autour, la monotonie de l'océan de vignes n'est rompue que par les toits de tuiles des cabanons de vignerons et les vallons humides du Morgon et de la Morcille. Au sud-ouest, les sombres frondaisons du bois du Pizay seront un des attraits de la balade. Plus au sud, le cône du mont Brouilly domine les flots de l'Ardières qui dévalent jusqu'à la Saône depuis les pentes du mont Saint-Rigaud, le point culminant de la montagne beaujolaise. Vers le nord-ouest, se dresse l'étonnant clocher de Chiroubles au pied des hautes croupes du Fût d'Avenas. Plein nord, le plus féminin des crus du Beaujolais s'épanouit autour du charmant village de Fleurie.

L'itinéraire se poursuit à droite de la croix, descendant peu après 3 vers le hameau de Haut-Morgon où l'on découvre le caractère tranquille de l'habitat vigneron. Traversez le premier croisement 4 pour vous faufiler en face dans une rue entre les maisons. Elle dépasse à droite une superbe maison vigneronne dont la façade est couverte de vigne vierge. Au carrefour avec la rue principale 5, décalez-vous à gauche pour prendre en face une route qui dépasse un caveau et une croix, puis descend dans le vallon de la Morcille, frais et humide, et donc délaissé par la viticulture (beau peuplier tremble). Après le pont, l'asphalte remonte à un carrefour avec des maisons 6, au milieu des vignes, où il faut prendre à gauche. Après avoir fait 200 m et dépassé un chemin pourvu d'un cabanon à droite, prenez à gauche 7, en suivant le balisage jaune, sur un chemin de terre dans le vignoble. Il rejoint rapidement un bois de chênes et de frênes où il descend à gauche, puis traverse la Morcille par un petit pont. Le fond du vallon a conservé ses prairies bocagères et abrite une peupleraie. Le sentier longe momentanément la rive gauche* du ruisseau en bordure des vignes, puis remonte entre les alignements de ceps. Veillez à rester sur le chemin principal. En une longue courbe vers la gauche, il rejoint la D 68 8 (cerisier isolé et tonneau signalant la cave du Clos d'Antonin). Suivez-la à gauche sur 30 m puis continuez à droite sur une petite route. A 100 m, passez tout droit un croisement en vue de la tour carrée du domaine des Grands Cras. Plus loin, à la patte-d'oie 9, gagnez à gauche la D 69 reliant Morgon à Pizay. Empruntez-la à droite sur 100 m (large talus herbeux sur la gauche), puis bifurquez sur le premier chemin à votre gauche 10, en vue du château de Pizay. Laissez un chemin à droite et depuis un croisement orné d'un cerisier 11, dirigez-vous à droite vers le château, le long d'une buse draînant les vignes. Lorsque le chemin tourne vers la gauche 12, continuez à droite sur le sentier qui longe l'orée sud du bois du Pizay, peuplement relicte de la chênaie originelle qui recouvrait le val de Saône jusqu'au Moyen Age. Merisiers, charmes, chênes sessiles et pédonculés, et châtaigniers élancent leurs frondaisons : un refuge pour chevreuils et sangliers. A l'extrémité du bois 13, un détour s'impose à droite pour admirer la façade et

Le hameau du vin à Romanèche-Thorins. Villié-Morgon.

Le hameau du Vin

Le hameau du vin, dû aux soins du talentueux et renommé négociant Georges Dubœuf, est un musée incontournable pour qui s'intéresse au vin, à ses traditions et à sa culture. Dans le cadre reconstitué de la gare ferroviaire de Romanèche-Thorins, ce lieu de 10 000 m² rompt avec le déjà vu en créant un univers où rêve et réalité se mêlent avec luxe et goût. Histoire du transport du vin de l'Antiquité à nos jours, outils traditionnels du vigneron et objets d'art relatifs au vin, chaix d'élevage de 1 000 pièces, présentation géologique des terroirs grâce à des sols reconstitués, théâtre automatisé sur le thème des quatre saisons de la vigne, audiovisuel et film présentant le Beaujolais et ses différentes appellations, dioramas évoquant le conditionnement du vin, laboratoire d'autrefois et cuvage d'aujourd'hui, vin plaisir et qualité de la vie sont les thèmes forts de cette découverte bacchique.

Hameau du Vin, gare de Romanèche-Thorins - 71570 Romanèche-Thorins, tél. : 85 35 22 22. Ouvert tous les jours de 9 h à 18 h, durée de la visite : 1 h 30.

Le morgon

Dès la fin du Xᵉ s., on trouve trace de la vigne à Morgon. Le deuxième cru en importance après le Brouilly s'étend actuellement sur 1 100 ha de la commune. Le terroir où l'on reconnaît plusieurs «climats» est formé de schistes* granitiques décomposés et imprégnés d'oxyde de fer et de manganèse que les vignerons désignent sous le nom de «terre pourrie». C'est un vin très typé, qui allie «le fruit d'un beaujolais et le charme d'un bourgogne», de couleur intense, grenat profond, robuste, généreux et fruité aux arômes de fruits à noyau (cerise, abricot), au parfum de kirsch. Comme le moulin-à-vent, il faut le laisser vieillir. Le vin alors «morgonne», néologisme signifiant pour les amateurs qu'il s'exprime pleinement. Il accompagne alors parfaitement un coq au vin.

Le phylloxéra

Cet infernal puceron était un passager clandestin ! Voyageant à bord de navires américains, identifié en 1868 dans le Gard, il s'installa en 1875 à Villié-Morgon et dévora en quelques années plus de la moitié du vignoble. Bien des ripostes furent imaginées pour sauver la vigne, dont l'utilisation de sulfure de carbone et la plantation de ceps américains qui, c'est un comble, étaient dédaignés par le phylloxéra, mais le goût «foxé» des vins ne plut pas. Le salut vint de la greffe. En 1880, un certain Pasquier-Desvignes (cela ne s'invente pas) importa clandestinement sous l'étiquette «bois de chauffage» des souches américaines sur lesquelles il greffa des sarments gamay. La formule, délicate et coûteuse, va pourtant triompher. Les premières vignes greffées seront vendangées en 1884. Le Beaujolais et la France étaient sauvés.

La fête des conscrits et la foire de la Saint-Martin

Deux rituels appartiennent au folklore local. La fête des conscrits, au printemps, soude une génération en dehors des clivages sociaux et idéologiques et permet de réaffirmer l'existence d'une véritable communauté villageoise. Le 11 novembre, la foire de la Saint-Martin est à la fois une fête du souvenir avec la célébration de l'Armistice de 1918, une foire agricole par la dégustation du vin nouveau et un marché rural par le renouvellement traditionnel des baux de vigneronnage entre les propriétaires et les métayers. Autrefois, elle servait également de «foire aux domestiques», où les gagés libérés proposaient leurs services aux vignerons à la recherche d'un commis.

surtout le jardin à la française du château de Pizay. Le donjon carré avec ses tourelles aux toits vernissés et ses échauguettes, date du XVᵉ s.. Une aile Renaissance, une chapelle du XVIIIᵉ s. et des bâtiments d'habitation du XIXᵉ s. complètent l'ensemble disparate. Les ifs du jardin, taillés en pièces de jeu d'échecs, sont disposés entre les allées rayonnant vers un cadran solaire. Le château devenu un restaurant gastronomique et un hôtel de luxe sert de centre de séminaires.

De retour à l'angle du bois [13], dépassez le parcours sportif, puis prenez à gauche l'allée du Py. Sous les ramures de chênes séculaires, elle traverse le bois dans sa plus grande longueur. Au carrefour des chênes [14], au milieu du bois, conservez la même direction. Après des taillis de chêne rouge d'Amérique, vous sortez à son orée ouest et poursuivez à droite [15], dans des friches, pour gagner rapidement le pont jeté sur le Morgon. Le chemin remonte doucement en direction du clocher de Villié jusqu'au hameau de la Ronzière (cote* 250) où il traverse une petite route [16], puis se poursuit horizontalement entre les vignes. Après une fourche où il faut rester à droite [17], il franchit la D 18 et devient asphalté. 200 m plus loin, tournez à gauche [18]. Au Désert, repartez sur la droite sur 250 m pour rejoindre le chemin qui monte à gauche aux Gaudets [19]. De retour sur la départementale, il ne vous reste plus qu'à regagner l'église de Villié-Morgon.

Le vignoble beaujolais occulte parfois l'une des plus riches facettes du terroir : son patrimoine culturel et historique. (A) Anne de Beaujeu. (B) La chapelle du mont Brouilly. (C) Clocher roman de l'église Saint-Nicolas à Beaujeu. (D) Cloître du prieuré de Salles-Arbuissonas (XIIᵉ s.). (E) Autel d'Avenas (XIIᵉ s.). (F) Salles-Arbuissonas au cœur de la patrie beaujolaise. (G) Fresques de la chapelle Saint-Paul-de-Lacenas (fin XIIIᵉ-XIVᵉ s.).

La maison des beaujolais

Après la présentation audio-visuelle du vignoble et de ses douzes appellations d'origine contrôlée (beaujolais, beaujolais-villages et les 10 crus), une dégustation commentée vous invite au plaisir des yeux, du nez et du palais, à la rencontre des parfums et saveurs des beaujolais.

Les dégustations commentées sont réservées aux groupes à partir de 10 personnes. Maison du beaujolais, N 6, St-Jean-d'Ardières, 69220 Belleville-sur-Saône, tél. : 74 66 16 46.

A

B

C

F

D

E

G

25 MONT DE BESSAY
entre Beaujolais et Mâconnais

A 64 km de Lyon, ce modeste coteau entouré de célèbres crus : Juliénas, Saint-Amour, Chénas, Saint-Véran... est un belvédère de choix sur la vallée de la Mauvaise et le sud du Mâconnais.

fiche technique

Durée : 3 h
Longueur : 10 km
Dénivelé : 228 m
Difficulté : aucune
Période : toute l'année
Equipement : randonnée classique
Balisage : grappe de raisins dans un verre
Carte IGN 1/100 000 : n° 43, pli B10
Carte-Guide IGN 1/25 000 ; n° 3029 ouest : Belleville
A voir aux environs : Juliénas : cellier de la Vieille Eglise, caveau du Bois de la Salle, château(XVIIe s.) et maison de la Dîme (XVIe s.), Jullié : château de la Roche (XVIIe s.) et chapelle du Vâtre (XVIIe s.), caveau de Chénas (XVIIIe s.), le Moulin à Vent, Romanèche-Thorins : musée Raclet, musée du compagnonnage et hameau du vin, village de St-Vérand, Roche de Solutré et son musée de la Préhistoire.

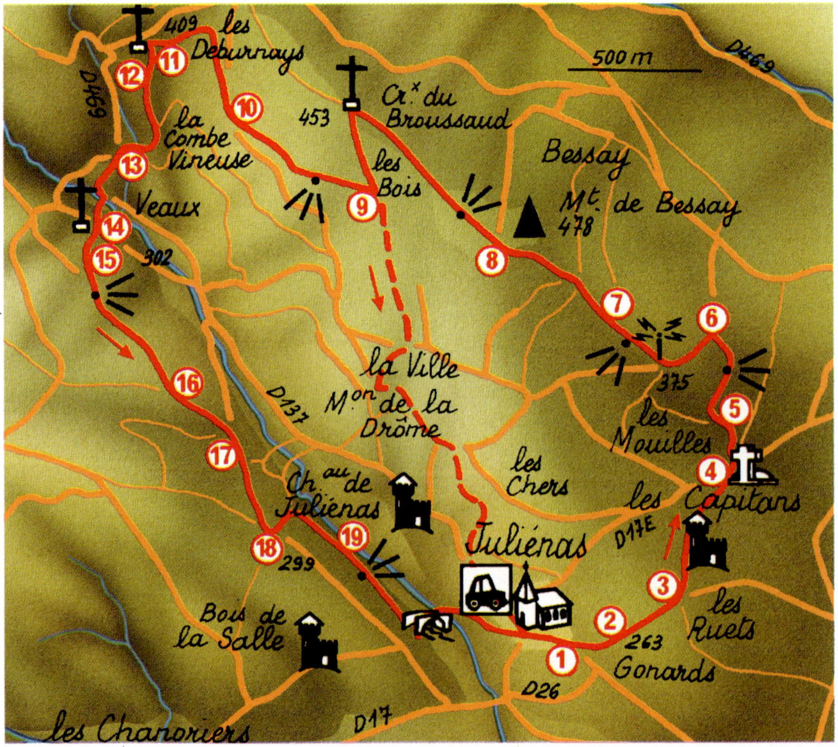

itinéraire d'accès

Quittez l'agglomération lyonnaise par l'A 6. Passez Villefranche et sortez à Belleville. Contournez Belleville par le nord pour suivre la N 6 en direction de Crêches-sur-Saône/Mâcon (maison des Beaujolais à St-Jean-d'Ardières). A Pontanevaux, bifurquez à gauche sur la D 95 vers Juliénas. Garez-vous sur le parking de la poste au centre du village.
Transports en commun : aucun

description

Du parking de la poste, passez à droite entre l'église et le cellier de la Vieille-Eglise, caveau de dégustation où il fait bon s'arrêter au retour. Après avoir laissé à gauche la rue des Labourons, obliquez à gauche à la première fourche en direction de la Bottière [1]. Au prochain croisement [2], restez à gauche le long d'un habitat dispersé entre les vignes. Au nord, l'échine du mont de Bessay est le premier but de la balade. Au carrefour à quatre voies de la cote* 267 [3], on délaisse momentanément le balisage (grappe de raisin dans un verre) qui file à droite, pour monter la route à gauche, le long d'un ruisseau encaissé aux rives boisées (acacias, frênes, merisiers). Plus haut, vous longez le château des Capitans, résidence du célèbre Juliénaton, Victor Peyret, le fondateur du cellier de la Vieille-Eglise en 1954, qui se ruina pour la promotion de la commune et de son cru. La demeure présente un élégant toit en tuiles écailles à motifs géométriques et une belle façade en pierres. Traversez avec prudence la route de Mâcon [4] (D 17E, monument élevé à la mémoire d'un martyr de la Résistance sur la droite), pour enchaîner en face la voie sans issue où vous retrouvez le balisage. L'itinéraire s'enfile entre deux maisons, puis s'élève aussitôt à gauche en contournant la dernière maison. Vous

grimpez pleine pente entre les vignes, parallèlement à une ligne haute tension. Après avoir négligé un chemin à gauche [5], vous passez sous la ligne électrique puis rejoignez une petite route à longer vers la gauche [6] (nouveau passage sous les câbles). Vous cheminez en balcon de la Ville, des Thévenins, de Plâtre-Durand, hameaux de Saint-Amour-Bellevue, la patrie du plus septentrional des crus du Beaujolais et plus au nord, de Saint-Vérand, déjà en Mâconnais, au terrain calcaire où le cépage chardonnay produit des vins blancs légers, élégants et fruités qui font merveille en début de repas. A l'est, le vignoble s'étend pratiquement jusqu'à la Saône à la Chapelle-de-Guinchay. 200 m plus loin, au croisement dominé par un réservoir en béton et une antenne, montez à droite, toujours sur l'asphalte, en direction du mont de Bessay. Avec une superbe maison vigneronne au premier plan, vous découvrez la vallée de la Mauvaise dont les eaux dévalent depuis les hauteurs de Vauxrenard, contournant par le nord le versant escarpé du Bois-Retour, et les villages de Jullié et d'Emeringes où s'étend également l'appellation juliénas. Sur la droite de Juliénas, le château du Bois de la Salle édifié au XVIIe s. abrite la cave coopérative qui vinifie 30 % de l'appellation. A la fin du goudron [7], décalez-vous légèrement à droite pour poursuivre sur le chemin du milieu. Sur la crête, quelques landes à genêts à balais et à épine noire sont encore épargnées par la viticulture. Ignorez un chemin sur la gauche, puis à la patte-d'oie, 20 m plus loin, restez à gauche. Le chemin passe entre les deux croupes sommitales d'altitude égale. Au prochain croisement [8], continuez tout droit sur la crête en direction de Pruzilly, la 4e commune de l'appellation. Plein nord, les éperons calcaires de Vergisson et de Solutré émergent entre deux croupes. Au sud, 200 m de dénivelé vous séparent du fond du vallon du Cotoyon. Après avoir dépassé un charmant cabanon de vigneron, à la

Maison vigneronne en balcon de Juliénas et de la vallée de la Mauvaise.

Le plus parisien des crus du Beaujolais

Cru impérial d'après l'étymologie (Juliénas comme Jullié tiendrait son nom d'un passage de Jules César), l'appellation juliénas s'étend à la pointe nord du vignoble beaujolais sur quatre communes : Juliénas, Jullié, Emeringes et Pruzilly. Ses 580 ha sont implantés sur des terrains granitiques à l'ouest, alors qu'à l'est les terrains sédimentaires du proche Mâconnais débordent. Gaillard et espiègle à l'image des scènes bacchiques qui décorent le cellier de la Vieille-Eglise, c'est un vin bien charpenté, nerveux, à la robe rubis profond, offrant un bouquet généreux de framboise, cerise, pêche et pivoine. Il se déguste dès le printemps suivant ou après 3 ou 4 années de vieillissement, avec gibier et fromages. *«Il n'y a pas de bon repas sans juliénas»*. La renommée de ce vin doit beaucoup aux journalistes et aux lecteurs du *Canard Enchaîné* qui ne cessent de chanter ses louanges depuis 1934. Dans ce caveau, chaque année à la mi-novembre, est remis le prix Victor Peyret à l'artiste, journaliste, homme de lettres ou dessinateur qui a le mieux «tasté» les vins du cru : 104 bouteilles, 2 par week-end, ce qui est convenable pour un honnête homme, sont remis au lauréat. La cave coopérative est installée dans l'ancien prieuré du château du bois de la Salle.

Qu'il est bon de se retrouver au caveau de Juliénas !

croix du Broussaud (bâtisse en pierres), descendez à gauche en épingle sur une voie goudronnée vers Juliénas. A la ferme des Bois 9 (possibilité de rejoindre tout droit directement Juliénas en descendant à vue), bifurquez à gauche en lacet pour vous diriger, à mi-pente du vignoble, vers l'amont* du vallon du Cotoyon. A 700 m, longez 30 m sur la droite la route de Pruzilly avant de basculer à gauche sur le chemin qui redémarre 10 (panneau «vignoble de Juliénas»). Après quelques châtaigniers et frênes, il descend le long de sureaux, contourne une prairie avec un splendide saule, puis évite par la droite le hameau des Deburnays. Face à un croisement orné d'un calvaire en pierre dorée 11, prenez à gauche sur 100 m la route de Juliénas. Au panneau les Rochats 12, quittez-la dans le premier virage serré à droite, pour dévaler, à l'angle d'un noyer, un chemin engazonné vers le hameau de la Combe-Vineuse, si bien nommé. Sur l'asphalte retrouvé, en vis-à-vis du beau versant de vignes précédemment parcouru et dominé par la chapelle de Pruzilly, vous traversez les maisons. A la jonction avec la D 469 13 (cote* 360), négligez-la pour descendre à gauche une sente herbeuse le long d'un muret. Elle conduit à une belle demeure pourvue de deux tours carrées et d'un portail à auvent, sise près du Cotoyon. A son angle, tournez à gauche pour continuer à droite sur la D 137. Au croisement avec la D 469 14 (calvaire), remontez vers Cenves. Après 150 m, à l'entrée d'un virage à droite 15, écartez-vous à gauche sur un chemin goudronné qui part en contrebas. Il progresse en balcon des maisons de Veaux. Les pentes nord du fond du vallon, impropres à la culture de la vigne, servent de prairies d'élevage. Après une haie de hauts peupliers, ignorez plusieurs chemins desservant les vignes. Le chemin suit l'orientation du thalweg* à mi-versant. Arrivé à un cerisier isolé 16, descendez à gauche, en alignement sur le clocher de Juliénas, un large chemin transversal le long d'un caniveau bétonné draînant les ceps. A la hauteur d'une habitation recouverte d'un crépi blanc 17, enchaînez à droite sur une petite route. Après une seconde ferme, magnifique, elle remonte au lieu-dit «Vayolette» 18 (cote* 299), où face à une maison blanche, vous descendrez à gauche. 100 m plus bas, devant le portail d'une propriété isolée, prenez le second chemin sur la droite. Il longe le haut d'un bois pentu à la verticale du Cotoyon 19. Remarquez à gauche, les nombreux drains dans les vignes. A la fin du bois, il vous faut scruter le versant opposé. Au hameau de Blondel, à gauche, se trouve la maison de la Dîme construite au XVIe s. et dont la façade présente deux rangées de six arcades. Abolie en 1789, la perception de ce privilège ecclésiastique, dixième partie du revenu de la terre imposée, se faisait au bénéfice du chapitre de Saint-Vincent-de-Mâcon. Droit devant, le château de Juliénas aux origines féodales (XIIIe s.), totalement reconstruit au XVIIe s, dresse ses hauts murs. Ses immenses caves voûtées comptent parmi les plus belles du Beaujolais.

A la fin du chemin, suivez le balisage qui vous invite à contourner la première maison par la gauche pour rejoindre le C 106. Après avoir franchi une dernière fois le ruisseau du Cotoyon, il ne vous reste plus qu'à rejoindre Juliénas et à déguster le fameux cru.

Un pays de châteaux

Parmi la soixantaine de châteaux édifiés dans le Beaujolais, onze méritent une attention particulière. "... dans le canton de Villefranche, Montmelas bien caché derrière ses murs (D), et Sou (F) dont il convient d'admirer en tout premier lieu la sublime porte ; dans le canton de Belleville, Corcelles (A), où l'on flâne au moins au rez-de-chaussée, Pizay où l'on dîne (cf-balade 24), la Chaize (C), prestigieuse exploitation viticole dont le cuvage est classé, et Arginy qui sent bon le Moyen Age (G) ; dans le canton du Bois-d'Oingt, Bagnols (H), en train de renaître de ses cendres, Rapetour (I), le chef-d'œuvre foudroyé, la Flachère (E), l'un des plus harmonieux, et Jarnioux (B), extraordinaire complexe architectural". Bernard Frangin, Le guide du Beaujolais, Éd. La Manufacture.

A

B

C

D

E

G

F

H

H

26 ROCHE DE SOLUTRÉ
«feuilles de laurier» et pouilly-fuissé

A 76 km de Lyon, les étraves de calcaire de Solutré et de Vergisson s'élancent vers le ciel. Un site grandiose où après avoir oublié le vignoble du pouilly-fuissé, l'imagination vagabonde au souvenir des galops des troupeaux de chevaux sauvages décimés par les premiers hommes au pied de la "Roche". Une promenade qu'il est bon d'éviter un certain dimanche de Pentecôte...

fiche technique

Durée : 1 h 20
Longueur : 3,5 km
Dénivelé : 169 m
Difficulté : un passage nécessite l'aide des mains, itinéraire à éviter si le rocher n'est pas sec
Période : toute l'année
Equipement : randonnée légère
Balisage : incomplet
Carte IGN 1/100 000 : n° 43, pli B10
Carte-Guide IGN 1/25 000 ; n° 3028 ouest : Mâcon
A voir aux environs : musée départemental de Préhistoire de Solutré, Chasselas : manoir du XVᵉ s. et maisons anciennes, Fuissé : maisons à galeries, Prissé : château de Montceau, Mâcon : vieux Mâcon et musée Lamartine, village de St-Vérand, bourg ancien de la Roche-Vineuse, fresques romanes de la «chapelle des moines» à Berzé-la-Ville, forteresse médiévale de Berzé-le-Châtel, route de Lamartine, abbaye de Cluny.

itinéraire d'accès

Prenez l'A 6 jusqu'à Mâcon-sud. Redescendez la N 6 jusqu'à Crêches-sur-Saône où vous suivrez à droite la D 31 vers Leynes. La charmante vallée de l'Arlois fait office de frontière entre les renommés vignobles du Beaujolais (st-amour, le cru le plus au nord) et du Mâconnais (st-véran, pouilly-fuissé). 3 km après Leynes, tournez à droite sur la D 54 vers Solutré-Pouilly : superbe panorama sur les Roches de Solutré et de Vergisson. Au pied de la Roche de Solutré, montez à gauche la petite route en direction du musée de la Préhistoire : vaste parking à 300 m.
Transports en commun : aucun

Solutré au pied de sa "Roche".

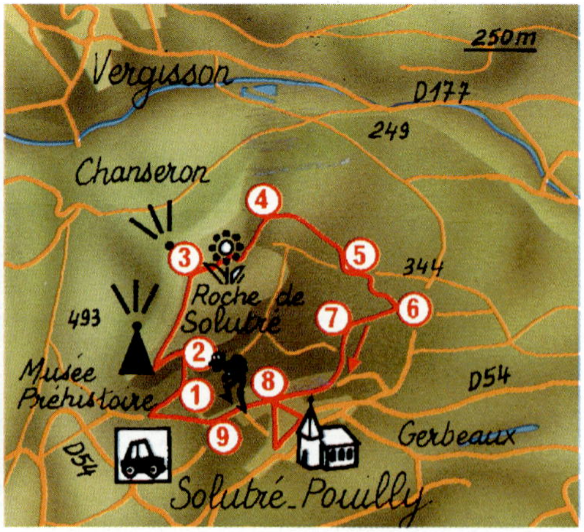

description

Du parking, montez vers la «Roche-musée» sous un bois de robiniers. Libre à vous de visiter le remarquable musée de la Préhistoire [1], enterré au pied de la Roche, avant ou après la balade. Dans ce dernier cas, grimpez directement vers l'escarpement en négligeant un sentier transversal (balisage jaune) qui, à droite, rejoint le village de Solutré. Clôturé par un grillage, le site des fouilles s'étend devant l'édifice sur plus d'un hectare et sera prochainement aménagé à la visite (*cf-encadré*). Le large chemin monte tout droit à travers un éboulis de calcaire rosé colonisé par les buis et arrive à un verrou rocheux où l'aide de vos mains s'avère indispensable. Accompagnez vos enfants et soyez prudents vis-à-vis de la roche extrêmement polie par le passage répété des promeneurs. En 10 min, vous accédez au plateau [2]. Longez son rebord sud pour gagner le sommet proprement dit. Il vous réserve un formidable panorama sur le village de Solutré et le paysage harmonieux du Mâconnais. Plein nord, la Roche de Vergisson avec celle de Solutré constituent les étraves terminales de la côte bajocienne. Les prairies bocagères recouvrent les pentes orientées à l'ouest et au nord. Les versants exposés à l'est et au sud-est, les cuvettes inclinées au sud, sont le domaine de la vigne. Les grands crus blancs du Mâconnais (pouilly-fuissé, saint-véran, pouilly-loché et pouilly-vinzelles) y sont récoltés. Au sud-est, surplombant le hameau de la Grange-du-Bois, la crête secondaire de la «Ride de Cenves» mérite

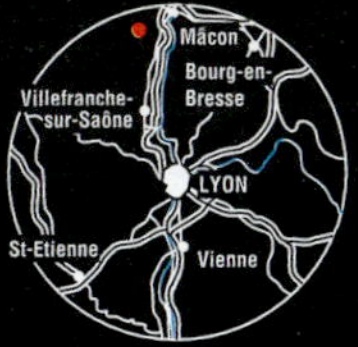

un détour en voiture pour sa vue en enfilade des "Roches". Vers l'est, la vue embrasse Mâcon, le val de Saône, et file, par temps clair, au-delà de la Bresse jusqu'au Jura et aux Alpes. Au Xe s., un château-fort fut construit au sommet de "la Roche", puis démantelé en 1434, après la guerre entre Armagnacs et Bourguignons. Le sommet fortement érodé en lapiaz*, est assidument fréquenté par les varappeurs qui l'escaladent sans relâche le long de multiples voies. Quittez-le par la gauche. Après une vaste pelouse, vous suivez le rebord nord en vue de la Roche de Vergisson. Sur ces sols de calcaire pur pousse une lande maigre parsemée de buis, la "teppe". Les buis deviennent bientôt omniprésents. Alors que la descente s'accentue, à la hauteur de beaux chênes isolés, au port «en boule» [3], obliquez à droite sur une sente à peine marquée. Elle traverse perpendiculairement deux murets de pierres, puis au milieu d'une vaste prairie, s'incline à gauche pour rejoindre plus bas la voie traditionnelle d'ascension "de la Roche". Descendez-la à gauche jusqu'à un croisement à trois chemins où vous poursuivrez à droite. Après quelques dizaines de mètres, vous redescendez sur 100 m vers le nord entre de hauts buis et des noisetiers. Puis le sentier tourne à droite [4], progressant à plat et en balcon d'un bois pour déboucher au sud-est sur un large chemin carrossable entre deux vignes. Il bute à angle droit sur une petite route à descendre sur la gauche [5]. A 200 m, après avoir négligé un premier layon, obliquez à droite sur un chemin engazonné qui décrit un double coude gauche-droite dans le vignoble, face aux maisons de Gerbeaux. A un gros noyer isolé [6], alors que "la Roche" se dévoile à nouveau, suivez à droite un chemin horizontal. Au bout de 300 m de ligne droite, sous deux réservoirs d'eau et à la jonction avec un chemin [7], vos pas s'orientent à gauche le long de beaux murets de pierres sèches. Plus loin, une petite route en balcon bordée de belles maisons de pierre vous conduit vers le centre du bourg. Au croisement [8], n'hésitez pas à descendre au caveau pour goûter un pouilly-fuissé et découvrir l'église romane, le lavoir en forme d'impluvium et les traditionnelles maisons vigneronnes. Leur galerie orientée au sud domine les arcades du cellier et soutient un avant-toit couvert de tuiles romaines. Cette découverte œnologique et architecturale effectuée, remontez au croisement [8] et prenez à gauche pour dépasser un joli lavoir puis un porche aménagé dans un muret. A la patte-d'oie [9], montez à droite vers «Solutré cheval». Un chemin prolonge l'asphalte jusqu'au terre-plein où vous avez laissé votre véhicule.

Entre les éperons calcaires de Solutré et de Vergisson, s'étale le célèbre vignoble de Pouilly-fuissé. Les multiples voies d'escalade de "la Roche" sont très prisées des varappeurs.

Le pouilly-fuissé

Autour des Roches de Solutré et de Vergisson, le vignoble le plus prestigieux du Mâconnais, le pouilly-fuissé se développe sur les pentes argilo-calcaires des communes de Vergisson, Solutré, Pouilly, Fuissé et Chaintré. Les vins de Pouilly ont acquis une très grande renommée, notamment à l'exportation, et leurs prix ont toujours été en compétition avec ceux des chablis et même des meursault. Issus exclusivement du cépage chardonnay, ce sont des vins à la robe d'or vert, vifs, pleins de sève et parfumés. Elevés en fûts de chêne, il acquièrent en vieillissant des arômes d'amande grillée ou de noisette. Ils s'harmonisent avec crustacés, poissons, grenouilles, quenelles, viandes blanches à la crème, volailles et ris de veau.

Les chasseurs de chevaux de Solutré

Au pied de la Roche de Solutré, les vignerons étaient depuis longtemps intrigués par les très nombreux ossements de chevaux ramenés au jour par leur charrue. Ils avaient d'ailleurs surnommé le lieu-dit «Crot du Charnier». En 1866, les premières fouilles révèlent un «magma» d'ossements unique au monde, couvrant un hectare sur parfois plus d'un mètre d'épaisseur ! Cela suffit à nourrir l'imagination d'Adrien Arcelin, pionnier des fouilles, qui décrivit dans son roman *Les chasseurs de rennes à Solutré,* paru en 1872, la légendaire scène de chasse : les chevaux affolés par les chasseurs préhistoriques se précipitant dans le vide du haut de la Roche. En réalité, les troupeaux étaient traqués et abattus au pied de l'escarpement rocheux, mais la légende est si belle et si ancrée dans les mémoires qu'elle perdurera à jamais... Durant 25 000 ans, les hommes des quatre grandes cultures du Paléolithique supérieur (35 000 à 10 000 av. J-C.) sont venus chasser, dépecer et boucaner des milliers de chevaux et de rennes. Pendant les glaciations anciennes du Quaternaire, le climat très rigoureux, froid et humide, modèle un paysage steppique où la grande faune abonde : mammouths, rhinocéros, chevaux, aurochs, bisons, rennes et autres ongulés*. Les chevaux, qui ressemblaient aux derniers équidés sauvages actuels (cheval de Prézalwsky et Tarpan), sont la proie favorite des hommes de Cro Magnon. Ils étaient chassés à la belle saison, lorsque d'immenses troupeaux quittaient la vallée marécageuse de la Sâone, après la fonte des neiges, pour les pâturages des monts du Mâconnais, accessibles seulement en été. Postés derrière de gros rochers, les chasseurs attendaient le passage du gibier. Ils ne connaissaient pas l'arc et projetaient leur sagaie à pointe de silex à l'aide d'un propulseur. Installés dans des campements de tentes de peau, ils dépecaient méthodiquement les chevaux tués, grâce à des silex taillés sur place, triant les os, extrayant la moelle et la matière cérébrale dont ils étaient friands. La viande, ne pouvant être entièrement consommée fraîche, était conservée par fumage. Ces chasses cesseront définitivement vers 10 000 ans av. J.-C., lorsqu'avec le réchauffement du climat la forêt remplacera la steppe et que la grande faune refluera vers le nord. Le gisement de Solutré a donné son nom a une culture du Paléolithique supérieur, le Solutréen (20 000 à 16 000 ans av. J-C.), rendue célèbre par ses «feuilles de laurier», chefs-d'œuvre de la taille du silex.

Le musée départemental de la Préhistoire vous propose de découvrir cette époque de l'humanité à travers son contexte géologique, l'évolution du milieu naturel (climats, faunes et végétations) et celle conjointe de l'homme, de ses cultures et de ses techniques. Ouvert tous les jours sauf mardi en mars, avril et d'octobre à décembre, de 10 h à 12 h et de 14 h à 17 h; en mai, de 10 h à 12 h et de 14 h à 18 h; tous les jours, de juin à septembre, de 10 h à 13 h et de 14 h à 19 h; fermé en janvier et février et les 1er mai, 25 et 31 décembre. Adresse : 71960 Solutré-Pouilly, tél.: 85 35 85 24. A lire : *Les chasseurs de rennes à Solutré*, d'Adrien Arcelin, Éd. Bourgogne, Rhône-Alpes.

Durant 25 000 ans, les hommes de Cro Magnon ont chassé les chevaux sauvages au pied de la Roche de Solutré.

C. K.

D.R.

La dombes, un patrimoine à découvrir.
(A) La tour du Plantay (XIVᵉ s.). (B) Pêche traditionnelle.
(C) Historial du saint curé d'Ars : visite pastorale chez les Lardet.
(D) Le "Thou" symbole de la Dombes. (E) Châtillon-sur-Chalaronne.

Le pays aux mille étangs

La Dombes, plateau faiblement ondulé d'une altitude moyenne de 280 m, prolonge la plaine bressane et se relève en côtière vers le sud pour dominer ses limites naturelles : la Saône à l'est, le Rhône au sud et la rivière l'Ain à l'est. Formée par les moraines des glaciers du Quaternaire, elle présente à sa périphérie une couche épaisse de lœss* qui donne une terre grasse et fertile. Au centre, lessivé par les eaux et décalcifié, le lœss* est devenu une terre blanchâtre, siliceuse et imperméable. Deux rivières, la Chalaronne et le Renon, draînent vers la Saône la dépression centrale. Jusqu'au Moyen Age, la forêt recouvrait l'ensemble du plateau et était entrecoupée de dépressions marécageuses. Dès l'an Mil, ces «leschères» furent utilisées pour la pêche ; les premières créations d'étangs remontant au XIIᵉ s.. Le nombre de pièces d'eau se multiplia rapidement et atteint son apogée au XVIIᵉ s. avec près de 2 000 étangs couvrant 20 000 ha. Source de revenus fiable et n'exigeant qu'une main-d'œuvre réduite, ils appartenaient à la noblesse, aux ordres religieux et à la bourgeoisie. Des assèchements survinrent avec la Révolution qui tenta de déposséder les grands propriétaires, puis lors de l'établissement de la ligne de chemin de fer Lyon-Bourg-en-Bresse qui fit disparaître 6 000 hectares d'étangs, enfin sous l'impulsion des moines de l'abbaye de Notre-Dame-des-Dombes. Il faut dire que le paludisme sévissait dans ce pays très pauvre. Au début du XXᵉ s., face à la faible rentabilité de l'agriculture, on procèda à une remise en eau. Aujourd'hui, les revenus de la chasse associés à ceux de la pêche permettent d'égaler les revenus agricoles des meilleures terres et près de 1 100 étangs recouvrent environ 12 000 ha. D'une taille moyenne de 10 à 15 ha, seuls une dizaine dépassent les 50 ha ; les plus célèbres sont le Grand Etang à Birieux (316 ha, créé en 1388), le Grand Glareins à Lapeyrouse (237 ha, créé en 1402) et le Grand Marais à Dompierre-sur-Veyle. Installés sur les ruisseaux et rivières, les étangs sont délimités par des digues en boue argileuse appelées «chaussées». Le lit du cours d'eau, conservé, est aménagé pour constituer le «bief*» et la «pêcherie» qui servent à écouler les eaux et de refuge aux poissons lors des vidanges. En barrant la rivière, on aménage en amont* «l'embie», la prise d'eau de l'étang et la «rivière de détourne» qui reçoit les eaux non utilisées, et en aval*, le «thou», la vanne qui permet de vider l'étang et «l'ébie» par où se déverse le trop-plein. Selon leur usage, leur taille et disposition, et l'origine de l'eau qui les alimente, les étangs dombistes sont l'objet d'une classification complexe. On distingue notamment les étangs «d'empoissonnage» et les étangs dits de «pêche réglée» réservés à la production du poisson destiné à la consommation. Depuis des siècles, l'étang est la clé du système d'exploitation du sol. Son cycle de fonctionnement comporte deux phases distinctes : «l'évolage» et «l'assec». «L'évolage» désigne la période durant laquelle l'étang est en eau et sert à la pisciculture. Les limons qui se déposent durant cette période fertilisent naturellement le sol. «L'assec» correspond aujourd'hui à la période de mise en culture de l'étang. Autrefois, la culture la plus répandue était celle de l'avoine grise : elle permit à une race rustique de cheval de se développer : le demi-sang de la Dombes. Depuis les années 70, l'apparition massive du maïs détourne malheureusement la vocation herbagère de la Dombes. Alors qu'autrefois deux années en eau succédaient à une année de culture, de nos jours, les revenus de la pêche et de la chasse commandent la durée «d'évolage» qui peut atteindre 5 à 7 ans. Ainsi, la Dombes est devenue la première région française de production de poissons d'étangs, notamment de carpes, avec près de 1 500 tonnes chaque année. Gardon, rotengle, brochet et tanche sont également produits dans une moindre mesure. Autrefois majoritairement exportée principalement vers l'Allemagne de l'Ouest où la carpe représente le plat traditionnel de Noël, la production est aujourd'hui en partie transformée sur place pour alimenter un marché de produits nouveaux (filets de carpe, carpe fumée...). La pêche s'effectue de novembre à mars selon une cérémonie rituelle et festive qui réunit l'ensemble de la communauté dombiste : propriétaires, exploitants, pisciculteurs, marchands, villageois et passants.

Une fête du poisson et de la pêche, comportant la pêche traditionnelle d'un étang, se déroule chaque année à la mi-octobre à Villars-les-Dombes. Office de tourisme de Villars-les-Dombes, tél. : 74 98 06 29. A lire : *La Dombes, pays d'étangs,* guide du patrimoine naturel de la région Rhône-Alpes n° 7, ONC-SRPN et Terre de Dombes, guide rhônalpin du patrimoine méconnu n° 8. **B.P.**

27 LES ÉTANGS DE BOULIGNEUX
le pays aux mille étangs

A 43 km de Lyon, fusion intime entre l'eau, la terre et le ciel, paradis de l'oiseau, la Dombes ouvre ses horizons sans limite à qui veut bien prendre le temps de découvrir ses mystères et ses secrets.

fiche technique

Durée : 2 h 15
Longueur : 7,5 km
Dénivelé : 4 m
Difficulté : aucune
Période : toute l'année
Equipement : randonnée légère
Balisage : aucun
Carte IGN 1/100 000 : n° 44, pli C3
Carte-Guide IGN 1/25 000 ; n° 3030 est : Villars-les-Dombes
A voir aux environs : Villars-les-Dombes : parc des Oiseaux, maison de la Dombes, poype*; grand étang de Birieux ; étangs du Grand Glareins à la Peyrouse ; le Plantay : tour (XIVe s.) et abbaye de N.-D.-des-Dombes ; poye et église de Sandrans ; château du Montellier ; St-Paul-de-Varax : église romane, musée du peintre Louis Jourdan ; Châtillon-sur-Chalaronne : ville fleurie, halles du XVIIe s., maisons à colombages, apothicairerie ; historial du saint curé d'Ars à Ars-sur-Formans ; cité médiévale de Pérouges ; Trévoux : parlement (XVIIe s.), rue du Gouvernement, hôpital, château féodal, Bourg-en-Bresse : église et musée du Brou.

itinéraire d'accès

Rejoignez la route de Bourg (N 83) par l'A 46 direction Paris, sortie les Echets. Au feu de Villars-les-Dombes, prenez à gauche la D 2 vers Châtillon-sur-Chalaronne jusqu'à Bouligneux. Garez-vous sur la place du village.
Transports en commun : ligne SNCF n° 525 Lyon-Bourg-en-Bresse, arrêt Villars-les-Dombes (à 4,5 km de Bouligneux), tél. : 78 92 50 50.

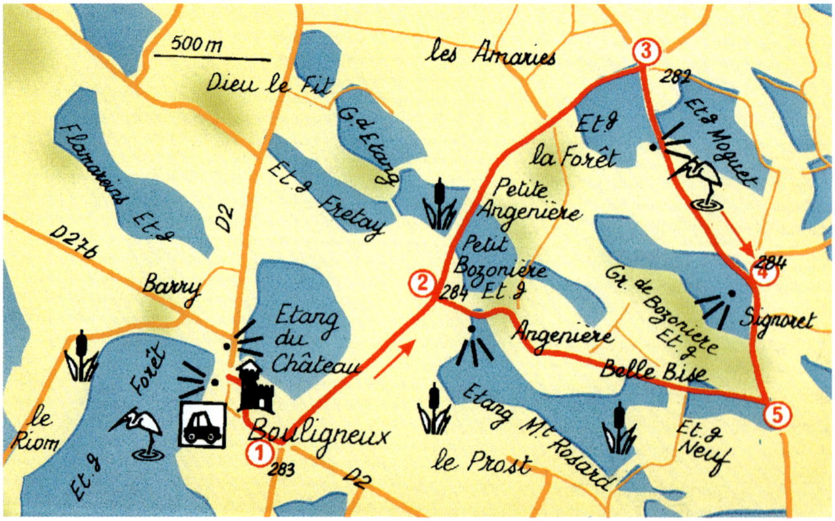

description

Fusion de la terre et de l'eau, des ciels lourds et des rives incertaines envahies par la végétation, ballets incessants des oiseaux à chaque extrémité du jour, étangs miroirs des saisons avec leur nappe de fleurs blanches au printemps, le pourpre et l'or de l'automne autour des maisons-fortes de brique rose... Voilà quelques images d'une nature dombiste encore sauvage et authentique, qui ne se laisse découvrir qu'avec patience et discrétion. L'insalubrité ancienne (fièvres, humidité et paludisme) et la pauvreté évitèrent le morcellement de la grande propriété qui, depuis le XIXe s., est consolidée par le développement considérable de la chasse. La Dombes, placement foncier et prestige social de la grande bourgeoisie de la métropole rhonalpine, est ainsi devenue la Sologne des Lyonnais. Ce qui a pour conséquence d'interdire d'accès beaucoup de chemins dignes d'intérêt et de cantonner le promeneur sur l'asphalte routier. De nos jours, il sera donc plus aisé de découvrir la Dombes à deux ou à quatre roues en suivant notamment la route des étangs qui propose deux variantes de 65 et 70 km au départ de Villars-les-Dombes. Cette balade de 7 km rencontre 9 étangs dont le miroir disparaît au gré des «assecs», qui rythment leur exploitation traditionnelle. Ne soyez donc pas étonné de découvrir parfois un champ de maïs à la place d'un plan d'eau.
Commencez par découvrir à la sortie du village le château de Bouligneux. Edifié au XIVe s., son plan carré avec une tour ronde, garni de meurtrières et de faux machicoulis, est cerné de trois côtés par l'étang qui porte son nom. Comme toutes les forteresses de la Dombes, il est bâti en grosses briques

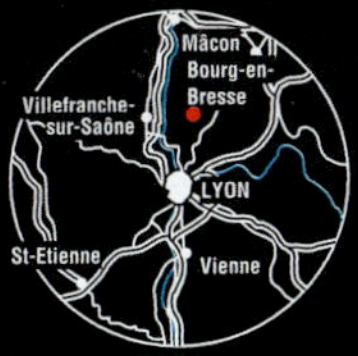

ou «carrons» en raison de l'absence totale de pierre. Face au château, au sud de la route, s'étend le vaste plan d'eau de l'étang Forêt. D'une superficie de 79 ha, alimenté par les eaux de nombreux étangs (Thésey, Pommier, Neuf, du château de Bouligneux), c'est un étang de «pêche réglée» construit avant 1550.

De retour au parking, suivez la D 2 vers Villars. A 200 m [1], prenez à gauche le C 12 en direction Angenière-Petite Angenière. Il longe la rive orientale de l'étang du château de Bouligneux. Avec une superficie de 22 ha, il alimente l'étang Forêt et fut aménagé avant 1306, probablement avant la construction du château. Là, comme sur de nombreux étangs, vous remarquerez une singulière organisation de la végétation autour des plans d'eau. En raison de leur faible profondeur et du profil varié des berges, les plantes forment des ceintures végétales qui reflètent le gradient d'humidité et la profondeur de l'eau. Dans les zones les plus profondes, des plantes flottantes comme la châtaigne d'eau, le faux nénuphar, le potamot, la renoncule et la renouée aquatiques, la lentille d'eau et le rare nénuphar blanc se développent. Sur quelques étangs, la guifette moustac, une sterne d'eau douce niche en colonie sur les tapis de châtaignes et de faux nénuphars. Dans les eaux peu profondes, la roselière à phragmites et à massettes ourle les berges. Elle est le domaine des rousserolles effarvatte et turdoïde, de la locustelle luscinoïde et du bruant des roseaux. Par endroits, les rives présentent des prairies lâches plus ou moins inondées qui sont colonisées par le jonc des tonneliers, l'iris faux acore à la magnifique floraison jaune en mai, le rubanier, le scirpe, les tourradons de carex, la sagittaire et la glycérie. Ces milieux d'affrontement entre la terre et l'eau hébergent une grande diversité animale : nichées de canards, de grèbes huppés et castagneux, de foulques, bruyantes colonies de mouettes rieuses, nombreux invertébrés et

L'étang du château de Bouligneux fut probablement aménagé avant la construction de la forteresse au XIVe s. La rénouée aquatique s'épanouit en juin à la surface des étangs. La maison Cazin à Pérouges.

Pérouges, cité médiévale

La cité médiévale de Pérouges est l'un des sites les plus visités de la région lyonnaise. Au début du siècle, elle fut sauvegardée in extremis sous l'impulsion de Lyonnais et de Pérugiens aidés par la municipalité d'Edouard Herriot. Trônant sur une colline, cette ville fortifiée commandait un axe marchand important. Ville d'artisans où nul seigneur n'a jamais régné, la cultute et le tissage de la toile étaient les deux ressources de ses habitants qui, dès 1236, avaient déjà leurs franchises communales. Avec ses ruelles tortueuses et ses vieilles maisons, elle forme un ensemble remarquablement homogène de constructions de la fin du XVe et du XVIe s. Arcs en anse de panier, fenêtres à meneaux, maisons à étages en encorbellement, tourelles, plafonds à poutres sculptées et cheminées monumentales des demeures seigneuriales... composent un vrai décor vivant où le temps s'est arrêté depuis quatre siècles... Les cinéastes ne s'y sont pas trompés en l'utilisant dans de nombreux films historiques comme *Les Trois mousquetaires, Vingt Ans après* ou *Monsieur Vincent*.

A ne pas manquer : porte d'En-Haut, rue des Rondes (maison Thibaut, grenier à sel, maison de Côme Ferran), rue du Prince (maison des Princes de Savoie), place de la Halle (Ostellerie, maison du Petit-Saint-Georges), rue des Contreforts (maison des Dîmes et maison du Pressoir), église du XVe s. Musée de la maison des Princes, rue du Prince - 01800 Pérouges, tél.: 74 61 00 88. Ouvert tous les jours sauf le mercredi, de 10 h à 12 h et de 14 h à 18 h.

P.B.

amphibiens qui profitent aux prédateurs comme le héron pourpré et l'aigrette garzette. En période sèche, des grèves envasées, également riches en invertébrés, apparaissent au grand bonheur de limicoles comme le chevalier guignette, le combattant, la bécassine des marais abondants lors des migrations, ou de l'échasse blanche, de la barge à queue noire, du petit gravelot et du vanneau huppé qui nichent ici. En arrière de ces prairies souvent bordées de saules, la lande à genêts et à callune annonce la chênaie à bouleaux.

Au premier croisement 2, négligez le C 5 vers Angenière-Belle Bise pour cheminer bientôt entre l'étang Petite-Bozonière et l'étang Fretay partiellement occulté par une haie d'aulnes. Plus loin, ignorez les chemins d'accès aux fermes de la Petite Angenière et des Amaries. La ferme dombiste est traditionnellement construite en pisé. La terre argileuse crue est parfois renforcée par des galets, des briques ou du bois. Au nord, la ferme des Gavignons présente deux corps de bâtiment et représente un bel exemple de cet habitat rural.

Au prochain croisement 3, continuez à droite pour dominer d'une belle façon l'étang de la Forêt qui comporte une presqu'île de massettes. Aux deux extrémités du jour, il n'est pas rare de voir à ses alentours un chevreuil égaré ou un renard en maraude. On traverse ensuite le modeste relief des Croix, le long de beaux chênes. A un carrefour à 3 voies 4, enchaînez à droite pour suivre la rive de l'étang Grande Bozonière. 100 m plus loin, ignorez la route de la ferme Signoret. L'étang est bordé au sud par une belle chênaie à bouleaux, relicte de la forêt originelle qui recouvrait la Dombes. Le paysage dombiste a été complètement modelé par l'homme. Tous les étangs dombistes ont été créés par la main de l'homme, même s'ils émanaient de dépressions naturelles. Sous l'impulsion des moines cisterciens, ces «leschères» furent empoissonnées et devinrent une source de nourriture pour la population souvent sujette à de longues famines (*cf. encadré*). Au croisement, à l'extrémité du bois 5, obliquez à droite pour longer son orée sud et l'étang Neuf. Après l'accès à la ferme de Belle Bise, on progresse non loin de l'étang Mont Rosard, entre des haies élevées bien agréables l'été. Après un coude évitant la ferme de l'Angenière, vous retrouvez l'étang Petit Bozonière. De retour au croisement entre le C 5 et le C 12 2, il ne vous reste plus qu'à revenir à gauche sur vos pas jusqu'à Bouligneux.

Ciel d'orage sur l'étang Forêt à Bouligneux.

Une terre bénie des oiseaux

A l'égal de la Camargue, de la Brenne et de la Sologne, la Dombes est un réseau d'étangs d'importance internationale pour les oiseaux d'eau. L'automne et le printemps voient se dérouler les migrations avec des dizaines de milliers de canards et de limicoles qui font escale sur la route entre l'Europe du Nord, le bassin méditerranéen et l'Afrique. La diversité des habitats, l'importance de l'interface terre-eau avec plus de 1 000 km de rivages, la situation biogéographique de la Dombes sur l'axe de l'une des grandes voies de migration d'Europe occidentale et au carrefour des influences continentales et méditerranéennes, se traduisent par une richesse exceptionnelle : 260 espèces observées, dont près de 130 nicheuses. Le héron cendré et le grand butor côtoient l'aigrette garzette et le héron crabier, l'hypolaïs polyglotte chante non loin de la fauvette babillarde, la barge à queue noire voisine l'échasse blanche. Les fuligules milouins et morillons, la nette rousse, les grèbes huppés et à cou noir, la foulque et, bien sûr, le colvert nichent sur la plupart des grands étangs.

L'autre façon de découvrir les oiseaux est de se rendre au parc des Oiseaux de Villars-les-Dombes qui s'étend sur 23 ha, dont 9 en pièces d'eau. De l'autruche africaine au colibri américain, du gorfou sauteur de l'hémisphère sud à l'oiseau bleu des fées asiatique, près de 2 000 oiseaux de 400 espèces des cinq continents vivent et se reproduisent en liberté ou en semi-liberté dans des espaces adaptés à leur biologie. Le parc participe aux programmes internationaux de sauvegarde d'espèces menacées en favorisant leur reproduction et est adossé à une réserve naturelle de 250 ha qui couvre quatre grands étangs (Petit et Grand Turlet, Bogue et Sainte-Anne). La N 83, qui traverse la réserve entre les étangs du Grand Turlet et du Petit Turlet, est le meilleur point d'observation sur ces refuges de l'avifaune* migratrice et hivernante, où séjournent plusieurs milliers de canards et foulques.

Parc des Oiseaux de Villars-les-Dombes. Ouvert tous les jours de 8 h 30 à 19 h (17 h 30 l'hiver). Si vous êtes intéressé par le monde des oiseaux, le Centre ornithologique Rhône-Alpes (CORA) vous propose tout au long de l'année des sorties à thème pour découvrir l'avifaune* de la région (cf. carnet d'adresses).

(A) Nette rousse. (B) Nichée de cigogneaux au parc des Oiseaux de Villars-les-Dombes. (C) Fuligule milouin. (D) Fuligule morillon. (E) Couple de grèbes huppés. (F) Héron cendré à l'affût. (G) L'étang du Petit Turlet en réserve de chasse est le refuge de milliers d'hivernants.

28 LES ROCHES
vallée de l'Ain

A 71 km de Lyon, le belvédère des Roches offre l'un des plus beaux panoramas sur le canyon sculpté par l'Ain dans le calcaire du Jura.

fiche technique

Durée : 2 h
Longueur : 5,5 km
Dénivelé : 271 m
Difficulté : aucune
Période : toute l'année
Equipement : randonnée classique
Balisage : vert, bleu, incomplet
Carte IGN 1/100 000 : n° 44, pli C6
Carte-Guide IGN 1/25 000 ; n° 3229 ouest : Poncin - gorges de l'Ain
A voir aux environs : base de loisirs de l'Ile Chambod ; pont de Serrières-sur-Ain (XVIIIe s.); donjon de Buenc et réserve naturelle de la grotte de Hautecourt à Hautecourt-Romanèche ; viaduc de Cize ; Poncin : château (XIVe-XVIIe s.), porte de Bouvens, maisons à arcades des XIVe et XVIe s., place de la Halle ; Cerdon : vignobles, village aux 19 fontaines, cuivrerie, grottes et reculée*; grotte de la Colombière (en rive droite de l'Ain, à 800 m en aval* du pont de Poncin) ; musée archéologique de l'Ain au château de Chenavel, à Jujurieux.

itinéraire d'accès

Prenez l'autoroute A 42 en direction de Bourg-Genève. Sortez à Pont-d'Ain et tournez à droite sur la D 984. Traversez Pont-d'Ain, Oussiat et à Neuville-sur-Ain, bifurquez à droite pour franchir l'Ain et prendre la N 84 vers Genève. A Poncin, tournez à gauche sur la D 91 en direction de Serrières-sur-Ain-St-Alban-Challes. Après avoir évité le centre de Poncin par la gauche, elle passe sous le viaduc de l'A 40 puis longe le hameau de Champeillon. 1 km plus loin, à la sortie du premier virage serré à droite, montez à droite vers la Cueille (voie sans issue). Après les premières maisons, garez-vous dans le virage à gauche marqué par un calvaire.

Transports en commun : Transports publics 69, ligne n° 130 Lyon-Ambérieu-St-Claude, arrêt Poncin (à 5 km du départ de la balade).

description

Traversez le village en suivant la rue principale qui oblique à droite devant le château de la Cueille. Les ruelles étroites bordées de maisons traditionnelles avec leurs galeries en bois et leurs avant-toits invitent à la flânerie. En montant doucement, vous passez devant le four banal, puis sortez du village vers les Roches (balisage vert et bleu). Après la dernière maison sur la gauche, ne manquez pas un premier point de vue sur la vallée de l'Ain et le barrage d'Allement. Là, un chemin s'enfile entre deux haies le long d'un muret de pierres [1]. Cornouillers, églantiers, ronces, épines noires, aubépines abondent, offrant à la fin de la belle saison une véritable explosion de baies : de délicieuses mûres attendent les plus gourmands. L'ascension se déroule bientôt en un superbe belvédère qui révèle la beauté et la

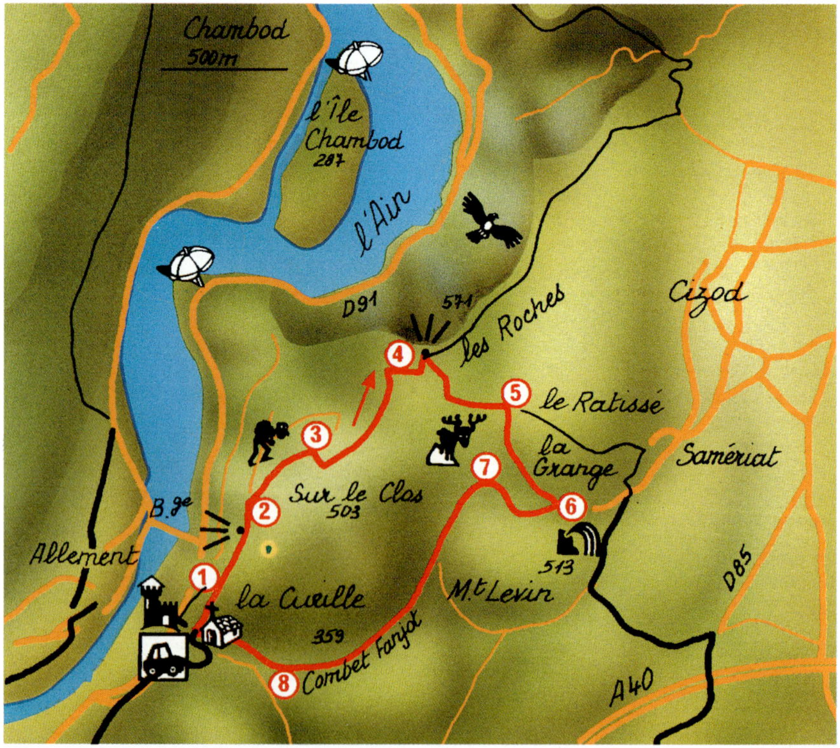

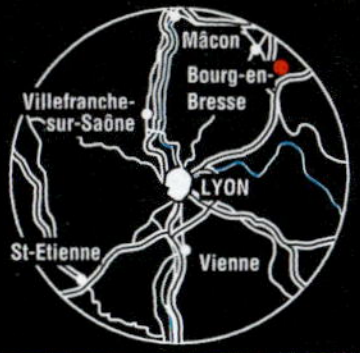

Le belvédère des Roches domine superbement les gorges de l'Ain à la hauteur de l'île Chambod.

grandeur du canyon sculpté par l'Ain dans le calcaire du Jura. Les modestes reliefs qui barrent l'horizon ouest sont les monts et vaux du Revermont qui dominent la Bresse. En arrière, vous dominez le village et le château de la Cueille, sentinelle de la rivière. Au sud, ses rives escarpées ont été fréquentées dès les temps préhistoriques (grotte-abri de la Colombière). Le versant traversé, autrefois cultivé, est redevenu une friche colonisée par le genévrier commun, l'aubépine, le buis... Par endroits, comme à la verticale du barrage, il a subi des reboisements en pin noir. Après un cabanon isolé (vieilles balises bleu-blanc et vert-blanc), une balise verte apposée sur le muret, confirme l'itinéraire. Une vigne isolée rappelle l'ancienne tradition viticole des monts d'Ain, tombée aujourd'hui en désuétude. Dans une nouvelle pinède, une patte-d'oie se présente [2] : montez à droite en direction les Roches (balisage bleu). Le sentier, consolidé par des murets, grimpe le long d'anciennes terrasses agricoles envahies par des buis, des pins noirs, des chênes pubescents et des tilleuls. Le sous-bois évolue rapidement en de hauts taillis de chênes et de charmes qui offrent un bel ombrage. Dans une buxaie, une croix bleue barre le chemin [3]. Obéissez-lui en bifurquant à droite dans un bref, mais fort «raidillon», dont l'ascension est facilitée par des marches en rondins. En haut, une sente en faux plat, à suivre à gauche, vous permet de reprendre votre souffle. Entre chênes et buis moussus, elle mène à proximité d'un mamelon vers deux points de vue aménagés, d'où l'on découvre l'île Chambod. Peu après, l'itinéraire oblique à nouveau à droite, gravissant en espaliers une futaie de pins noirs centenaires partiellement défrichée. Au sommet de la pente, tournez à gauche au croisement pour rejoindre le belvédère des Roches. C'est un vaste replat engazonné, où il est agréable de piqueniquer en savourant à loisir le méandre de l'Ain. L'île Chambod, créée en 1961 par la mise en eau du barrage d'Allement, est aujourd'hui une base de loisirs où l'on pratique de nombreux sports nautiques. Mais des cris rauques, sauvages et enroués, rapidement répétés *«khè-khè-khè-khè...»*, résonnent dans les parois proches. Elles trahissent la présence du faucon pèlerin, l'oiseau le plus rapide au monde *(cf. encadré p 129)*. De mars à octobre, un autre rapace, le circaète jean-le-blanc prospecte assidument ces versants ensoleillés à la recherche de vipères et couleuvres. Quittez le point de vue en suivant le balisage vert en direction de Mortaray-Poncin (panneau). Après avoir ignoré un chemin sur la droite, vous découvrez, au milieu d'une lande arbustive, les crêts du Haut-Bugey étirés à l'est, alors qu'au sud-est la spectaculaire reculée* de Cerdon demeure invisible. A droite, dans le lointain, s'étale la plaine de l'Ain. Le sentier descend à travers ces nouvelles friches, puis croise une singulière prairie toute en longueur. A la bifurcation [5], 20 m plus loin, empruntez à droite un large chemin bordé d'une végétation variée (balise vert-blanc au pied d'un chêne à droite). Négligez à 100 m un chemin qui retourne vers la longue prairie. Au milieu d'un bocage* de prairies, à la hauteur d'un abreuvoir en ciment disposé à gauche [6], obliquez à droite sur un chemin engazonné. Après avoir dépassé un vénérable chêne et un étonnant châtaignier à double tronc, il longe l'orée d'un bois, puis pénètre sous les hautes frondaisons d'une chênaie-charmaie. Arrivé à un pré sur la gauche et en contrebas d'un autre pâturage [7], le sentier s'oriente au sud pour dévaler le Combet Fanjot le long de frênes, de robiniers et de tilleuls. La forte déprise rurale se traduit dans l'ensemble du vallon par des champs en friche et la reconquête forestière. Vous progressez en fait sur un très ancien chemin, étayé par de solides murets, qui reliait autrefois la vallée de l'Ain à Challes. Sa pente s'accentue dans un sous-bois très touffu dominé par de hauts frênes, qui trouvent dans ce fond de vallon frais et humide des conditions écologiques optimales. Plus bas, en balcon du vallon, vous longez un très beau muret confectionné avec des pierres de taille [8]. Les anciens clos sont encore visibles avec leur tas d'épierrage. Après avoir pris soin de négliger sur la gauche plusieurs sentes rejoignant le thalweg*, des potagers annoncent le hameau de la Cueille.

29 CASCADE DE LA FOUGE
monts de l'Ain

A 73 km de Lyon, les eaux vives et limpides de la Fouge guident vos pas à travers une combe* d'une grande sauvagerie et chargée d'histoire, avec en point d'orgue les splendides gerbes d'écume de la cascade.

fiche technique

Durée : 2 h
Longueur : 6 km
Dénivelé : 160 m
Difficulté : aucune
Période : toute l'année
Equipement : randonnée classique
Balisage : bleu
Carte IGN 1/100 000 : n° 44, pli C6
Carte-Guide IGN 1/25 000 ; n° 3230 ouest : St-Rambert-en-Bugey
A voir aux environs : polyculture de la cluse de Préau, Cerdon : vignobles, village aux 19 fontaines, cuivrerie, monument du Val d'Enfer, grottes et reculée* (par la D 11); lac de Nantua ; grotte de la Colombière (en rive droite de l'Ain, à 800 m en aval* du pont de Poncin) ; musée archéologique de l'Ain au château de Chenavel à Jujurieux.

itinéraire d'accès

Prenez l'autoroute A 42 en direction de Bourg-Genève. Sortez à Pont-d'Ain et tournez à droite sur la D 984. Traversez Pont-d'Ain, Oussiat et à Neuville-sur-Ain, bifurquez à droite pour franchir l'Ain et prendre la N 84 vers Genève. Passez Poncin, Leymiat, puis quittez-la au pont de Préau, au croisement avec la D 11, en tournant à droite en direction de Préau-Poncieu-Châtillon-de-Cornelle (en face de la route de Cerdon). Après le hameau, la route se faufile dans l'étroite cluse de Préau. 100 m plus loin, descendez à gauche un chemin carrossable. Plusieurs stationnements sont possibles en veillant à ne pas obstruer le chemin : le premier juste avant le pont, à droite sur une pente engazonnée ; à 400 m, à droite, le long de la rivière sous de hauts épicéas ; enfin, 200 m plus loin, devant le mur d'enceinte du cellier d'Epierre, en évitant de se garer devant son portail.
Transports en commun : Transports publics 69, ligne n° 130 Lyon-Ambérieu-St-Claude, arrêt Pont-de-Préau (à 1,7 km du départ de la balade).

description

Au pied de l'escarpement de la Rozière et de coteaux en prairies et vergers, vous remontez en rive droite* les eaux vives et claires de la Morena [1]. A la belle saison, de nombreux caleopteryx, libellules aux ailes maculées de bleu sombre métallique témoignent de la qualité des eaux pures et oxygénées de la Fouge. C'est le royaume de la truite fario, si recherchée par les pêcheurs. Les hochements de queue de la berge-

Vieil arbre moussu le long de la Fouge.

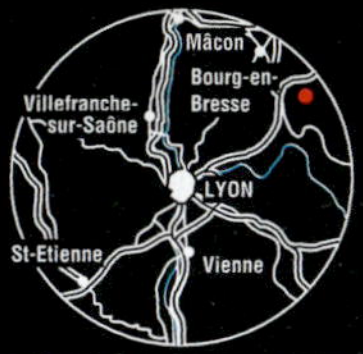

ronnette des ruisseaux et les cris secs et métalliques du cincle plongeur rythment l'onde limpide des flots. Les rives empierrées du torrent trahissent l'activité ancestrale des papetiers de la cluse de Préau qui remonte à 1427. Jusqu'à dix moulins fabriquèrent du papier à partir de chiffons déchiquetés puis broyés par la force manuelle. L'eau n'était utilisée que pour leur lavage et la préparation de la pâte. Durant cinq siècles, les papetiers furent totalement dépendants de la rivière et eurent pour souci majeur l'approvisionnement en eau, la maîtrise et la domestication du torrent afin d'éviter ses crues dévastatrices. A la fin du XVIIe s., alors que la papeterie est en plein essor, ils aménagent le cours d'eau. Au fond de la vallée de la Fouge, ils creusent à même le rocher un canal de 200 m de long destiné à collecter les eaux du ruisseau du Fournet qui, à cette époque, ne tarissaient pas. Puis ils construisent des berges en pierres sur toute la longueur de la vallée. Au début du siècle, les Dubreuil, les papetiers les plus célèbres de la vallée, détiennent le quasi-monopole de la fabrication de carton Jacquard. Percé de milliers de trous reproduisant les multiples dessins tissés sur les pièces d'étoffe, il devait répondre à des normes bien précises de poids, d'épaisseur et de rigidité. Avec le décès du propriétaire en 1962, cette tradition papetière disparaît.

Après avoir dépassé le portail de l'ancien cellier d'Epierre (propriété privée), le chemin traverse le torrent pour progresser sur la rive gauche* ombragée par aulnes, noisetiers et charmes [2]. A votre gauche, le sursaut rocheux de la Rozière domine les premières vignes du vignoble de Cerdon (*cf. encadré*). En 1216, un parchemin stipule qu'"*Alix de Coligny, veuve du seigneur de Thoire, céda aux chartreux de Meyriat ses territoires d'Espierre et de Rozière afin qu'ils construisent un cellier à cet endroit.*" La chartreuse dont les toits en tôle jurent

La cascade de la Fouge dévoile toute sa splendeur après de fortes pluies.

Cerdon au cœur de son vignoble.
Travail du cuivre à la main à la cuivrerie de Cerdon.
Statue de la Cambodgienne aux grottes du Cerdon.

quelque peu, est aujourd'hui en réfection. Alors que la combe* se resserre, le chemin repasse en rive droite* par un splendide pont voûté. Buis et noisetiers se drapent de barbes de mousses. Le sentier s'élevant de quelques mètres à la verticale du torrent [3], ne manquez pas en contrebas un fayard* dantesque, torturé en candélabre et englouti par les mousses. Le décor devient fantastique et d'une grande sauvagerie végétale. Après une petite chute d'eau, l'itinéraire change à nouveau de rive, traverse un petit pierrier, puis grimpe sérieusement dans un bois de feuillus et d'épicéas [4], en s'éloignant du lit du ruisseau qui s'appelle désormais la Fouge. Après un coude à gauche où il faut parfois passer à gué un ruisseau temporaire après de fortes pluies [5], vous dominez la combe retirée de la Fouge où se réfugient cerfs, chevreuils et sangliers : le sol boueux du chemin garde les traces de leur passage furtif. La montée s'adoucit et parvient à un replat, où parmi de grands frênes et érables, le grondement du torrent s'intensifie. Peu après, des troncs jetés en travers d'un ruisseau permettent de le passer à gué. De gros blocs tombés des parois annoncent le cirque rocheux où d'une quarantaine de mètres de hauteur, la cascade de la Fouge déverse ses gerbes blanches : un véritable hâvre de fraîcheur en plein cœur de l'été. Le retour s'effectue par le même itinéraire.

Cerdon

Niché au cœur d'une reculée* qui rappelle le Jura central, fondu dans le paysage viticole qu'il a modelé, ce beau village de vignerons a gardé son aspect pittoresque avec ses 11 ponts, ses 19 fontaines et ses caveaux. *«Le Cerdonnais vient au monde vigneron»* : dès 1209, il est fait état du vignoble de Cerdon. Le site fut choisi par les moines de la montagne de Brénod pour y établir leurs vignes en raison de sa situation, au fond d'une reculée* bien protégée des vents du nord. De tous temps, il se faisait à Cerdon un mousseux naturel gardé pour les fêtes familiales et les trocs qui ont toujours existé dans le monde paysan. Ce vin fameux était le fruit des meilleures vignes plantées sur les coteaux les mieux exposés. Ce vin rosé élaboré selon la méthode ancestrale, *«pétillant comme le champagne mais infiniment plus spirituel»* (F. Allombert), représente aujourd'hui seulement 20 % de la production des vins de Cerdon. Ceux issus de la méthode champenoise bénéficient également de l'appellation VDQS*. Par contre, les cerdons gazéifiés n'y ont pas le droit et à juste titre : leur bouquet est complètement masqué par le sucre et le gaz carbonique artificiel.

Un charmant petit musée de la vigne (entrée gratuite) est établi dans le caveau de Marcheroux (à proximité de la cuivrerie) qui propose à la dégustation du cerdon «méthode ancestrale». Ouvert tous les jours de mai à septembre; le week-end ou sur rendez-vous en mars, avril, octobre et novembre, tél. : 74 39 94 30.

La cuivrerie de Cerdon

C'est un anachronisme que de trouver une usine dans ce petit village niché au creux des vignes. Anachronisme aussi, car la cuivrerie de Cerdon est une usine-musée. Dès 1854, fondée dans un vieux moulin bâti sur le ruisseau de la Suisse, elle utilisa la roue à aubes pour entraîner ses tourets à polir. Son histoire est ensuite une véritable épopée liée aux progrès industriels. De nos jours, ses vieilles presses utilisent toujours la force hydraulique et ses ateliers présentent un siècle de machinisme. Des démonstrations de repoussage et d'emboutissage du cuivre à la main et une exposition des produits réalisés complètent la visite commentée.

La cuivrerie est ouverte tous les jours de 8 h à 12 h et de 13 h 30 à 18 h 30, sauf samedis et dimanches de 9 h à 12 h et de 14 h à 18 h 30, tél.: 74 39 96 44.

Les grottes du Cerdon

Autrefois, on ne connaissait des grottes du Cerdon qu'un gigantesque porche haut de 30 m (soit 10 étages !), qui servait pour l'affinage des fromages en raison de sa température constante à 4 °C. En 1936, une galerie aux splendides concrétions naturelles fut découverte. La Statue cambodgienne, le Dais, les Draperies sonores en sont les plus belles. Depuis 1981, un parcours unique en Europe suit le lit de la rivière souterraine, aujourd'hui disparue, depuis l'endroit où elle pénétrait sous terre jusqu'à sa sortie dans la vallée par un second porche monumental. Déjà fréquenté aux temps préhistoriques par les premiers hommes, il offre un panorama admirable sur la reculée* de Cerdon tapissée de vignobles.

Grottes du Cerdon : accès depuis Labalme-sur-Cerdon, sur la N 84, entre Cerdon et Nantua ; ouvertes tous les jours, de 10 h à 18 h, du 1er mai au dernier dimanche de septembre, puis les dimanches et jours fériés jusqu'au 11 novembre. Toute l'année sur rendez-vous pour les groupes. Adresse : 01450 Cerdon, tél. : 74 37 36 79 (de mai à septembre), bureau : 60, av. de la Plaine 74000 Annecy, tél. : 50 23 74 06.

Les vignobles du Bugey

D'origine gallo-romaine, les vignobles du Bugey connaissent un véritable essor avec l'élan monastique du XIIe siècle. Tous les domaines viticoles des écclésiastiques sont aujourd'hui reconnus par le label VDQS* ou une AOC* comme à Seyssel. Ils occupent de façon dispersée les basses pentes du sud du Revermont et de la rive droite* du Rhône, de Lagnieu à Seyssel, avec pour fief le bassin de Belley. Autrefois, peu soucieux de commercialiser leurs vins, les vignerons bugistes ont longtemps conservé l'une des plus grandes variétés de cépages des vignobles français, en raison notamment des emprunts faits aux régions voisines : 56 cépages et 200 hybrides subsistaient encore en 1958 ! Aujourd'hui, l'appellation «vin du Bugey» qualifie des rouges issus du gamay, de la mondeuse, du pinot noir, des blancs tranquilles de cépages chardonnay, roussette, aligoté et jacquère, et des vins pétillants originaux et recherchés (Montagnieu, Cerdon *cf. balade n°29*), résultats de subtils mariages entre jacquère, roussette, molette et mondeuse blanche.

Pour en savoir plus et déguster les vins du Bugey : Caveau Bugiste et Musée des traditions vigneronnes, 01350 Vongnes, tél. : 79 87 92 37. Ouvert tous les jours de 9 h à 12 h et de 14 h à 19 h.

Le vignoble de Montagnieu en balcon du Rhône produit un vin blanc pétillant original et recherché. A droite, vendanges à Cerdon.

30 MONT LUISANDRE
la sentinelle de la cluse* de l'Albarine

A 61 km de Lyon, la forteresse des Allymes rappelle les temps
où le Dauphiné guerroyait contre la maison de Savoie...
sise à 800 m à vol d'oiseau au sommet du mont Luisandre !
En panorama du Bugey et de la plaine où l'Ain s'unit au Rhône,
une promenade émaillée de bois, pâturages et vieilles granges.

fiche technique

Durée : 2 h 30
Longueur : 8 km
Dénivelé : 195 m
Difficulté : aucune
Période : toute l'année, l'hiver selon enneigement
Equipement : randonnée classique
Balisage : blanc/rouge (GR 59), cercle rouge
Carte IGN 1/100 000 : n° 44, pli C5
Carte-Guide IGN 1/25 000 ; n° 3230 ouest : St-Rambert-en-Bugey
A voir aux environs : abbaye d'Ambronay, maison de Pays à St-Rambert-en-Bugey, synclinal perché et village d'Oncieu depuis le col d'Evosges, gorges de l'Albarine et cascade de Charabotte par la D 21 à partir de Tenay, musée du Cheminot et ruines du château de St-Germain à Ambérieu-en-Bugey, tour de St-Denis (XIVe s.) à St-Denis-en-Bugey.

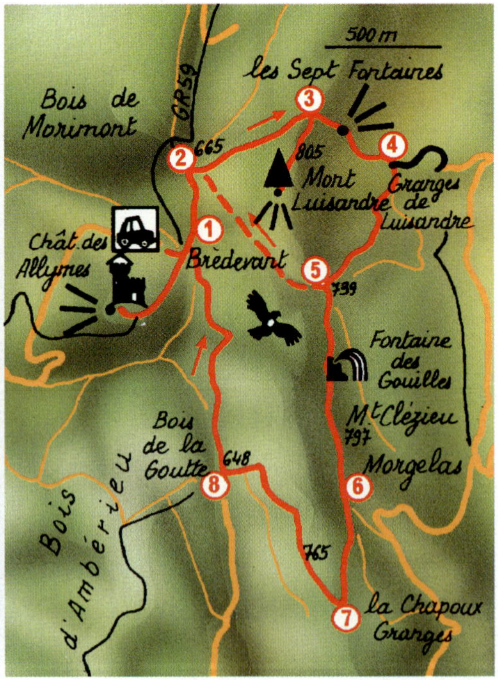

itinéraire d'accès

Prenez l'autoroute A 42 en direction de Bourg-Genève. Sortez à Ambérieu-en-Bugey. Rejoignez le centre-ville par la N 504. Juste avant l'église, tournez à gauche en direction du château des Allymes. Après 6 km d'ascension, garez-vous au parking à l'entrée du hameau de Brèdevant.
Transports en commun : aucun

description

Avant ou après la balade, le château des Allymes, remarquable forteresse médiévale restaurée, mérite une visite (accès par le chemin à droite après le four à pain). Traversez à gauche le hameau (lavoir et fontaine à droite). Au croisement, prenez tout droit le chemin empierré (balisage jaune, le GR 59 emprunte à gauche une petite route goudronnée). 30 m plus loin, lorsqu'il bifurque à droite 1, poursuivez tout droit, pleine pente, vous élevant en balcon de la plaine souvent brumeuse de l'Ain et du Rhône. Après une prairie riche en orchidées au printemps, le sentier pénètre dans un sous-bois de noisetiers, d'aubépine et de frênes. A la jonction avec le chemin précédemment ignoré sur la gauche à Brédevant 2, continuez l'ascension à droite. A la patte-d'oie, 50 m plus loin, montez à gauche (balisage jaune) à travers une pelouse, puis un bois de feuillus, où de superbes hêtres étalent leurs ramifications majestueuses. Peu avant de sortir de la forêt 3, bifurquez à droite pour accéder après 400 m au sommet du mont Luisandre (pylônes). A l'est, se profilent les crêts* parallèles du Bugey, avec plus au sud, le profond sillon de la cluse* des Hôpitaux. Dépassez les pylônes pour rejoindre la croix. La vue n'est déjà pas mal, mais un meilleur point de vue vous attend. Suivez à angle droit les ruines d'un mur. Ce sont les seuls vestiges de l'ancienne forteresse savoyarde qui se dressait

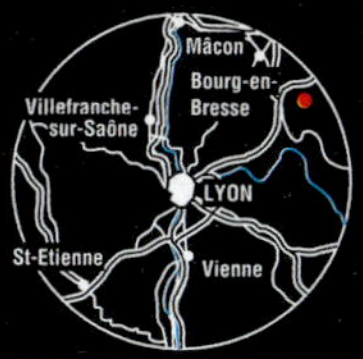

face à celle des Allymes, delphinale. Puis descendez dans les noisetiers pour découvrir, d'une prairie, le site stratégique que représentait le mont Luisandre. Il contrôlait la cluse* de Saint-Rambert et la plaine de l'Ain et surtout dominait de près de 150 m le château des Allymes (*cf. encadré*). L'ensemble du Bugey méridional ondule à perte de vue alors qu'à l'ouest la vue porte sur le plateau de la Dombes et Lyon. Revenez sur vos pas jusqu'au chemin 3 que vous reprendrez à droite. A l'orée de la forêt, une petite route descend en offrant un panorama au nord sur le relief plissé, disloqué et faillé des monts de l'Ain constellés de petits hameaux qui se consacraient autrefois à la viticulture ou à une médiocre polyculture, et à l'est sur le Haut-Bugey et les hauteurs de Saint-Rambert, une des trois cités avec Argis et Tenay, de la «vallée de la schappe». Le travail de la schappe consistait à traiter toute sorte de déchets de soie (bourre, cocon défectueux, etc.) pour obtenir un fil de très bonne qualité et d'un faible coût. Le déclin de cette industrie commença en 1930 avec l'apparition de la soie artificielle, puis des fibres synthétiques après la guerre.

Aux Granges de Luisandre, avant de tourner à droite après le premier bâtiment 4, avancez-vous sur la route pour découvrir de belles granges au toit en tuiles écailles. De retour sur le chemin transversal, ignorez-en un autre qui descend à gauche après une grange isolée. Vous cheminez à mi-pente dans une petite combe boisée puis dans une vaste prairie d'où l'on domine la cluse* de l'Albarine. A un petit col sans nom 5, prenez à gauche en suivant un balisage de cercles rouges (le chemin de droite ramène directement à Brèdevant). Peu après, négligez deux chemins qui partent à gauche en restant sur un chemin empierré et plat, enserré par deux plantations d'épicéas. A la patte d'oie, après la fontaine de Gouille,

Derniers rayons dans les bois du mont Luisandre.

Le château des Allymes

Au XIIIe s., la région de Luisandre qui se trouvait aux confins des terres de Saint-Rambert appartenant à la Savoie et de celles de Saint-Germain relevant du Dauphiné, était au cœur du conflit qui opposait ces deux puissances régionales. C'était là que passait le trajet le plus court, *via* la cluse* de l'Albarine, entre la Savoie et la Bresse, possession la plus à l'ouest du comté. En 1304, pour protéger cette voie de passage mal assurée, le comte de Savoie décida de fortifier le sommet du molard de Luisandre qui dominait toute la contrée. Une «bâtie», construction de terre et de bois comprenant des fossés, des palissades, des «charmurs», des bastions et des échauguettes fut érigée. En 1310, pour s'opposer à la forteresse savoyarde qui menacait l'un de ses derniers bastions sur la rive droite* de l'Albarine, le Dauphin construisit une forteresse, le plus près possible, sur le molard des Allymes situé à 800 m à vol d'oiseau, mais dans un site moins avantageux puisque moins élevé de près de 150 m. De 1315 à 1320, les deux «bâties» furent simultanément transformées en château de pierres et des bourgs leur furent adjoints. Les maisons de bois couvertes de paille étaient protégées par des palissades de pieux ou plus efficacement, aux Allymes, par un haut mur sur le côté qui regardait Luisandre. Le château des Allymes ne resta dauphinois que pendant 20 ans : en 1335, il passa aux mains de la maison de Savoie. Après le traité de paix de 1355 qui repoussa la frontière delphino-savoyarde sur les bords du Rhône, il perdit son intérêt stratégique et son statut de citadelle militaire, devenant la résidence du seigneur des Allymes. En 1601, René de Lucinge, seigneur des lieux, appelé comme plénipotentiaire par le duc de Savoie, négocia avec les les envoyés d'Henri IV le traité de Lyon qui mit fin à la guerre et réunit définitivement la Bresse, le Bugey, le Valromey et le pays de Gex à la France, formant ainsi l'actuel département de l'Ain. Restauré à plusieurs reprises depuis le XIXe s., le château est un exemple unique d'architecture militaire médiévale en Bugey. Juché sur un piton, son plan carré oppose, autour d'une cour intérieure, un donjon carré à une tour circulaire, reliés par des courtines où la vue porte sur tous les horizons. Un corps de logis accolé au donjon abrite des expositions temporaires et la salle René Lucinge.

Le château est ouvert d'avril à octobre, tous les jours sauf mardi, de 14 h à 18 h, tél.: 74 48 21 66. La brochure *le château des Allymes*, par S. Tenand-Ulmann et P. Cattin, permet de découvrir l'histoire mouvementée du château et de la région.

une maigre résurgence* qui a creusé un petit bassin, continuez toujours à droite sur une sente engazonnée qui traverse une nouvelle pessière*. Dans la forêt naturelle retrouvée, le sentier descend dans une combe*. Attention : après 500 m, lorsque le sentier s'oriente à gauche 6, traversez le fond du vallon pour suivre sur la droite un sentier qui remonte sur son flanc droit (balisage cercle rouge). Rapidement, il s'oriente, raide, vers la droite et gagne un petit col en forêt 7, sis entre deux croupes, par où vous basculez sur le flanc ouest de la montagne vers le nord (à droite). Après une longue descente, il rejoint dans une prairie une petite route 8. Empruntez-la à droite pour rejoindre le hameau de Brèdevant. A l'entrée du hameau, derrière le lavoir, des charettes entreposées dans une grange rappelle le temps passé. Il ne vous reste plus, si vous ne l'avez déjà fait, qu'à visiter le château des Allymes pour clore la promenade.

la gelinotte des bois

C'est l'un des hôtes les plus discrets de la forêt. Sa rencontre est souvent une question de chance et vous

n'aurez alors qu'une vision fugitive de son envol bourdonnant... L'oiseau est pourtant magnifique : une grosse perdrix allongée à la queue carrée, revêtue d'un plumage aux couleurs d'écorce et de feuilles mortes, tout chamarré de roux, de brun, de gris et de blanc ! Elle vit à couvert, silencieusement, au cœur des hêtraies-sapinières où elle affectionne les combes fraîches et humides au relief accidenté et à la riche végétation. Très exigeante, elle sélectionne rigoureusement son alimentation : bourgeons, pousses, feuilles et fleurs de sorbier, d'aubépine, de hêtre, de bouleau, chatons de noisetier, etc., plus toutes les menues bestioles de la belle saison : fourmis, larves, insectes, lombrics. Le meilleur moyen de la déceler est de surprendre par une oreille attentive, de mars à mai et à l'automne, son chant territorial, une étonnante strophe grêle et suraiguë qui porte à faible distance : *"tsiih-tsiih- tihtittittittittuih "*.

Le Bugey méridional
(Balade suivante)

Le Bugey, l'un des quatre pays du département de l'Ain, correspond à l'extrémité sud du Jura. Entre la montagne du Mollard de Don et le Rhône, le Bugey méridional (appelé également «Bugey blanc» en opposition au Haut-Bugey dit «Bugey noir», pays de sapins situé au nord des cluses de l'Albarine et des Hôpitaux) est un contraste permanent de paysages tantôt austères au centre de la montagne, tantôt riants sur le versant qui domine le fleuve. D'une étonnante diversité, faite de fraîches forêts et de douces combes en pâturage surmontées par de merveilleux belvédères sur la chaîne des Alpes, de rivières et de cascades où scintille l'eau vive, de côteaux ensoleillés où court la vigne, et de blanches corniches qui se dorent au couchant, son patrimoine est riche d'une architecture traditionnelle très typée avec des maisons rurales aux pignons en escaliers couverts de lauzes qui par leurs celliers révèlent l'importance ancienne de la vigne. Chaque paysan en possédait quelques arpents pour faire son vin. Les grangeons caractérisent le vignoble bugiste. Ces petites bâtisses en pierre utilisées pendant les travaux de taille et de vendanges, servaient à ranger les instruments des vignerons, à stocker le vin et abritaient en de nombreuses occasions des agapes masculines fort arrosées... Chaque hameau ou village possédait un four dit banal, qui appartenait au seigneur local. Les villageois étaient tenus d'y faire cuire leur pain moyennant une redevance. Les fêtes du four, une animation unique en France, qui s'égrenent chaque week-end de mars à septembre, vous permettront de partager avec les habitants la vie du pays. L'occasion de déguster outre ce gros pain de campagne à la croûte sombre et au goût d'autrefois, des tartes au sucre, aux fruits, à la crème, aux oignons, au fromage ou le traditionnel «salé aux noix». Le tout bien évidemment arrosé d'un gamay ou d'un chardonnay bien frais. En suivant la boucle qui explore le canton de Lhuis, la «route du Bugey» permet de découvrir ce «vrai jardin anglais de cent lieues carrées» que décrivait Brillat-Savarin, l'illustre enfant du pays. Quand vous saurez que ce gastronome inventa le mot «convivialité», vous comprendrez pourquoi le Bugey est, par tradition, une terre d'accueil à savourer sous toutes ses formes.

(A) Cluse de l'Albarine, autrefois appelée la "rue de vignoble".
(B) Pignons en lauzes à Izieu. (C) Four banal.
(D) Le village d'Oncieu édifié autour d'un verger enclos qui appartenait au seigneur local.

31 CALVAIRE DE BRAMAFAN
bois de Saint-Sorlin

A 52 km de Lyon, le village médiéval de Saint-Sorlin-en-Bugey, ancienne place-forte qui surveillait la route reliant Lyon à Genève et à l'Italie, a conservé le charme de son architecture bugiste et savoyarde. Une balade réservée aux amoureux des vieilles pierres, de belvédères et de bois sauvages et pentus.

fiche technique

Durée : 3 h
Longueur : 8 km
Dénivelé : 384 m
Difficulté : aucune
Période : toute l'année, l'hiver selon enneigement
Equipement : randonnée classique
Balisage : jaune/rouge, jaune, rond bleu cerclé de blanc, panneaux en bois
Carte IGN 1/100 000 : n° 44, pli D5
Carte-Guide IGN 1/25 000 ; n° 3131 est : Crémieu et 3130 est : Ambérieu-en-Bugey
A voir aux environs : demoiselles de Villebois, chartreuse de Portes, théâtre gallo-romain du Colombier et «Sault à la Marion» à Sault-Brénaz, musée archéologique de Briord, vignoble et village de Montagnieu, grottes de la Balme.

Fresque représentant la légende de saint Christophe (XVIe s.).

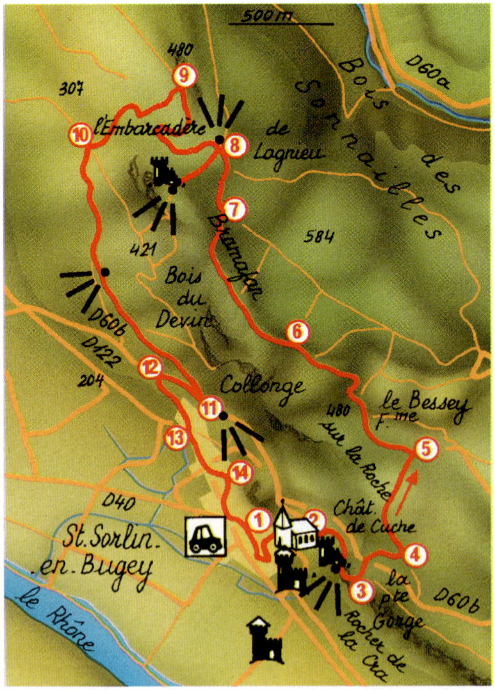

itinéraire d'accès

Prenez l'autoroute A 42 en direction de Bourg/Genève. Sortez à Pérouges/Meximieux. Suivez la D 124 en direction de Lagnieu. Au rond-point de St-Vulbas, prenez la D 20 vers Bourg/Lagnieu jusqu'au rond-point de Port-Lagnieu où vous emprunterez à droite la D 40 jusqu'à St-Sorlin-en-Bugey. Garez-vous sur la place du village (monument aux morts) au croisement de la D 40 avec la D 122.

Transports en commun : transports publics 69, ligne n°190 Lyon/Lagnieu/Lhuis, arrêt St-Sorlin-en-Bugey, tél.: 78 62 67 69.

description

Du parking, traversez la D 122 pour passer auprès d'un calvaire dédié à la Vierge et portant une singulière inscription : *«A perpétuité, Pie XII accorde cent jours d'indulgence à quiconque dira devant ce monument trois fois l'Avé Maria.»* Suivez la montée de l'Eglise [1]. Saint-Sorlin a conservé une remarquable unité architecturale et est un village de roses depuis 1973, année où la Société française des roses lui offrit 9 000 rosiers. En juin, c'est une véritable explosion multicolore. Le bourg, fortifié au Moyen Age, abrite encore de nombreuses maisons anciennes de type bugiste ou savoyard, aux toits débordant largement des façades et aux escaliers extérieurs en vieilles pierres. A gauche, ne manquez pas au n° 27 une tête sculptée émergeant du mur et surtout au n° 29, la très belle maison portant l'écusson de la Savoie, qui présente sur toute sa façade une fresque du XVIe s. représentant la légende de saint Christophe. En face, se trouve une borne parlante qui commente l'histoire de cette peinture due à un artiste allemand ambulant. Après avoir ignoré la montée de la Creuze, vous parvenez à la place de la Halle où trône un gros platane.

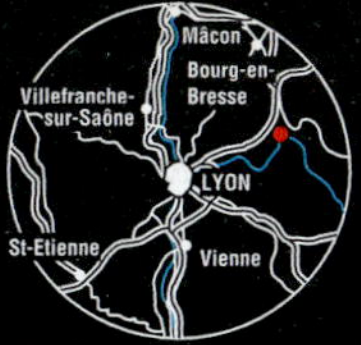

Panorama du calvaire de Bramafan :
le Rhône contourne le plateau calcaire de l'Isle Crémieu.
Saint-Sorlin et Bugey depuis le rocher de Cuchet.

A son extrémité, la porte des Juifs, dont il reste le départ d'un arc, rappelle que ce quartier leur était réservé. Banquiers des comtes de Savoie, ils furent lapidés par la population qui les détestait. Au-delà de la porte, se dresse le château du Mollard reconverti en lycée privé. Plusieurs maisons Renaissance dotées de fenêtres à meneaux sont à découvrir autour de la place, notamment celle avec un beau balcon en pierre au n° 62, lorsque l'on reprend la montée à gauche. Peu après, on accède sur la droite à l'église de la Madeleine. Bâtie sur un rocher incliné qui offre un superbe point de vue, c'est l'un des plus intéressants édifices romans du Bugey. Sa coupole sur trompes est soutenue par des colonnes romaines en porphyre provenant d'un temple édifié au même endroit. Le tout est incorporé dans un édifice où dominent les éléments gothiques (statues en bois polychrome du XVIIe s.). Après cette visite, reprenez l'ascension sur la petite route qui décrit une large courbe vers le sud parmi les vignes. A la sortie du premier virage serré sur la gauche, prenez à droite, en épingle, un sentier caillouteux en direction de la chapelle Saint-Christophe (balisage jaune/rouge) ②. Etabli en terrasse, consolidé par des murets, c'est un chemin millénaire d'où la vue est prodigieuse sur Saint-Sorlin, la plaine du Rhône occupée par les champs de maïs et les cultures sous serres et l'extrémité nord du plateau de l'Isle Crémieu. A vos pieds, de part et d'autre du Rhône, le château de la Durandière fait face à celui de Vertrieu. Le vieux bourg de Saint-Sorlin est établi entre deux pitons rocheux. Celui au nord-ouest porte les ruines du Grand château (XIIe s.) qui devait ressembler au château des Allymes. Aujourd'hui, seul subsiste son donjon rond. A ses côtés, s'élève un énorme menhir naturel, «la Pouponne», qui fut gravi par Frison-Roche et semble menacer les maisons construites à ses pieds. L'autre, le rocher de Cuchet, où vous arrivez, est surmonté par les ruines d'une maison-forte. Leur position stratégique surveillant la voie qui reliait Lyon à Genève et l'Italie leur valut d'être des sites militaires dès l'époque romaine. Au prochain croisement ③, quittez la direction de la chapelle Saint-Christophe pour bifurquer à gauche (balisage jaune). Rapidement, vous gagnez et traversez la D 60b pour vous enfoncer, en face, dans un petit chemin engoncé sous une voûte de noisetiers et de frênes qui rejoint à angle droit un large chemin carrossable ④. Remontez-le à droite le long d'un bois de robiniers. Après avoir ignoré un chemin sur la gauche, vous débouchez dans un vaste pâturage au lieu-dit «sur la Roche». Après quelques noyers, prenez à gauche le chemin ⑤ qui passe devant la ferme du Bessey, une ancienne grange de la chartreuse de Portes (vue à gauche sur l'Isle Crémieu). Le chemin plat se poursuit ensuite dans un bois de hêtres et de hauts buis. Après un coude sur la droite, il se dirige à travers une prairie vers le coteau boisé qui répond au délicieux nom de Terre Belette. L'ascension assez raide s'effectue heureusement dans un sous-bois frais et ombragé (hêtres, tilleuls, charmes, érables). Après avoir forcé une petite barre rocheuse, le chemin s'encaisse entre deux talus. A hauteur de douglas plantés ici par hasard, vous gagnez enfin l'extrémité d'un large chemin sur le rebord du plateau de Bramafan [6]. Suivez à gauche en prolongement un sentier de crête en faux-plat parmi des taillis de robiniers, hêtres, frênes et tilleuls puis dans une belle chênaie (toujours le balisage jaune). Plus loin, des boqueteaux de tilleuls forment un peuplement pur. Après avoir dépassé une doline* et une petite clairière, le sentier s'incline vers la droite en s'éloignant des pentes, puis débouche sur un large chemin forestier [7] à suivre à gauche, en balcon d'une vaste combe en chablis*. Le long de châtaigniers, vous dépassez une autre petite combe également dévastée, puis un croisement triangulaire où vous restez à gauche. A la hauteur de hauts tilleuls et d'une clairière sur la droite [8], 10 m avant un carrefour complexe à 5 voies, prenez à gauche le sentier menant au calvaire de Bramafan. Une croix métallique blanche (altitude 535 m) domine superbement Lagnieu, qui occupe le débouché du Rhône dans la plaine de l'Ain. Le fleuve contourne ici l'écaille calcaire de l'Isle Crémieu dont les falaises occidentales s'étirent à perte de vue. Par temps clair, le plateau de la Dombes avec ses mille étangs, Fourvière et les monts du Lyonnais se dévoilent : un endroit rêvé pour pique-niquer. Revenez ensuite sur vos pas et gagnez à gauche le carrefour à 5 chemins. Choisissez le premier chemin à gauche (balisage jaune, croix bleue, jaune et rouge). Il descend dans un beau vallon boisé. Après un lacet sur la droite puis une large courbe vers la gauche, faites environ 200 m en ligne droite. Juste avant de longer un pâturage, prenez garde à ne pas manquer sur la gauche un discret sentier toujours balisé bleu/blanc [9], qui part en épingle vers Saint-Sorlin (panneau). Après une brève vue sur Lagnieu, une longue et raide descente vous conduit à un chemin [10] qu'il faut remonter momentanément sur la gauche (bleu/blanc et jaune). A la patte-d'oie, 100 m plus

Théâtre gallo-romain du Colombier à Sault-Brénaz.

Le musée archéologique de Briord

Depuis 1955, la Société d'histoire et d'archéologie de Briord entreprend des recherches sur le riche passé gallo-romain de la région. Les produits des fouilles de la grotte néolithique de Souhait à Montagnieu, de la nécropole gallo-romaine et mérovingienne des Plantées (664 tombes) à Briord sont présentés dans un musée à Briord. L'un des derniers sites mis à jour est le remarquable théâtre gallo-romain du Colombier qui domine Sault-Brénaz et le Rhône. Pourvu d'un orchestre, de murs de scène et d'une cavea où étaient vraisemblablement disposés des gradins en bois, son diamètre est comparable à celui des odéons de Lyon et de Vienne.

Musée archéologique de Briord : ouvert du 1er mai au 30 septembre; les dimanches et jours fériés de 15 h à 18 h; toute l'année pour les groupes sur rendez-vous, tél.: 74 36 72 06. Accès au théâtre gallo-romain du Colombier : au centre de Sault-Brénaz, prenez la rue de Chaillon en direction «Equipement»; dans le 3e virage, suivez le 2e chemin à droite (panneau).

C.C

Le pic noir

«klieuh...klieuh...», une longue plainte mélancolique retentit dans le vallon, c'est le pic noir, oiseau farouche de la forêt sauvage. Ce géant des pics presqu'aussi gros qu'une corneille et dont le plumage austère est égayé par une crête rouge sang, se trahit également lors de ses vols au-dessus des futaies, par un «*krukrukrukru*« sonore et guttural. Son puissant tambourinage évoque une rafale de mitraillette ! Pour dormir et se reproduire, il creuse de profondes cavités dans les fûts lisses de grands favards* ou de sapins blancs, entre 8 et 15 mètres de hauteur. Ces loges, une fois abandonnées, sont de vraies aubaines pour les autres espèces cavernicoles* : chouette de Tengmalm, choucas, pigeon colombin, mais aussi martre, chauve-souris qui se livrent une concurrence acharnée pour les occuper.

loin, suivez à droite un sentier toujours balisé qui descend vers la plaine de l'Ain à travers des taillis et des bois. Une fois à découvert, en vis-à-vis de la proue de l'Isle Crémieu, il progresse entre deux murets, passant sous les escarpements qui parent le bois du Devin. Au niveau d'un effondrement de terrain sablonneux, continuez à droite sur la D 60b [11]. 250 m plus bas, à l'angle d'un carré de vignes [12], empruntez à gauche un chemin herbeux qui, après une villa isolée, file vers les premières maisons de Saint-Sorlin. Notez une belle rangée de grandes lauzes fichées dans le sol, ancienne clôture dénommée «palis». Par la rue de la Salière, vous rejoignez la rue principale du village (D 122) au magnifique lavoir de Collonges, à colonnades, classé monument historique [13]. Gagnez à gauche le centre du bourg en veillant, après la montée du Château, à emprunter sur la gauche la rue de la Mure [14], plus calme, qui longe le pied de l'éperon rocheux dont la silhouette, vue d'ici, évoque une statue de l'île de Pâques.

La carrière de calcaire lithographique de Cerin abrite un extraordinaire gisement de fossiles. Ici, un crocodilien.

La vie au temps des dinosaures

(Balade suivante)

Cerin a connu la célébrité à la fin du siècle dernier lors de l'âge d'or de la lithographie. Ce procédé inventé à la fin du XVIIIe s. consiste à utiliser une pierre calcaire à grains fins pour imprimer, grâce à une presse à bras, un texte ou un dessin tracé avec un corps gras. Jusqu'à l'avènement de la photogravure, la technique eut un succès considérable et de nombreuses carrières furent exploitées en France, en Allemagne et en Espagne. Il y a 140 millions d'années, l'emplacement du Jura méridional était baigné par une mer chaude tropicale. La partie orientale et le sud de la chaîne correspondaient à une vaste barrière corallienne développée sur plus de 60 m d'épaisseur. Cette lagune était une dépression vaste et peu profonde, éloignée et isolée par un seuil de la pleine mer. Elle était surtout alimentée par des arrivées d'eau marine, plus ou moins boueuse, à la faveur de marées exceptionnelles ou de tempêtes. Le retour à une période calme se traduisait aussitôt par le dépôt des particules en suspension sous forme d'une couche de boue calcaire plus ou moins épaisse. Ce qui à la longue forma les bancs de calcaire lithographique, d'épaisseur variable de 1 mm à 20 cm. De nombreux animaux marins (poissons, crustacés, mollusques) entraînés par les flots se retrouvaient piégés dans la lagune. Lors de ses asssèchements périodiques, ils mouraient prisonniers des flaques résiduelles. Un voile algaire moulant leurs plus fins détails et recouvrant la boue calcaire assurait leur conservation. Des reptiles géants, tortues et dinosaures vivant à proximité, s'aventuraient en laissant leurs empreintes sur les plages de boue découvertes par les assecs. Installé dans un ancien lavoir, le musée de Cerin présente les résultats des fouilles d'une grande ampleur entreprises par les géologues de l'université Claude-Bernard de Lyon depuis 1975. Une invitation à remonter le temps et à rêver sous le soleil d'une lagune tropicale...

Musée paléo-écologique de la carrière de Cerin - 01680 Marchamp-Lhuis : ouvert de 14 h 30 à 18 h 30, les dimanches et jours fériés du 15 avril au 30 juin et du 1er septembre au 15 octobre, tous les jours en juillet et août ; toute l'année sur rendez-vous pour les groupes; tél.: 74 39 83 17 ou 74 39 81 51. Visite du chantier de fouilles du 5 au 30 juillet et du 30 août au 10 septembre sur rendez-vous, tél.: 74 39 81 16.

Horus, «l'oiseau-bombe»

Les pharaons de l'Ancienne Egypte éprouvaient une telle admiration pour la beauté du faucon pèlerin et ses évolutions aériennes, qu'ils avaient fait de lui un de leurs dieux favoris : Horus, dieu-faucon, dont le dessin de la tête utilisé en hiéroglyphe symbolisait également le verbe «voir». Doté d'une vision prodigieuse (ramenés à la taille de notre tête, ses yeux ont la dimension de pamplemousses !), ce rapace rupestre* est un redoutable chasseur de haut-vol. Son menu, uniquement des oiseaux : pinsons, merles, grives, pigeons, geais, corneilles... Sa tactique : après avoir repéré sa proie de la falaise ou en vol à haute altitude, il tombe en de spectaculaires piqués dépassant parfois 300 km/h (!), telle une bombe volante. Ses ailes plaquées près du corps, il prend alors l'allure d'une goutte d'eau, forme aérodynamique la plus parfaite, vers laquelle tend aujourd'hui le design des voitures et des avions. Ses attaques audacieuses mais aléatoires, ne réussissent en moyenne qu'une fois sur dix. Le «métier de pèlerin» est difficile, surtout chez les jeunes disposant de peu d'expérience. A partir des années 50, l'utilisation des pesticides (DDT) en agriculture (qui en contaminant ses proies, le stérilisa et fragilisa la coquille de ses œufs), la destruction directe par la chasse et le désairage des jeunes par des fauconniers sans scrupules, firent du faucon pèlerin un des oiseaux les plus rares et les plus menacés au monde. La catastrophe fut évitée de justesse et depuis les années 70, il reconquiert désormais peu à peu les sites désertés.

R.L. / Colibri

32 MONT PELA
massif du Mollard de Don

A 82 km de Lyon, à partir d'Innimont, au cœur du massif du Mollard de Don, cette promenade sur le toit du Bugey méridional vous réserve de nombreux belvédères sur le Haut-Rhône, les Savoies et le Dauphiné. Avec en prime, au printemps, des milliers d'orchidées sauvages.

fiche technique

Durée : 2 h 40
Longueur : 9 km
Dénivelé : 282 m
Difficulté : aucune, veillez à tenir vos jeunes enfants par la main aux environs du calvaire.
Période : printemps, été, automne selon enneigement
Equipement : randonnée classique

Balisage : blanc/rouge (GR 59), jaune, panneaux
Carte IGN 1/100 000 : n° 44, pli D7
Carte-Guide IGN 1/25 000 ; n° 3231 ouest : Montalieu - Vercieu et 3231 est : Belley
A voir aux environs : lac d'Ambléon, musée paléo-écologique et carrière de calcaire lithographique de Cérin, tourbière du lac de Millieu, église de Lhuis, vignoble et village de Montagnieu, musée archéologique de Briord, chartreuse de Portes, cluse des Hôpitaux,

Grande gentiane.

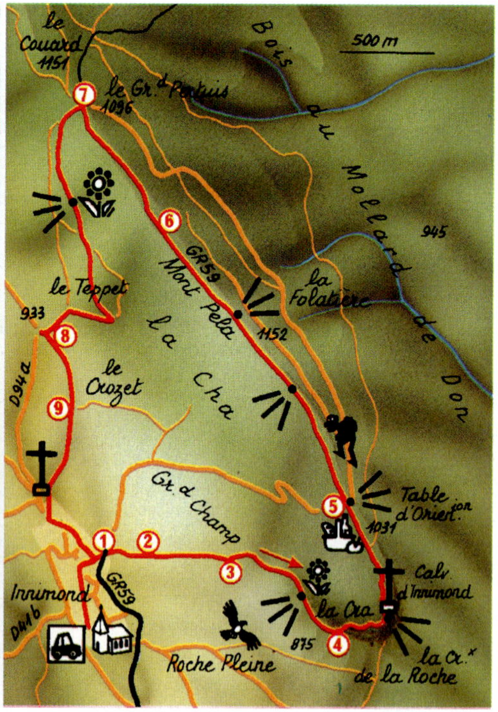

itinéraire d'accès

Prenez l'autoroute A 42 en direction de Bourg/Genève. Sortez à Pérouges/Meximieux. Suivez la D 124 en direction de Lagnieu. Au rond-point de St-Vulbas, prenez la D 20 vers Bourg/Lagnieu jusqu'au rond-point de Port-Lagnieu où vous emprunterez à droite la D 40 vers Belley. A St-Sorlin-en-Bugey, tournez à droite sur la D 122 en direction de Belley. Passez Sault-Brénaz et Serrières-de-Briord. Au rond-point des Granges, montez la D 79 vers Vérizieu/Lhuis (beau coup d'œil sur les vignobles parsemés de grangeons* de Montagnieu). Au hameau de Millieu, bifurquez à gauche sur la D 79b puis la D 41 vers Marchampt/Innimont. Ignorez à gauche la route de Vercraz puis la D 87d vers Cerin/Marchampt (musée paléo-écologique), avant d'obliquer à gauche sur la D 41b vers Innimont. A l'entrée du village, prenez à droite pour vous garer au pied de l'église à l'écart du bourg.
Transports en commun : aucun

description

Redescendez dans le centre du village. Après le foyer de ski de fond, tournez à droite après la cabine téléphonique (belle grange en face). Suivez ensuite sur 20 m à gauche la rue principale, puis sortez à droite du village par une route en direction de la table d'orientation. A 100 m, quittez-la pour prendre à droite une voie sans issue [1], goudronnée au départ et suivie par le GR 59. Après des jardins, vous longez des cultures de céréales et de luzerne. Au sud, la sombre échine de la montagne de Tentanet s'étire vers la montagne de Parves et la dent du Chat. Dans un coude [2], ignorez un chemin horizontal qui part à droite. La montée, douce, est encadrée par des noisetiers, frênes, cornouillers, épines noires, ronces... Lorsque le chemin disparaît

La lande maigre du versant de la Cha dans la chaude lumière d'un couchant estival.

dans un pré, suivez à gauche le GR [3]. Il traverse successivement plusieurs petites prairies cernées de haies. Si elle n'est pas fauchée, longez sur un de ses côtés la dernière d'entre elles toute en longueur. A son extrémité [4], un sentier monte à gauche dans des taillis de chênes pubescents, d'alisiers et d'aubépines, puis se poursuit, plus tranquille, sur un replat en pelouse qui domine un petit escarpement. A vos pieds, le bocage* harmonieux du Creux sous Roche ondule. Brutalement, le sentier grimpe pleine pente sur la gauche parmi des taillis de chênes (panneau «Innimont 2 km»). Soyez ici prudents et tenez vos enfants par la main, car, bientôt, vous gagnez un point de vue dominant un à-pic et le bassin de Belley, fief du vignoble bugiste et patrie du gastronome Brillat-Savarin. Au nord-est, au pied du Grand Colombier, s'étend l'un des derniers grands marais continentaux d'Europe occidentale dont 474 ha sont classés en réserve naturelle. Peu après, vous rejoignez sur la gauche le calvaire d'Innimont (1 008 m d'altitude) où la vue porte sur le sud du massif du Mollard de Don. Reprenez ensuite le GR. A 50 m, à la hauteur d'une borne IGN, vous profitez d'un nouveau dégagement sur la dépression du Haut-Rhône. Le chemin se poursuit à droite le long des appareils d'un parcours sportif. Au niveau d'un portique de barres parallèles, négligez un chemin sur la droite. Après une zone boisée chahutée par les vents, la voie carrossable rejoint le col du Petit Pertuis [5] où se trouve la table d'orientation (aire d'envol de parapente, aire de pique-nique). Amusez-vous à repérer la multitude de sommets qu'elle embrasse : du Grand Crêt d'Eau au nord, jusqu'au massif du Mont-Blanc et aux cimes de la Vanoise à l'est, la Chartreuse, le Vercors et les Ecrins plus au sud. Vers le couchant, l'horizon est largement dégagé sur l'Isle Crémieu et l'Est Lyonnais. Remontez ensuite le chemin caillouteux et ingrat qui grimpe directement vers la crête, dépassant des reboisements de pins noirs et d'épicéas. Après 100 m de dénivelé, l'arrivée sur la crête se vit comme un vrai bonheur. La longue crête faîtière du mont Pela s'étire en faux-plat vous offrant un formidable panorama de part et d'autre. A droite, un bois épais de feuillus (frênes, alisiers, hêtres, noisetiers...) dévale vers le vaste ensemble forestier du Mollard de Don, alors qu'à gauche, le versant de la Cha porte une lande maigre parsemée de touffes d'épines noires, de buis, de genévriers nains et de grandes gentianes. A la fin de l'été, vous savourerez l'or des croupes piquetées de sombres buissons. Le paysage, d'une rare harmonie, descend en gradins successifs jusqu'au Rhône, visible plein ouest, par la brèche des gorges de la Brive. En arrière-plan de l'Isle Crémieu, les collines du Bas-Dauphiné moutonnent sans fin. Arrivé près de fayards* rabougris, le large chemin se transforme en sentier [6]. Après quelques incursions dans une hêtraie où les framboisiers abondent, restez bien à gauche sur le GR. Après des pins sylvestres et noirs dont certains sont foudroyés, une courte et franche descente conduit au col du Grand Pertuis [7]. Au nord-est, se dresse le mamelon du Mollard de Don, point culminant du massif à 1 217 m d'altitude. A la belle saison, la prairie du col est une véritable explosion florale : cirses, ombellifères, vérâtre, grande gentiane, centaurée, lys martagon... Quittez-ici le GR 59 pour descendre à gauche un chemin empierré vers Innimont à travers les maigres taillis qui envahissent ces anciens pâturages laissés à l'abandon. Ordonnaz, Lompnas, Cleyzieu, Innimont font partie des villages qui ont été les plus durement frappés par la dépopulation. Chêne pubescent, pin sylvestre, genévrier, buis, aubépine, rosier des chiens, cornouillers mâle et sanguin colonisent avec vigueur ce versant ensoleillé. Au printemps, plusieurs dizaines de milliers de pieds d'orchidées colorent de leurs discrets épis la pente. Les plus abondantes sont l'orchis mâle, l'orchis bouffon, l'orchis sureau, les deux platanthères... La loi protège certaines espèces : gardez-les en souvenir sur votre pellicule. Sur la droite, le doux mamelon du Gros Bonnas porte une élégante mosaïque de genévriers. Après une épingle à cheveux, le chemin s'oriente à l'ouest. En bas de la descente, juste avant de rejoindre la D 94a [8], obliquez à gauche sur un chemin herbeux encadré par des haies (flèches rouge et noir). 400 m plus loin [9], un chemin plus large le prolonge surplombant les toits rouges du village. Après un calvaire, suivez à gauche la D 94a jusqu'au centre du village.

Fascinantes orchidées

Le mot "orchidée" évoque les forêts tropicales où ces curieuses plantes à la beauté étrange croissent à la cime d'arbres géants. On ignore souvent que beaucoup d'espèces de cette famille habitent nos régions tempérées, leurs racines bien ancrées en terre : plus de 90 espèces vivent en France. Apparues très récemment, il y a deux millions d'années, *"elles sont au règne végétal ce que l'homme est au règne animal"* comme l'écrit le poète belge Maurice Maeterlinck. Du bord de la mer aux rives des glaciers, elles colonisent nombre de milieux : prairies, bois, garrigues, marais, que ce soit en terrains acide ou calcaire... Souvent très petites et discrètes, elles ne sont pas toujours faciles à découvrir. Le genre Orchis qui a donné son nom à la famille signifie "testicule" en grec, en raison de l'analogie de la forme de leurs bulbes à cette partie du corps typiquement masculine... Ainsi, dans la médecine ancienne, ces plantes avaient pour réputation d'augmenter la puissance sexuelle. Une des particularités des orchidées est de pousser en station, parfois réduite à quelques pieds, parfois s'étendant à un champ tout entier. L'orchidée est en effet une plante vivace qui survit d'une année à l'autre grâce à son bulbe. La vie en symbiose avec les champignons du sol est également capitale pour les orchidées. Ils leur permettent de se nourrir en envahissant une partie des racines et assurent la germination de leurs graines en les infestant. Mais la reproduction de ces plantes est bien le plus extraordinaire. Certaines, comme l'ophrys mouche, par leurs fleurs en forme de leurre attirent par des substances chimiques - les phéromones qui imitent l'odeur sexuelle des insectes femelles - des insectes pollinisateurs : abeille, mouche ou papillon. Abusés par l'odeur, ils cherchent à s'accoupler avec la fleur qui, sous l'effet des frottements, libère et lui présente ses pollinies à l'extrémité visqueuse. L'insecte, penaud, repart avec le chargement de pollen sur la tête et obéissant à son instinct, tente à nouveau de s'accoupler avec une autre fleur. En déposant le pollen, il assure ainsi une pollinisation croisée (d'une fleur à une autre fleur). D'autres orchidées se contentent d'attirer leurs "transporteurs aériens" par leur nectar et leurs vives couleurs. Enfin, certaines se fécondent par elles-mêmes. Victimes de leur beauté qui fait qu'elles sont abusivement récoltées et de leurs exigences écologiques qui leur font préférer des milieux que l'homme anéantit souvent pour les "mettre en valeur" (prairies sèches et humides, marais, tourbières), elles sont parmi les plantes les plus menacées de disparition et nombre d'entre elles sont protégées par la loi. Ne les cueillez donc pas et n'essayez pas de les transplanter dans votre jardin : l'absence des petits champignons de leur station d'origine les fera aussitôt péricliter.

Florilège d'orchidées de nos régions : (A) Orchis mâle. (B) Ophrys bécasse. (C) Orchis homme-pendu. (D) Platanthère à deux feuilles. (E) Orchis singe. (F) Ophrys bourdon. (G) Céphalanthère à longues feuilles. (H) Gymnadénie moucheron. (I) Néottie nid-d'oiseau. (J) Orchis bouffon. (K) Ophrys mouche.

G

H

I

J

K

CROIX DE SAINT-CLAIR
panorama du Haut-Rhône

A 77 km de Lyon, au départ d'Izieu, l'un des plus beaux villages du Bas-Bugey, promenade en balcon magnifique des îles du Haut-Rhône, du spectaculaire mont de Cordon et des «marches du Dauphiné».

fiche technique

Durée : 2 h 10
Longueur : 7,5 km
Dénivelé : 215 m
Difficulté : aucune
Période : toute l'année
Equipement : randonnée classique
Balisage : blanc/rouge (GR 59), incomplet
Carte IGN 1/100 000 : n° 51, pli B10/B11
Carte-Guide IGN 1/25 000 ; n° 3232 est : St-Genix-sur-Guiers
A voir aux environs : maison des enfants d'Izieu, voie romaine à Brégnier-Cordon, cascade de Glandieu, panorama du mont de Cordon, maison-forte de Vareppe à Groslée, musée archéologique d'Aoste, maison du Tisserand à la Bâtie-Montgascon, musée du peintre François Guiguet à Corbelin.

itinéraire d'accès

Quittez Lyon par l'A 43 en direction de Chambéry. Passez Bourgoin-Jallieu, la Tour-du-Pin pour sortir à Aoste. Traversez ce bourg (musée archéologique, *(cf encadré)* pour suivre la D 592 puis la D 19 en direction de Brégnier-Cordon. Vous franchissez l'ancien cours du Rhône, puis le canal d'amenée du barrage de Brégnier-Cordon qui isole désormais le mont de Cordon du Bugey. A la Bruyère, suivez à droite sur 150 m la route de Belley avant de monter à gauche vers Izieu (D 19d). Garez-vous à l'entrée du village.
Transports en commun : aucun

description

Izieu a su préserver son architecture bugiste avec ses maisons à pignons en lauzes surmontés par une «pomme de pin». Rentrez dans le village. Au premier carrefour, remarquez à droite un étonnant toit asymétrique. Poursuivez tout droit en passant devant le lavoir reconverti en bac à fleurs. Au croisement orné d'un calvaire, avant de prendre à gauche, avancez-vous sur la route de la Grosse Montagne pour découvrir aussitôt à gauche un four à pain accolé à une maison (fagots de bois et gerbe traditionnelle d'épis de maïs dans la cour), puis après la pancarte «Café héritier», un alignement remarquable de cinq pignons sur la droite. De retour au calvaire, l'on suit momentanément la route empruntée par le GR 59. A 100 m 1, montez à gauche la petite route bordée par quelques frênes , en direction de la Croix de Saint-Clair. Rapidement, vous dominez le village et son paysage de polyculture jardinée avec les alignements de vigne, de tabac, de maïs et le bocage* des prairies. Jadis, la culture du mûrier concurrençait la vigne pour alimenter en soie les ateliers textiles du pays du Guiers. Sur la gauche, se dresse le mont de Cordon

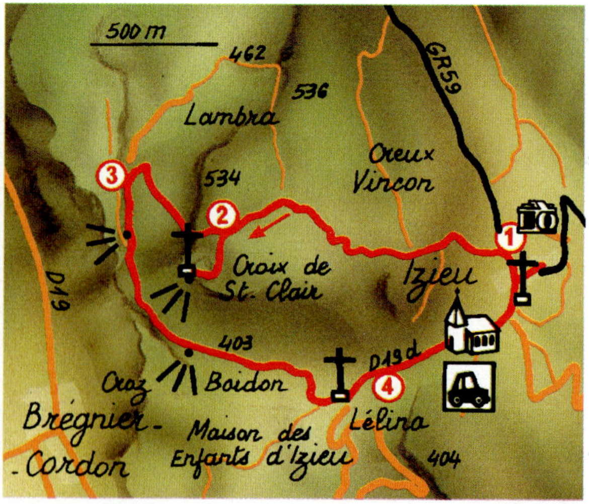

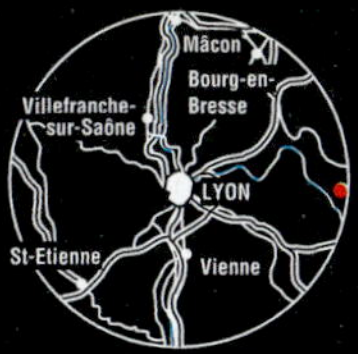

avec, en toile de fond, les escarpements calcaires qui surplombent la vallée du Guiers. C'est à leurs pieds, le 10 mai 1755, que le célèbre Mandrin, réfugié au château de Rochefort-en-Novalaise, fut capturé dans son sommeil par les troupes royales qui n'avaient pas hésité à violer la frontière sarde. Après avoir longé des prairies de fauche encadrées de haies, l'asphalte s'arrête. Un chemin de terre carrossable le prolonge dans les buis. Après quelques coudes, il se dirige au sud-ouest vers la butte sommitale. Au pied du mamelon boisé, repérez à gauche un chemin barré par un portail [2]. Pour le moment, continuez sur la gauche, en diagonale, pour accéder rapidement à un pré isolé. Traversez-le dans sa longueur. A l'angle opposé, passez un dernier petit pré pour grimper le long de la crête jusqu'à la croix de Saint-Clair. Elle domine magistralement la plaine du Haut-Rhône de près de 350 m d'altitude.

Dans le passé, le Rhône a librement divagué dans la plaine de Brégnier-Cordon. Il présente ici un extraordinaire lacis de bras, appelées lônes*, enserrant un très grand nombre d'îles. Malheureusement, l'homme a depuis bouleversé le paysage du fleuve en l'aménageant pour produire de l'électricité. La retenue de Brégnier-Cordon, longue de 11 km, est créée par un barrage, visible en aval*, qui turbine le Rhône court-circuité. Le canal de dérivation comporte un canal d'amenée de 5 km et un canal de fuite de 3 km. Il emprunte la dépression auparavant occupée par le lac de Pluvis et isole désormais, telle une île, le mont Cuchet ou mont de Cordon, un singulier relief chargé d'histoire. Sur son sommet était édifié le château de Cordon, ancienne place-forte qui dépendait des Savoyards. Sa position stratégique lui permettait de contrôler la navigation sur le Rhône

La ferme de Lélina où s'est déroulée le 6 avril 1944 la rafle des enfants d'Izieu. Le mont de Cordon désormais isolé du Bugey méridional par le canal d'amenée du barrage de Brégnier-Cordon.

J.-P. B. / Editing / MIGT

La grange, maison des enfants d'Izieu.

La maison des enfants d'Izieu

Le 6 avril 1944, la Gestapo de Lyon, sous le commandement de Klaus Barbie, a arrêté les 44 enfants qui avaient trouvé refuge dans la maison d'Izieu, ainsi que leurs sept éducateurs, parce qu'ils étaient juifs. Parmi les personnes présentes, une seule a pu s'échapper. 42 enfants et 5 adultes ont été gazés dans le camp d'extermination d'Auschwitz-Birkenau. Deux adolescents et le directeur de la maison ont été fusillés en Estonie. Il y eut une unique survivante. La maison fut le lieu de vie des enfants pendant près d'un an. Leurs itinéraires sont retracés depuis leur arrivée en France dans l'entre-deux-guerres jusqu'à leur déportation. Photographies et montages audio-visuels permettent d'appréhender l'horreur de leur sort et, au-delà, celui des 11 000 enfants juifs déportés de France et de tous ceux qui furent massacrés à travers l'Europe occupée. Pour ce crime, le crime contre l'humanité, il ne peut exister ni pardon, ni oubli. Pour faire connaître ce passé, malheureusement toujours d'actualité, et susciter la réflexion, la maison des enfants d'Izieu organise des visites guidées, l'accueil de groupes scolaires et de classes culturelles, des expositions temporaires et des conférences.

Le musée-mémorial est ouvert toute l'année du mercredi au dimanche, de 10 h à 17 h, de 10 h à 18 h d'avril à septembre, tél. : 79 87 20 00.

et de surveiller l'ennemi dauphinois. Au pied de son flanc ouest, vous distinguez une imposante tour carrée (XIVe s.), vestige de l'ancien château-fort des seigneurs de la Barre, qui bénéficiaient d'un droit de péage sur les marchandises transitant par le fleuve. Au XIXe s., il abrita les amours d'Henriette de Cordon et de son précepteur Antoine Berthet, alias Mathilde de la Mole et Julien Sorel, héros du *Rouge et le Noir* de Stendhal. Sur le versant nord du mont, la grotte de la Bonne Femme, découverte en 1894 par Joseph Tournier, fut densément occupée pendant l'époque préhistorique ; plus de mille silex taillés y ont été mis à jour. Sur la rive opposée du fleuve, la plaine des «marches du Dauphiné», d'où émergent des collines de moraines*, s'étend à perte de vue. Au sud, le pays du Guiers borde les premiers contreforts de la Chartreuse.

Par le même itinéraire, revenez au chemin au pied de la butte [2]. Après être passé sur la gauche du portail, descendez-le dans une petite combe boisée (tilleul, érable champêtre, chêne, charme, noisetier). Le chemin traverse ensuite une grande prairie face à la montagne de Saint-Benoît, plein nord. A sa sortie, prenez soin de refermer après votre passage le portail. Le chemin redescend à nouveau dans les bois, puis vire pour rejoindre un large chemin transversal [3], à suivre vers la gauche en balcon superbe du Rhône. Il s'oriente progressivement vers le sud en contournant la croix de Saint-Clair. Après avoir ignoré un chemin en épingle sur la droite, une route prolonge le chemin et descend vers l'ouest. Vous dominez bientôt la ferme de Lélina où s'est déroulée la rafle des enfants d'Izieu, le 6 avril 1944. Le panorama à nouveau admirable sur le Rhône et le mont de Cordon invite à la méditation... La route passe ensuite entre la maison et la grange, toutes deux aménagées depuis 1994 en musée-mémorial *(cf. encadré)*. Rejoignez ensuite la D 19d (calvaire) pour remonter à gauche vers Izieu [4].

Ci-contre, le Rhône en crue à Brangues.

M.S. / Musée Dauphinois

Un village de potiers gallo-romains

Au carrefour des voies de communication reliant Vienne à l'Italie et à la Suisse, port sur le Rhône (le fleuve est aujourd'hui à 4 km), la bourgade gallo-romaine d'Aoste devint une étape prospère jusqu'au IVe s. après J.-C.. Profitant de cette situation stratégique, ses potiers diffusèrent leur production. Le mortier (récipient servant à broyer diverses substances), leur spécialité, identifié par leur estampille, fut retrouvé dans toutes les provinces occcidentales de l'empire. Le musée où sont rassemblés les objets mis à jour par quatre siècles de fouilles met en scène dans une muséographie vivante et didactique la vie de l'agglomération à cette époque : vie publique, croyances, rites funéraires, vie domestique (cuisine reconstituée). La vaisselle de verre, de céramique, les vases et les ustensiles de cuisine témoignent de la fabrication en quantité quasi industrielle d'objets en terre cuite. A la sortie du musée, un itinéraire fléché vous guide à l'un des fours de potier en état de conservation exceptionnelle.

Le musée archéologique d'Aoste est ouvert de mai à octobre, tous les jours sauf le mardi, de 14 h à 19 h, pour les groupes toute l'année sur rendez-vous, tél.: 76 32 58 27.

34 LE RHONE DE BRANGUES
Basses-Terres dauphinoises

A 68 km de Lyon, au pied des derniers reliefs du Jura, la bourgade typique de Brangues, patrie d'adoption de Claudel, domine la vaste plaine d'inondation du Bouchage au vert bocage*. L'architecture traditionnelle du village, tantôt dauphinoise, tantôt bugiste, n'est pas l'un des moindres attraits de cette promenade à la découverte des mystères des îles et lônes d'un Rhône encore sauvage.

«L'écrin des montagnes bleu foncé. Au dessous, la vallée du Rhône ensoleillée, blonde, lumineuse, transparente. Les fuseaux des peupliers qui ont l'air de leurs propres fantômes. Une abstraction d'arbres. Les grands chênes épanouis en bouquets tortueux, explosant en foudres. Neige sur les sommets.»

Paul Claudel

fiche technique

Durée : 2 h 20
Longueur : 7,7 km
Dénivelé : 20 m
Difficulté : aucune

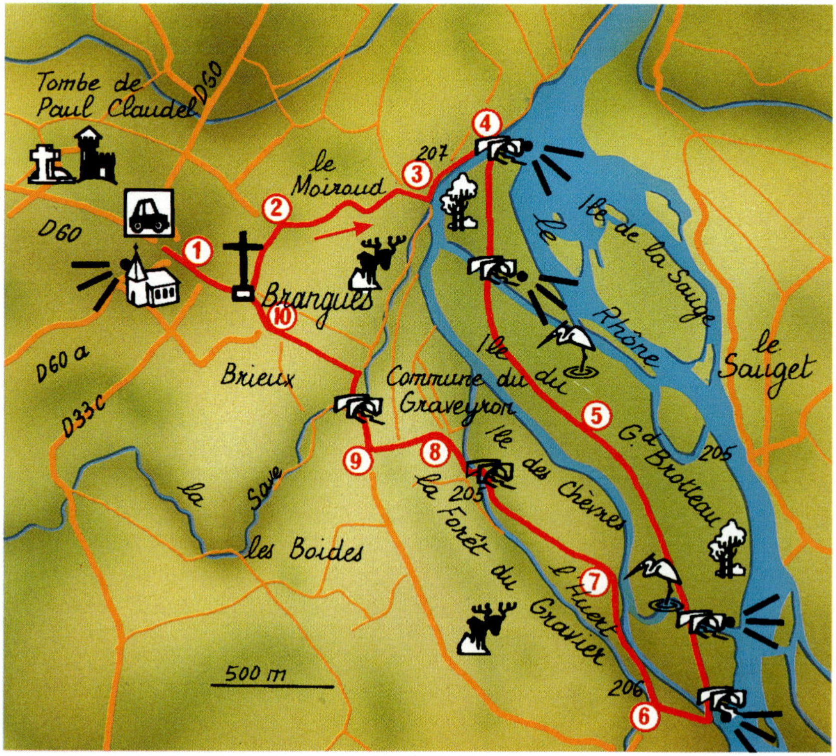

Période : toute l'année
Equipement : randonnée légère, jumelles
Balisage : jaune/rouge, incomplet
Carte IGN 1/100 000 : n° 51, pli B9
Carte-Guide IGN 1/25 000 ; n° 3232 ouest : la Tour-du-Pin
A voir aux environs : tombeau de Paul Claudel, le Port de Groslée, maison-forte de Vareppe à Groslée, lône* du Saugey, défilé de Saint-Alban, maison Ravier, tour du XIIe s. et maison de pays à Morestel, maison des enfants d'Izieu, abbaye de St-Chef, musée Guiget à Corbelin, maison du Tisserand à la Bâtie-Montgascon, musée gallo-romain d'Aoste.

itinéraire d'accès

Quittez Lyon par l'autoroute A 43 en direction de Grenoble/Chambéry. Sortez à l'Isle-d'Abeau-est. Suivez la direction Grenoble/Chambéry/Bourgoin-Jallieu, avant de tourner à gauche au second rond-point vers Crémieu/Morestel sur la D 522. Gagnez Morestel le long des anciens marais du Catelan via Flosaille, le Rondeau et Sablonnières où, à droite, vous prenez la D 517. Traversez la cité pour bifurquer à sa sortie, à gauche, sur la D 33 vers le Bouchage/Evieu. A 800 m, obliquez à gauche sur la D 60a vers Brangues. Au croisement au centre du village, montez à gauche pour vous garer sur la place Paul Claudel, face à l'église.
Transports en commun : aucun

description

Brangues est un rare exemple de village typique du Dauphiné ayant su garder son identité architecturale. La place du village vous permet de découvrir l'harmonie sereine des maisons aux toits en pavillon et aux murs en pisé, auxquelles se mêlent des demeures à la toiture à deux pans et à pignons en

escalier qui trahissent l'influence du Bas-Bugey voisin. Au-delà, s'étale la plaine naguère régulièrement inondée par le Rhône, avec les monts de Chartreuse pour horizon. Les vertes prairies humides encadrées par des haies de hauts peupliers tentent de résister à l'envahissement toujours plus pressant des champs de maïs.

Deux figures de la littérature française, Stendhal et Claudel, envahissent l'histoire de Brangues, éclipsant quelque peu la famille des barons du Bouchage, à qui le château doit son passé *(cf encadrés)*. Claudel comparait la place du village, qui porte aujourd'hui son nom, à un forum antique car elle réunissait «*tous les organes de la vie concordaire, sociale et municipale*» : monuments aux morts, fontaine, balance communale, église, école, mairie, presbytère, château d'eau et jeu de boules. L'église date de 1847. L'édifice précédent où s'est déroulé le drame dont s'inspire *le Rouge et le Noir*, fut rasé par M. Michoud, devenu maire de Brangues, pour laver l'honneur familial... au dire des anciens. L'ombre de Julien Sorel se retrouve en contrebas de l'abside de l'église dans la fort jolie maison, une ancienne forge cachée sous un immense toit de tuiles, qui appartient toujours à la famille d'Antoine Berthet.

De la place, longez l'église. Au carrefour [1], poursuivez tout droit en direction du Bouchage sur la D 33c. Quittez-la au croisement en gardant la même direction. Au calvaire, prenez à gauche une petite route qui dépasse de vieilles maisons en pisé et en pierres (balisage jaune/rouge). A la prochaine intersection [2], continuez à droite pour traverser la ferme de Moiroud au joli toit à pignons et rejoindre la rive d'un bras du Rhône [3], face à l'île Gabriel, 50 m en aval* du confluent de la Save avec le fleuve. Longez la lône* vers la gauche. Une paire de jumelles vous permettra de ne pas prendre les ragondins pour des castors, plutôt nocturnes, et de goûter pleinement la grâce des oiseaux qui y trouvent refuge : cygnes, foulques, grèbes huppés et castagneux, cormorans, hérons cendrés et bihoreaux, martins-pêcheurs, colverts et autres canards... A la hauteur du barrage contrôlant l'écoulement de la lône*, le Rhône et ses îles se dévoilent somptueusement dominés par les falaises du Bugey qui s'embrasent au couchant.

En aval* de Brégnier, la pente s'atténuant, le fleuve méandre et épanouit sa vallée dans les Basses-Terres dauphinoises. Avant qu'il ne soit capturé par le seuil du Chaffard (à l'ouest du mont de Cordon) au VIe ou VIIe s., le Rhône contournait par le sud la butte des Avenières et traversait la plaine du Bouchage en passant à l'est de Brangues. Etabli ensuite dans son lit actuel, le fleuve décrivait ici un double méandre* d'une grande ampleur, que les anciens mariniers, à l'époque du halage, appelaient «la plaine», car les barques y perdaient du temps. Vers 1690, la dynamique fluviale se modifia : le fleuve coupa les méandres* en développant un lit tressé toujours présent. Sur la rive opposée, la «morte» du Saugey, enclave qui appartient toujours au département de

Le Rhône encore sauvage étale son lit tressé dans les Basses-Terres dauphinoises. Brangues, patrie d'adoption de Claudel, a su préserver son architecture traditionnelle. Ferme en pisé dans la plaine du Bouchage.

Le Rouge et le Noir

Le *Rouge et le Noir*, le célèbre roman de Stendhal, fut inspiré d'un fait divers dramatique qui eut lieu à Brangues le 22 juillet 1827. Le vrai Julien s'appelait Antoine Berthet. Né dans la famille d'un maréchal-ferrant, on le trouve maladroit et inapte aux travaux manuels, au contraire de ses frères et sœurs. La rumeur le dit bâtard du notable du village, Michoud de la Tour. Ce même homme l'emploiera d'ailleurs comme précepteur de ses enfants. La suite est connue : amant éconduit de Mme Michoud alias Mme de Rênal, bientôt congédié de ses fonctions de précepteur, Berthet veut se venger. Dans l'église, au cours d'une messe, il tire sur son amie deux coups de pistolet puis tourne son arme contre lui-même. Ni elle, ni lui ne sont gravement touchés. La justice de Charles X le condamne à mort sur trois chefs d'accusation : assassinat, sacrilège et... tentative de suicide ! Tout le *Rouge et le Noir* est là.

Le château de Brangues, demeure des Claudel depuis 1927. Milan noir.

Brangues, patrie d'adoption de Paul Claudel

L'auteur du *Soulier de Satin* éprouva pendant tout son vivant un attachement profond pour sa demeure familiale et la petite commune de Brangues. Curieusement, exactement cent ans après le drame dont est tiré le *Rouge et le Noir*, en 1927, le poète devint par son acquisition le seigneur du village de Julien Sorel, le triste héros de Stendhal. Le poète, dauphinois d'adoption, qui pendant 27 ans parcourut le monde pour ses missions diplomatiques, n'omettait jamais chaque année de revenir au château de Brangues - *«cette syllabe de bronze»* - qu'il voulait «plein d'enfants et de petits-enfants». Il y fut enterré en 1955. Sur sa tombe édifiée selon son désir dans un coin du parc, est gravée l'étrange épitaphe que le poète a lui même rédigée : *«Ici reposent les restes et la semence de Paul Claudel.»*

Seul l'accès à la tombe de Paul Claudel est ouvert au public, toute l'année. Le reste du parc est privé. Le château ne se visite pas.

Un élégant éboueur

La silhouette familière et élégante du milan noir survole le fleuve, explorant les eaux en cercles nonchalants. Soudain, en une volte-face, il descend avec agilité cueillir un poisson en effleurant l'onde puis s'éloigne vers les bois où il niche... Ces migrateurs reviennent en mars de leurs quartiers d'Afrique et sont très sociables : il n'est pas rare d'en voir plusieurs dizaines tourner ensemble au rythme de leurs sifflements tremblés. Ce rapace se reproduit en colonie, établissant son nid au sommet de grands arbres, souvent à proximité des eaux du Rhône. Il se nourrit sur le fleuve, le long des cours d'eau, dans les décharges publiques, aux abords des zones urbaines, mais aussi dans la campagne, de poissons morts ou malades et de déchets. Dès la fin juillet, il regagne en bandes parfois spectaculaires ses quartiers africains.

l'Isère, est l'un des plus beaux exemples de bras laissés par le fleuve (d'après J.-P. Bravard, *le Rhône, du Léman à Lyon*, Ed. La Manufacture).

Il faut quitter ici la rive gauche* du fleuve pour traverser au-dessus des vannes [4] (belle perspective sur la lône) et revenir vers le sud par une digue récente, non portée sur la carte au 1/25 000, qui est une conséquence des aménagements hydroélectriques de Sault-Brénaz et de Brégnier-Cordon. Interdite aux véhicules, elle traverse dans leur plus grande longueur les îles Gabriel et du Grand Brotteau couvertes par la forêt alluviale [5]. Saules, aulnes, ormes, trembles, frênes se répartissent cette jungle riveraine, atteignant 20 à 30 mètres de hauteur. Quelques chênes occupent les zones les plus hautes de ces rives. 600 m plus loin, le chenal séparant l'île Gabriel de celle du Grand Brotteau permet aux plus patients de surprendre la vie secrète de l'avifaune* du fleuve. Vous cheminez désormais dans une enclave du département de l'Ain, sur la commune de Saint-Benoît qui, comme Brangues au Saugey, a conservé ses prérogatives sur le territoire de l'ancien méandre* isolé depuis la fin du XVIIe s. par le lit actuel du fleuve. Après un très gros chêne isolé, vous découvrez à droite la lône* qui longe l'île des Chèvres. Puis, suit une longue ligne droite quelque peu monotone le long de parcelles défrichées et de peupleraies qui apprécient ces sols gorgés d'eau. Peu après une barrière, vous quittez le Grand Brotteau pour traverser une troisième île (3 nouvelles barrières). A l'extrémité de la digue, face aux belles maisons en pisé du hameau de l'Isle, appréciez sans modération un nouveau panorama sur les rives et îles sauvages du Rhône et les escarpements bugistes. Lors des plus fortes crues, le fleuve, freiné par sa pente, ici excessivement faible, de l'ordre de un pour mille, envahit la plaine du Bouchage s'étalant parfois jusqu'à 6 km à l'intérieur des terres, illustrant le rôle vital de résorption des crues joué par les plaines d'inondation des cours d'eau. Suivez ensuite à droite la route goudronnée. A la dernière maison dotée à l'étage d'un séchoir à tabac [6]), obliquez à droite en direction des Chèvres. La petite route longe brièvement l'Huert qui utilise un méandre de l'ancien Rhône au Haut Moyen Age, puis serpente le long d'une lône* du fleuve sous le couvert de hauts peupliers. Après un poteau métallique rouge numéroté 163 [7], prenez à gauche un chemin de terre qui évite par l'ouest la ferme des Chèvres. Il dépasse un chêne séculaire garni de lierre, des parcelles de maïs et une haie avant de traverser un canal de draînage, puis longe de beaux chênes, des peupliers et des vergers de pommiers. Juste avant une haie perpendiculaire de peupliers, il franchit à droite l'Huert retrouvé. 50 m plus loin, après un second pont (cote* 205), suivez à droite un large chemin en vue du bocage* de la plaine du Bouchage. Au croisement [8], 150 m plus loin, tournez à gauche puis, à nouveau à droite [9], sur une route goudronnée qui enjambe bientôt la Save. Elle vire peu après en angle droit en direction du singulier clocher de Brangues. Au bout de la ligne droite [10], remontez à droite vers le centre du village.

Accès à la «morte» du Saugey : depuis Brangues, rejoignez St-Benoit en rive droite* du Rhône par le pont de Groslée ou le pont d'Evieu. Dans le centre du village, gagnez le hameau de la Sauge au bord de la lône.

L'Isle Crémieu
(Balade suivante)

Le petit massif calcaire de l'Isle Crémieu est l'extrémité méridionale du Jura dont il est séparé par la cluse* du Rhône. Il est délimité au nord et à l'ouest par le fleuve, au sud par la vallée de la Bourbre. Au cœur du Dauphiné historique, c'est un pays d'art et d'histoire attachant, riche d'un patrimoine culturel et naturel bien préservé. Bordé de hautes falaises dominant la plaine du Rhône, il se pénètre par de rares canyons (vallée encaissée du val d'Amby, gorges de la Fusa) qui accèdent à des paysages variés : rivières, étangs, forêts, landes et cultures. De petits villages et de nombreuses maisons-fortes caractérisées par leur architecture en pierre, aux toits de lauzes imposants, accueillent le visiteur dans leur intimité. La pierre, omniprésente, fut de tous temps au cœur de l'économie du plateau. La route culturelle de la Lauze, au départ du musée de la Lauze à Annoisin-Chatelans, permet de découvrir les richesses insoupçonnées de la région : carrières, ateliers de taille de pierre, grottes, monuments historiques, villages traditionnels et paysages calcaires de la région.

La brochure *Tour de l'Isle Crémieu* éditée par le Conseil général de l'Isère et la Maison du tourisme Dauphiné-Grenoble commentent les itinéraires de randonnée pédestre du pays.

Crémieu, cité médiévale

Crémieu fut tour à tour une ville fortifiée, une cité marchande, une ville de couvents. Cette ville d'art et d'histoire garde au sein de ses remparts du Moyen Age un patrimoine vivant important et authentique : le château delphinal du XIIe s., les splendides halles du XVe s., le couvent et le cloître des Augustins du XVIIe s. et tout un ensemble de maisons typiques des XVe, XVIe et XVIIe s. sont à découvrir à travers les rues médiévales grâce à un circuit fléché.

Des visites guidées sont organisées toute l'année par des guides-conférenciers agréés par la Caisse nationale des monuments historiques. Office de tourisme 5, rue du Four-Banal - 38460 Crémieu, tél.: 74 90 45 13.

L'Isle Crémieu : un terroir pétri de pierre.
Château du Cingle (XIVe s.) à Verna. Muret de lauze.
Les falaises calcaires de Larina dominent les lacs d'Hières.
L'étang du Ry et le château de Saint-Julien.
Le cloître des Augustins (XVIIe s.) à Crémieu.

PLATEAU DE LARINA
Isle Crémieu

A 42 km de Lyon, la vieille terre de Larina habitée par les hommes du Néolithique, les Romains et les Mérovingiens, surplombent les méandres du Rhône. Un périple à la rencontre de la nature et de l'histoire du plateau calcaire de l'Isle Crémieu à travers landes, pelouses et bois.

fiche technique

Durée : 3 h
Longueur : 8,2 km
Dénivelé : 192 m
Difficulté : sur le plateau, surveillez vos enfants, la falaise n'est souvent pas très loin
Période : toute l'année
Equipement : randonnée classique

La maison du Patrimoine et l'église d'Hières-sur-Amby sont construites avec la lauze extraite des carrières du plateau de Larina.

Balisage : jaune/rouge, bleu, double trait blanc
Carte IGN 1/100 000 : n° 51, pli A7
Carte-Guide IGN 1/25 000 ; n° 3131 est : Crémieu
A voir aux environs : maison du Patrimoine à Hières-sur-Amby, musée de la Lauze à Chatelans, château du Cingle (XIIIe s.) à Verna, ferme des Dames (XVe s., se visite) et hameau traditionnel de Torjonas à St-Baudille-la-Tour, grottes de la Balme, cité médiévale de Crémieu : halles (XIVe s.), porte de la Loi (XIVe s.), cloître des Augustins (XVIIe s.), maisons du XIVe au XVIe s., château delphinal.

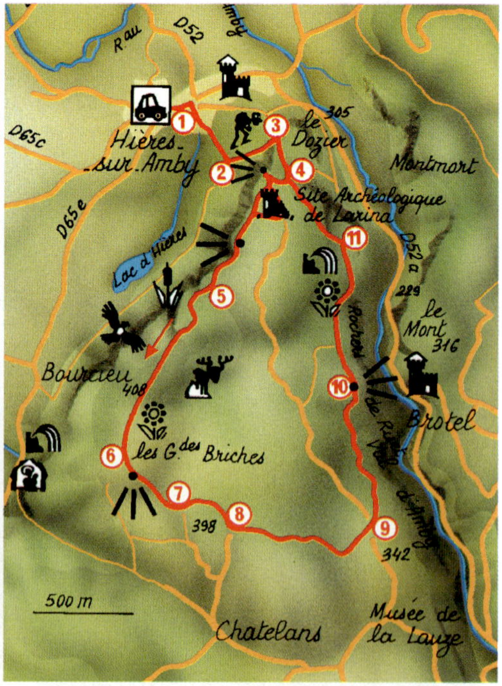

itinéraire d'accès

Quittez Lyon par l'autoroute A 43 en direction de Grenoble/Chambéry. Sortez à l'Isle-d'Abeau-ouest. Rejoignez la N 6 et tournez à droite vers Bourgoin-Jallieu. A 1,5 km, au rond-point des Quatre Routes, prenez à gauche la D 75 jusqu'à Crémieu. Traversez la cité médiévale pour continuer à gauche par la D 65 vers Lagnieu. Face à la centrale nucléaire du Bugey, bifurquez à droite pour gagner Hières-sur-Amby. Garez-vous après la place centrale du village, à droite, sur le parking de la maison du Patrimoine.
Transports en commun : aucun

description

Descendez la rue principale jusqu'au lavoir [1] puis prenez à droite la route du Lac qui sort du village le long de jardins potagers (balisage jaune/rouge et bleu). Dans le virage, au pied de la vertigineuse falaise [2], prenez à gauche un sentier qui, pleine pente, entre d'épais fourrés de buis et de noisetiers, monte dans un éboulis. L'action du gel et de l'érosion sur la falaise est à l'origine de ce cône de déjection, haut de près de 120 m. Plus haut, un peuplement de charmes et d'alisiers apparaît. Après un lacet, un petit plateau intermédiaire vous permet de souffler [3]. Vu du nord, le promontoire ressemble d'après la tradition locale à une tête de lion, au sommet de laquelle la Madone monte la garde au bord du vide. Jadis, un miracle aurait eu lieu ici. Une bergère imprudemment avancée à la recherche de son troupeau serait tombée sans se tuer. L'on domine déjà superbement la plaine du Rhône avec, au premier plan, la centrale nucléaire du Bugey et ses gigantesques tours de refroidissement de béton... Les martinets à ventre blanc démontrent leur virtuosité d'acrobates de l'azur, en se frôlant et en se croisant en tous sens. Milans et buses cerclent sans fin, alors que le faucon pèlerin,

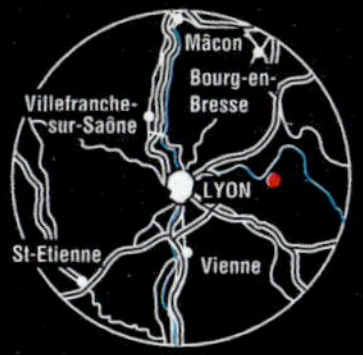

installé en guetteur attentif sur une vire de la falaise, surveille les allées et venues des pigeons et des grives, ses proies préférées. Par les belles journées de printemps, la migration de rapaces y bat son plein. Les vilaines tours disparaissent rapidement une fois le sentier retrouvé. Après un replat d'une cinquantaine de mètres, le sentier s'enfile sous une voûte de buis, avant qu'érables et frênes apparaissent sur ce versant orienté au nord. Après un lacet, vous gagnez le sommet du plateau 4. Le paysage est largement ouvert avec prairies, landes, champs et bois. Profitez tout d'abord du point de vue de la Madone. Elle surplombe de près de 200 m Hières-sur-Amby. Après avoir fait abstraction de la centrale nucléaire, le panorama, remarquable, englobe les plaines du Rhône et de l'Ain, le plateau de la Dombes et les escarpements calcaires du Bugey.

La mer, présente il y a 150 millions d'années, a laissé en souvenir de nombreux fossiles sur le plateau. Cette vieille terre est également marquée par l'histoire des hommes. Occupé du Néolithique au VIIIe s., le site archéologique de Larina («la ruine» en patois local), classé monument historique depuis 1983, n'a pas encore livré tous ses secrets. Le site a l'aspect d'un triangle défendu sur ses deux hauteurs par les falaises dominant le Rhône et le val D'amby. Sur une vingtaine d'hectares, se sont succédés des cabanes préhistoriques, une grande forteresse gauloise (V^{e}-Ier av. J.-C.) avec un rempart de près d'un kilomètre de longueur sur le côté sud, des carrières et un temple dédié à Mercure à l'époque romaine et, du IVe au VIIIe s., un vaste domaine rural fortifié mérovingien et carolingien. Les squelettes et objets découverts sont présentés à la maison du Patrimoine à Hières-sur-Amby. Les vestiges restaurés datent surtout de la fin de l'Antiquité et du Haut Moyen Age.

Les rochers de la Louvaresse, rempart occidental du plateau de Larina, surplombent remarquablement les tourbières des lacs d'Hières.

Ils sont présentés par des panneaux pédagogiques : grande villa abritant l'habitation et ses annexes, vaste bâtiment agricole (étables, grange, remise, pressoir...). Ce domaine qui vivait de l'élevage et de la culture des céréales, possédait également sa nécropole implantée sur la haute colline du site. Les tombes en coffres de pierre entourent les mausolées ayant reçu les sépultures des maîtres des domaines. Au VIIIe s., le site fut définitivement abandonné par les hommes qui fondèrent Chatelans et Hières-sur-Amby.

Commencez la visite du site en montant sur la butte derrière la Madone, où se trouve l'une des nécropoles du site. De là, vous avez une vue sur l'ensemble des vestiges. Il ne vous reste plus qu'à les explorer, guidé par les nombreux panneaux. Au sud du camp de Larina, le sentier part à droite à l'angle de la dernière dépendance agricole et suit le bord de la falaise le long d'un champ de blé (balisage rouge/jaune, bleu et double trait blanc). Parents, surveillez vos enfants, la falaise n'est jamais très loin. Peu après, le sentier contourne le «trou de la Chuire», véritable cheminée naturelle qui fut un sanctuaire gaulois et d'où proviennent les objets métalliques présentés à la maison du Patrimoine. Puis, le lac d'Hières, écrin de verdure magnifique, apparaît en contrebas. Ceinturant l'eau libre, phragmites et carex colonisent les tourbières, d'origine glaciaire et alimentées par les eaux collectées par le plateau. L'on devine encore les anciens carrés d'exploitation de la tourbe. Sur le rebord du plateau, l'érable de Montpellier, un méridional, se mêle aux érables, frênes, tilleuls, ormes et noisetiers. Une patte-d'oie se présente : descendez à droite dans une petite cuvette qui abrite une ancienne carrière de pierre riche en fossiles [5], avant de remonter en face dans un sous-bois épais. Après une coupe rase, à la sortie de la forêt, ignorez à droite un sentier qui rejoint le hameau de Bourcieu. Le sentier dépasse encore quelques taillis, puis chemine dans des pelouses sèches piquetées de petits chênes où s'épanouissent au printemps de nombreuses orchidées (orchis bouffon, singe, militaire, pourpre). Il se glisse ensuite, bordé de haies, entre un champ de maïs et une prairie de fauche. Négligez un chemin qui part à gauche [6] pour gravir une petite croupe (cote* 416) où l'on domine de nombreuses dépressions cultivées - des dolines - propres aux régions calcaires. Le regard embrasse l'ensemble du plateau de Crémieu, le Bas-Bugey et les Alpes. Le chemin redescend entre des cultures. 400m plus loin, dans un coude à droite [7], bifurquez à gauche sur un chemin qui rejoint rapidement une petite route. Suivez-la à droite. A la sortie d'une longue courbe vers la droite [8], quittez-la à gauche pour le premier chemin carrossable le long de taillis de noisetiers puis de pelouses sèches. Dans une descente, restez à droite. En vue des maisons de Chatelans, le chemin traverse une prairie entre deux haies et des murets de pierre, puis parvient à la petite route qui relie Larina à Chatelans [9]. Traversez-la pour continuer, en face, sur un large chemin interdit aux véhicules (balisage rouge/jaune). A Chatelans, le musée de la Lauze mérite le détour (800 m aller-retour, *cf encadré*). Le chemin remonte plein nord en vue du village de Brotel perché de l'autre côté du val

La maison du Patrimoine

Occupant un bâtiment traditionnel en lauzes près de l'église d'Hières-sur-Amby, ce musée accueille une exposition à la muséographie très moderne (maquettes interactives, audiovisuels, dioramas...), qui présente l'histoire du peuplement et l'archéologie de l'Isle Crémieu resitués dans leur environnement, de la préhistoire à nos jours. Une salle reconstitue la tombe sous tumulus d'un prince celte avec son très riche mobilier en bronze (VIIIe s. av. J.-C.).

La maison du Patrimoine est ouverte tous les jours de 9 h a 12 h et de 14 h à 18 h, jusqu'à 19 h les week-ends et en juillet et en août ; fermée les 1er janvier et 25 décembre. C'est également le siège d'un Centre permanent d'initiation à l'environnement (CPIE) qui encadre toute l'année des sorties-découvertes en Isle Crémieu (programme sur demande). Adresse : CPIE/Maison du patrimoine de l'Isle Crémieu, place de l'Eglise - 38118 Hières-sur-Amby, tél. : 74 95 13 90.

La nécropole de la Motte (IV-VIe s.) sur le site de Larina : les sépultures en coffres de lauzes sont orientées têtes à l'est, regard vers l'ouest.

La maison-forte de Brotel dans le val d'Amby, ancienne demeure d'Edouard Herriot. L'entrée des grottes de la Balme. Habitat traditionnel en lauze au hameau de Bourcieu.

d'Amby. Vous dépassez une première carrière sur la gauche, puis une chaîne qui barre l'accès aux voitures et une décharge non contrôlée. A hauteur d'un cabanon en tôle 10, avancez-vous avec prudence à droite sur des monticules de débris de lauzes. Face à vous, la maison-forte de Brotel, véritable nid d'aigle où Edouard Herriot, maire de Lyon, aimait se retirer, domine le val d'Amby. D'autres carrières abandonnées jalonnent l'itinéraire. Sous le molard d'Hières, au niveau d'un front de taille important, une bifurcation se présente 11. Tout droit, le sentier non balisé descend dans les gorges d'Amby. Préférez remonter à gauche entre les blocs pour rentrer en sous-bois sur le haut et à droite de la carrière (balisage double trait blanc). Le raidillon rejoint le plateau à proximité du camp de Larina. A gauche, la Fontaine de la Vie, abritée par un énorme rocher, est le seul point d'eau du plateau qui a permis à ses premiers habitants de subsister sur cette haute terre. A droite, vous découvrez les vestiges de la nécropole principale qui comprend des tombes, une chapelle et un mausolée. Rejoignez ensuite le site proprement dit, où par le sentier balisé de montée, vous reviendrez à Hières-sur-Amby.

La lauze de l'Isle Crémieu

Depuis l'Antiquité, l'exploitation du sous-sol calcaire de l'Isle Crémieu a forgé une architecture traditionnelle originale, présente aussi bien dans les églises, maisons-fortes et autres grands monuments historiques du pays que dans les fermes, les maisons ou les humbles bâtiments des villages (fours, lavoirs...). Les moellons de pierre sont associés à des lauzes, de fines dalles empilées sur les toitures selon une technique savante. Les charpentes en chêne doivent soutenir jusqu'à 300 kg au m2 ! L'extraction de la lauze s'effectue à ciel ouvert dans les carrières sur le plateau ou en contrebas des falaises. Depuis la fin de l'époque romaine, Larina fut un lieu d'extraction privilégiée en raison de la quasi-absence de couche superficielle de terre sur la roche. Les plus anciennes techniques d'extraction connues sont pour les lauzes, l'utilisation du pic de Rachalon, placé de front dans une faille horizontale pour déliter la pierre par levier et, pour les blocs, l'utilisation de coins de bois enfoncés dans les creux des rochers puis gonflés d'eau jusqu'à éclatement de la pierre. L'extraction de la lauze connut son apogée au XIXe s.. Le bassin carrier de Porcieu-Montalieu employait alors plusieurs milliers de tailleurs de pierre. Le musée de la Lauze intégré dans l'auberge communale de Larina présente l'histoire géologique de cette pierre, l'exploitation des carrières, les savoir-faire des anciens «lauziers» et l'architecture traditionnelle de l'Isle Crémieu.

Le musée de la Lauze est ouvert tous les jours sauf le mardi. Auberge de Larina et musée de la Lauze - 38460 Annoisins-Chatelans, tél. : 74 83 80 60.

Les grottes de la Balme

Site célèbre, visité dès la Renaissance par François Ier et, où Mandrin, le célèbre bandit du XVIIIe s., aurait trouvé refuge, ces grottes sont considérées comme l'une des sept merveilles du Dauphiné. Elles s'ouvrent dans la falaise par un porche monumental (33 m de haut sur 22 m de large) qui abrite une petite chapelle. Formant une belle synthèse de ce que l'on peut trouver dans les réseaux souterrains karstiques*, elles comportent de vastes salles, des labyrinthes tortueux, un lac très limpide alimenté par une rivière souterraine dont l'origine demeure mystérieuse, une très belle cascade pétrifiée en petits bassins et des concrétions de toutes formes et toutes couleurs, notamment de superbes draperies, le tout mis en valeur par un son et lumière. La grotte est également le refuge de remarquables colonies de chauves-souris qui sont présentées au visiteur par un spectacle audiovisuel interactif.

Ouvertes en octobre et mars, les week-ends et jours fériés de 11 h à 12 h et de 14 h à 18 h; en novembre et février, les dimanches et jours fériés de 14 h à 17 h; d'avril à septembre, tous les jours de 10 h à 12 h et de 14 h à 18 h; pour les groupes tous les jours sur rendez-vous; fermées du 15 décembre au 31 janvier. Régie des grottes - 38390 la Balme-les-Grottes, tél.: 74 90 63 76.

36 BOUCLE DE MORAS
Isle Crémieu

A 51 km de Lyon, toute la richesse du patrimoine crémolan est réunie dans cette promenade. La pierre se décline sous toutes ses formes : maison-forte, habitat traditionnel, chapelle, château, lavoir, «palis», «bigues»... dans le cadre d'une nature préservée : vaste étang riche en oiseaux d'eau, reptiles et amphibiens, bois sauvages où courent chevreuils et sangliers, landes sèches survolées par busards et courlis... A vos jumelles.

fiche technique

Durée : 3 h
Longueur : 10,5 km
Dénivelé : 81 m
Difficulté : aucune

Période : toute l'année
Equipement : randonnée classique, jumelles
Balisage : jaune/rouge, rouge
Carte IGN 1/100 000 : n° 51, pli B7
Carte-Guide IGN 1/25 000 ; n° 3132 est : Bourgoin-Jallieu

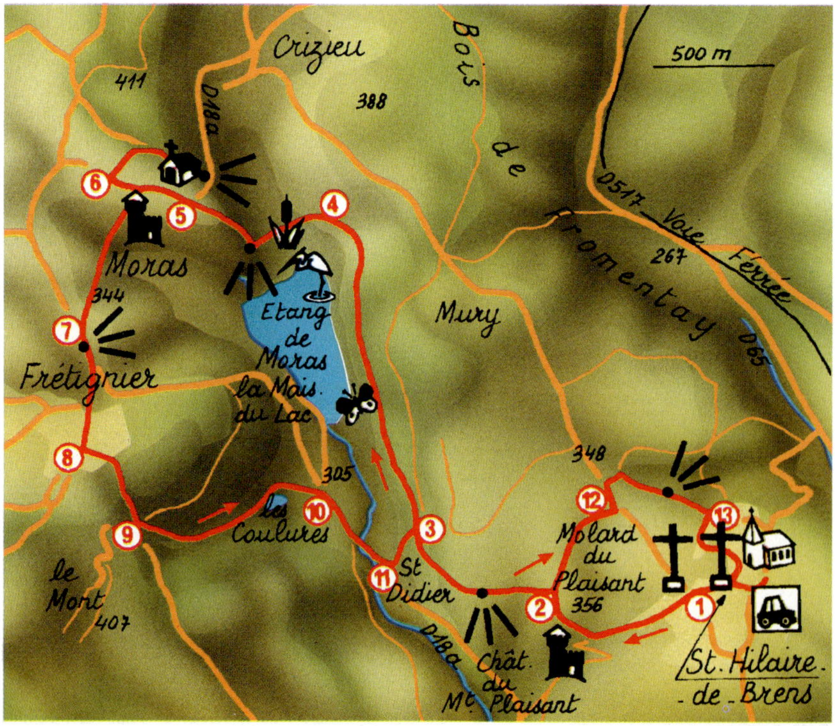

A voir aux environs : cité médiévale de Crémieu : halles (XIVe s.), porte de la Loi (XIVe s.), couvent et cloître des Augustins (XVIIe s.), maisons du XIVe au XVIe s., château delphinal ; chapelle romane de Carizieu, chapelle de Cozance (XIIIe s.) et château de Serrières à Trept, plateau de Larina et maison du Patrimoine à Hières-sur-Amby, musée de la Lauze à Chatelans, grottes de la Balme, musée Victor Charreton et écomusée Nord-Dauphiné à Bourgoin-Jallieu, abbaye de St-Chef, maison Ravier à Morestel.

itinéraire d'accès

Quittez Lyon par l'autoroute A 43 en direction de Grenoble/Chambéry. Sortez à l'Isle-d'Abeau-est. Suivez la direction Grenoble/Chambéry/Bourgoin-Jallieu, avant de tourner à gauche au second rond-point vers Crémieu/Morestel sur la D 522. Au croisement à la sortie du hameau de Flosaille, prenez à gauche la D 65 vers Crémieu. A 4 km, montez à gauche vers St-Hilaire-de-Brens (D 65f). Garez-vous sur la place de l'église.
Transports en commun : aucun

description

Saint-Hilaire-de-Brens a conservé de belles maisons traditionnelles en pierre. De l'église, partez à gauche pour dépasser le monument aux morts. Au premier croisement (calvaire), prenez à droite. Après un lavoir, négligez une petite route sur la droite, puis à un carrefour à 4 voies 1, continuez tout droit en direction de Moras et de la maison-forte de Mont Plaisant. A gauche, vous dominez la plaine du Catelan et les Balmes Dauphinoises avec en vis-à-vis, le village de Saint-Chef, célèbre pour son église abbatiale romane *(cf balade n° 37)*. Plus à droite, on devine l'agglomération de Bourgoin-Jallieu. La Bourbre et le Catelan, son affluent, occupent un lit

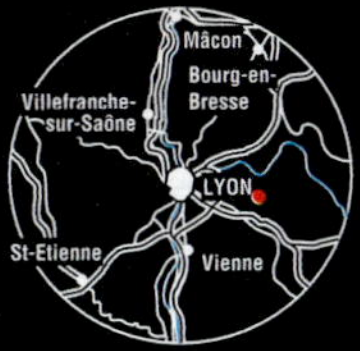

La maison-forte de Mont Plaisant domine la vallée du Catelan.
L'étang de Moras est un refuge pour la faune et la flore menacées des zones humides.

d'alluvions glaciaires. Les lentes accumulation et décomposition des végétaux y ont formé des tourbières. Longtemps, les marais furent utilisés comme pâturages. Puis, sous Napoléon Ier, ces zones humides furent asséchées par des canaux de drainage. Les cultures du chanvre, puis de l'osier, remplacé de nos jours par les peupleraies et les champs de maïs, ont en grande partie anéanti les prairies humides et le bocage de la plaine.

Le chemin évite par la droite la maison-forte de Mont Plaisant (propriété privée), en progressant à même la roche. Cette magnifique bâtisse du XIIIe s. était encore entourée de murailles au XVIIIe s. Construites du XIIIe au XVIe s. par des nobles locaux, les maisons-fortes crémolanes étaient à la fois des résidences fortifiées et des centres d'exploitation agricole. Elles étaient édifiées à proximité des villages et souvent à mi-pente d'un coteau. Les plus anciennes se composent d'un bâtiment rectangulaire auquel est parfois adjointe une tour-donjon comme à Hières-sur-Amby. D'autres bâtiments forment parfois des cours carrées (château du Cingle à Verna). Beaucoup ont été détruites durant la Révolution. Au XIXe s., certaines ont été restaurées dans le style romantique et médiéval de l'époque tel Saint-Julien à Crémieu. Il en existe encore une trentaine dans la région. Outre celles déjà citées, les plus représentatives sont celles de Brotel et de la Ferme des Dames à Saint-Baudille-de-la-Tour, de Charette, de Beptenou et de Vertrieu.

Le chemin longe une haie où subsistent encore des «palis», de grandes dalles fichées en terre qui délimitaient autrefois les clos. A une patte d'oie proche du molard de Plaisant 2, restez à gauche en balcon de la vallée boisée de l'émissaire de l'étang de Moras. L'itinéraire descend ensuite vers le nord dans un agréable sous-bois de chênes et de hêtres suivi d'une prairie. A la bifurcation en bas du vallon 3 , pousuivre tout droit en direction de Moras (bali-

La légende de Moras

Il y a bien longtemps de cela, un village occupait la cuvette de Moras. Ce village était réputé dans toute la région pour ses mœurs dissolues, à tel point que Dieu décida de le punir. Une femme, une seule, trouvait grâce à ses yeux. Elle fut la seule prévenue de la colère divine et put donc s'enfuir portant son fils dans ses bras, mais interdiction lui était faite de se retourner. Sa curiosité fut la plus forte et tandis que le déluge s'abattait sur le village, elle se retourna et fut instantanément changée en pierre. Aujourd'hui, un étang occupe le fond de la cuvette près duquel se trouve une pierre plantée.

Aulnaie inondée.

sage rouge). Vous progressez à la limite de la cuvette marécageuse et du bois des Côtes du Lac, riche en fayards*, tilleuls, chênes et frênes. Le miroir de l'étang de Moras apparaît enfin entre les frondaisons. Il est, avec les autres étangs de la région, un lieu de refuge indispensable pour les oiseaux d'eau. La topographie des berges en pente douce, la présence d'une végétation semi-aquatique dense et variée permet la nidification d'espèces rares comme les hérons et les busards. A la belle saison, au crépuscule, il est possible d'y entendre les chœurs de la rare rainette arboricole.

Plus loin, peupliers trembles et frênes poussent les pieds dans l'eau. Au niveau d'une trouée donnant sur la Maison du Lac, vous pourrez pleinement admirer l'étang en grimpant de quelques mètres sur le talus. La boue du chemin garde précieusement les traces de chevreuils, sangliers et renards. Puis, le chemin s'écarte de l'eau libre et longe bientôt des peupliers et des frênes qui s'élèvent allègrement à plus de 30 m. Après un coude à gauche, une fourche se présente [4] : prenez à gauche pour traverser en amont* de l'étang le fond du vallon resté très sauvage : les saules se mêlent aux phragmites, les aulnes souvent inondés poussent en ravissants boqueteaux. Le sentier remonte ensuite le coteau. A hauteur du portail vert d'une propriété privée riveraine (superbe vue sur l'étang), il s'oriente à droite vers la chapelle de Moras pour rejoindre la D 18g [5]. Gagnez à gauche Moras. A l'entrée du village, avant de poursuivre à gauche après l'enceinte en pierre du château de Moras (portail blanc, balise jaune sur une borne-fontaine), avancez-vous entre les maisons jusqu'à la mairie [6]. Prenez là, à droite, un petit escalier devant l'église. Il se prolonge en chemin raide vers le sommet du coteau où une ravissante chapelle est érigée. De la terrasse, vous jouissez d'un panorama de choix sur l'étang, le Bugey, la Chartreuse et par temps clair le Mont-Blanc. Redescendez au village puis au château pour suivre le chemin précédemment décrit. Il dévale entre deux murets vers le fond du vallon occupé par une peupleraie, puis remonte engoncé entre deux talus jusqu'à la D 18a [7]. Prenez-la à gauche en profitant d'un nouveau point de vue sur l'étang. 200 m plus loin, à hauteur d'un ancien pressoir à vin, bifurquez à gauche vers Frétignier. Conservez la même direction jusqu'à la cabine téléphonique et un vieux four à pain [8], où vous quittez le balisage en tournant à gauche dans une charmante ruelle aux vieilles maisons. A la prochaine intersection, continuez à droite en contournant le mamelon boisé de Corgnolara. Après avoir ignoré un chemin sur la droite, deux chemins se présentent simultanément sur la gauche (cote* 377) [9]. Descendez le second. Il gagne rapidement, le long d'un muret fatigué, une petite combe secrète (noisetiers et tilleuls), passe un étang privé puis rejoint la D 18a [10]. Longez-la vers la droite sur 500 m jusqu'à un virage serré [11], où, par un chemin à gauche, vous retrouvez l'itinéraire de l'aller [3] à emprunter en sens inverse à droite, en direction de Saint-Hilaire-gare. A la patte d'oie juste avant la maison-forte de Mont Plaisant [2], il vous est possible de regagner Saint-Hilaire-de-Brens par une variante qui offre de nouveaux et beaux panoramas. Prenez à gauche dans ce dernier cas (balise VTT orange, vue sur Moras à gauche). Le plateau est partagé entre les prairies, les champs de maïs et de tournesols et quelques dernières parcelles de ceps du vignoble crémolan pourvues de «bigues», des poteaux en pierre soutenant la vigne. Empruntez ensuite vers la gauche une petite route [12] (très beau muret et quelques «palis») puis, à 100 m à droite, un chemin en alignement avec le village de Trept et le château de Serrières. A 100 m, dirigez-vous à droite vers l'église de Saint-Hilaire. A la prochaine patte d'oie [13], regagnez par la droite le village.

Les acrobates des roseaux

Spécialistes de la végétation aquatique où elles évoluent en acrobates, ces fauvettes paludicoles défendent bruyamment leur territoire. *«Karrakarrakarra-kirrikirrikirri-krâkrâkrâ-krokro»* lance la turdoïde... Au printemps, les chants rauques et saccadés des rousserolles fusent de toute part. Avec un peu d'attention, vous pourrez découvrir ces fauvettes au plumage brun-roux, gorge déployée, au sommet des phragmites ou d'un buisson. Pourvues de fortes griffes aux pattes, elles montent et descendent le long des tiges de roseaux par de curieuses secousses. La turdoïde et l'effarvatte - sa copie réduite - se cantonnent dans les roselières. La verderolle, au chant bourré d'imitations d'autres espèces, préfère les zones où buissons et roseaux se mêlent. Habilement, elles tressent au-dessus de l'eau un nid en cornet cylindrique autour de quelques roseaux. A la fin de l'été, elles fuient nos frimas pour se réfugier jusqu'au printemps suivant en Afrique ! Migratrices au long cours, elles gagnent les Tropiques en de longues étapes nocturnes entrecoupées de haltes de plusieurs jours. Dans les zones humides débordantes de proies, elles reconstituent leur réserve de graisses : un véritable carburant de vol ! La Méditerranée et le Sahara sont ainsi traversés d'une seule traite, un véritable exploit pour ces poids plumes de treize grammes !

L'association Lo Parvi (l'épervier en patois), dont le but est la préservation de la faune et de la flore de la région, organise tous les mois des balades naturalistes ouvertes à tous. Lo Parvi, Maison pour tous, 38890 St-Chef, tél. : 74 92 48 62.

Le Dauphiné de la plaine et des collines :
des vallonnements de bois et de pâturages qui abritent une architecture traditionnelle en galets roulés et en pisé.

Le Dauphiné de la plaine et des collines

Connaissez-vous le Dauphiné de la plaine et des collines ? De nom sans doute, puisque ce Dauphiné là a supplanté l'ancienne dénomination "Nord-Dauphiné". Il est composé de trois ensembles géologiquement distincts : au nord, le plateau calcaire de l'Isle Crémieu; au sud et à l'est, une région très ondulée de collines morainiques* et de vallons creusés par les langues glaciaires; et entre les deux, une vaste plaine, la vallée de la Bourbre, qui s'étale entre la Tour-du-Pin et l'est de Lyon. Le nord du département de l'Isère revêt en fait une multitude de visages avec l'Isle Crémieu, les Basses Terres et les Balmes dauphinoises, le pays du Guiers, le lac de Paladru et le val d'Ainan, la plaine de Bièvre et les Chambaran, le pays Antonin et les Balmes viennoises. Vallons, collines, bois et étangs y composent des paysages harmonieux, de doux tremplins pour les Alpes propices à la randonnée. Châteaux, maisons-fortes, abbayes, musées et villages traditionnels en pisé et en galets roulés constituent un riche patrimoine à découvrir au fil des balades. C'est un pays de passage historique écartelé entre les capitales Lyon et Grenoble, où les bandes armées aimaient se dissimuler, la patrie du terrible baron des Adrets, religieusement versatile, qui sévissait depuis le château de la Frette, du populaire et légendaire Mandrin, Robin de la contrebande, qui allégeait les riches pas toujours au profit des pauvres. C'est aussi la terre nourricière d'Hector Berlioz, le génial compositeur, auteur de la Symphonie Fantastique et de Frédéric Dard, le père spirituel de San Antonio, le pays d'adoption de Paul Claudel, le célèbre poète, le lieu d'inspiration de Stendhal... Cette région rurale, autrefois pauvre, a connu au XIXe s. une industrialisation diffuse (filatures, usines de tissages et d'impression sur étoffes...) grâce à la soierie lyonnaise qui recherchait après la révolte des canuts une main-d'œuvre docile et consciencieuse. En raison de ces infrastructures industrielles anciennes et d'un important réseau de communications, la région ne connut pas d'exode rural. Au contraire, la proximité de Lyon entraîna une forte croissance démographique répartie sur les agglomérations de Bourgoin-Jallieu, de la Tour-du-Pin, de Pont-de-Chéruy et de la ville nouvelle de l'Isle-d'Abeau. Aujourd'hui, les activités se sont multipliées et diversifiées et les industries y sont très variées souvent liées à la mécanique et à la haute technologie.

Informations auprès de l'antenne du CDT de la plaine et des collines (cf carnet d'adresses).

37 CIRCUIT DE CHAPEAU CORNU
Balmes dauphinoises

A 51 km de Lyon, au départ du bourg médiéval de Saint-Chef, une promenade à travers collines et vallons des Balmes dauphinoises à la rencontre de vieilles fermes en pisé, d'un lac et d'une tourbière et d'un croquignolesque château du XIIIe s.

fiche technique

Durée : 2 h 15
Longueur : 8 km
Dénivelé : 112 m
Difficulté : aucune
Période : toute l'année
Equipement : randonnée légère
Balisage : jaune/rouge, orange, panneaux indicateurs, incomplet
Carte IGN 1/100 000 : n° 51, pli B8
Carte-Guide IGN 1/25 000 ; n° 3132 est : Bourgoin-Jallieu et 3232 ouest : la Tour-du-Pin
A voir aux environs : maison Ravier et tour du XIIe s. à Morestel, village de Brangues, panorama de la butte de Montceau à Montcarra, cité médiévale de Crémieu, musée gallo-romain d'Aoste, Triptyque de l'église à la Tour-du-Pin, musée Victor Charreton et écomusée Nord-Dauphiné à Bourgoin-Jallieu.

itinéraire d'accès

Quittez Lyon par l'autoroute A 43 en direction de Grenoble/Chambéry. Sortez à l'Isle-d'Abeau-est. Suivez la direction Grenoble/Chambéry/Bourgoin-Jallieu, avant de tourner à gauche au second rond-point vers Crémieu/Morestel sur la D 522. Au croisement à la sortie du hameau de Flosaille, prenez à droite la D 19 vers St-Chef. Au bas du bourg, remontez à droite la rue principale (D 54 en direction de Montcarra) et garez-vous à proximité de l'église abbatiale.
Transports en commun : aucun

description

Le bourg ancien de Saint-Chef-en-Dauphiné témoigne de la grandeur passée de son abbaye fondée au VIe s. par saint Theudère, moine anachorète originaire d'Arcisse, et siège de chanoines bénédictins jusqu'à la Révolution. Le cloître de L'abbaye a disparu mais l'église abbatiale monumentale construite au XIIe s. demeure, ayant subi plusieurs modifications au cours de l'histoire. La façade ouest, le transept, l'abside, les chapelles latérales et le haut clocher carré remontent au XIe s. Son intérieur est marqué par l'école clunisienne. La partie supérieure d'une chapelle à deux étages (dont la clé est à demander à la papeterie ou au bar en face de l'église) abrite de splendides fresques du XIIe s. d'une qualité artistique et iconographique exceptionnelle, illustrant l'Apocalypse selon saint Jean dans un style romano-byzantin. Le Christ en gloire domine la partie centrale de la voûte. Il est entouré de la Jérusalem céleste, de la Vierge, des anges, des prophètes, apôtres et saints, ainsi que des vieillards de l'Apocalypse. Ces fresques constituent un des plus anciens et des plus riches ensembles de l'imagerie chrétienne et médiévale conservés en France. Saint-Chef a ainsi hérité de l'atmosphère monacale et médiévale digne d'un des plus anciens et puissants établissements religieux du Dauphiné. Bâtiments conventuels, maisons anciennes à tourelles, portes ouvragées ou autres fenêtres à meneaux sont à découvrir au hasard de ses ruelles. Enfin, sachez qu'un célèbre enfant du pays, Frédéric Dard, le père de *San Antonio*, fréquenta longtemps l'école communale du village.

Après avoir visité l'église abbatiale, gagnez son portail principal sur la façade ouest. De là, montez à droite, au coin de la place, des escaliers prolongés plus haut par un sentier en rondins. Vous dominez rapidement l'édifice religieux et le bourg. A la jonction avec un chemin balisé jaune/rouge, suivez-le à droite jusqu'à un carrefour routier proche d'une belle grange en pisé [1]. Prenez à gauche la route d'Arcisse (balisage orange). A gauche, la Tour-au-Poulet, encore partiellement recouverte de briques, est le dernier vestige d'un château du XIIe s. démoli pendant les guerres de Religion. Juste après le cimetière, descendez à droite une petite route. Au premier virage, à 200 m, quittez-la pour poursuivre tout droit en balcon de la vallée du Ver. Encadrée

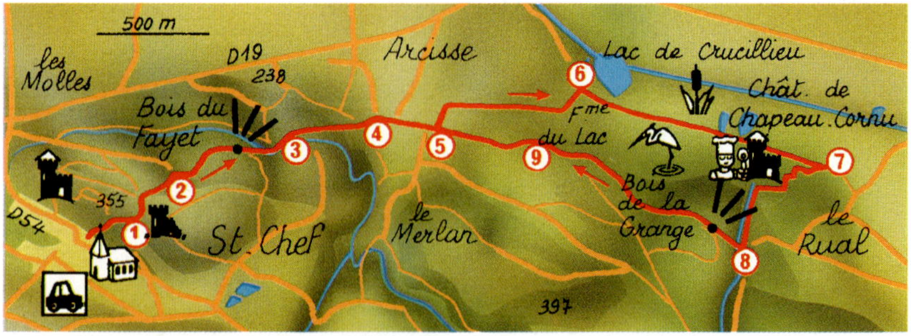

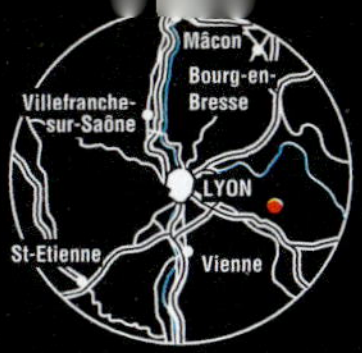

par des collines de moraines*, elle a été modelée par les glaciers qui ont formé l'immense cône de déjection du Bas-Dauphiné. Encore peu touchée par la culture du maïs, elle présente un paysage de polyculture variée avec pâturages, champs, bosquets, vignobles et marais tourbeux le long du ruisseau du Ver. Son flanc nord boisé est à opposer à celui exposé au sud, qui naguère était entièrement couvert de vignes. De nombreuses parcelles de ceps subsistent encore, donnant les vins des Balmes dauphinoises classés en VDQS*, des rouges agréables issus de cépage gamay, et des mousseux élaborés selon la méthode champenoise. Au nord-ouest, le Ver rejoint la vaste dépression humide du Catelan, dominée par les premiers reliefs de l'Isle Crémieu, où sont établis Saint-Hilaire-de-Brens et la maison-forte de Mont Plaisant *(cf balade n°36)*.

Le chemin longe justement des vignes auxquelles succèdent des vergers de pommiers. Après un portail rouge, l'on surplombe une prairie piquetée de noyers avant de rentrer dans un bois de châtaigniers au sous-sol de galets arrachés aux Alpes. Quelques chablis présentent des arbres morts troués de toute part par les piverts, épeiche et épeichette. La descente se poursuit dans des taillis de noisetiers et rejoint dans un virage une voie goudronnée qui mène à droite, 50 m plus loin, à une épingle à cheveux [3]. Suivez à gauche cette route qui conduit au bourg d'Arcisse. L'arrivée sur le village avec ses belles maisons et ses vieilles fermes en pisé, et aux toits en pavillon est des plus charmantes. Après un premier croisement, vous gagnez un carrefour à 3 voies [4], face à une belle ferme en angle (remarquez l'étonnante poutre soutenant le toit), où vous continuez à droite en direction de Chapeau Cornu (panneau blanc à coins orange) en

Le pittoresque château de chapeau Cornu (XIIIe s.) au cœur du vignoble des Balmes dauphinoises.

dépassant successivement l'école privée de filles, une belle demeure et un transformateur EDF. A la hauteur d'un séchoir à tabac moderne 5, tournez à gauche le long d'un ruisseau et d'une allée de cerisiers. 100 m plus loin, le chemin vire à angle droit vers l'est offrant une belle vue sur la montagne d'Izieu, au sud du Bugey et la dent du Chat. Après avoir ignoré un chemin sur la gauche (cote* 258), dans des champs de blé et de maïs, vous rejoignez des prairies à proximité de la ferme du Lac. C'est un remarquable exemple d'architecture rurale du Dauphiné avec une maison de maître en pierre et des bâtiments en pisé couverts de tuiles écailles. A sa hauteur, le chemin oblique à gauche et rejoint perpendiculairement un large chemin empierré 6, à prendre à droite le long de la dépression du lac de Crucillieux (propriété privée). C'est une tourbière* alcaline couverte par une cladiaie et une cariçaie. Elle abrite des plantes rares comme l'orchis des marais et le trèfle d'eau et des oiseaux menacés, tels le busard saint-martin et le courlis cendré qui s'y reproduisent. Au fil des saisons, nombre d'oiseaux fréquentent ses abords : héron cendré et bihoreau, martin-pêcheur, rousserolle... Droit devant, apparaît le pittoresque château de Chapeau Cornu, joliment situé sur une éminence détachée du coteau et favorable à la défense, qui s'incline doucement vers le vallon. Sur une véritable digue, vous dépassez de superbes chênes et tilleuls, puis, sous la butte du château, des étangs récents et une

Le courlis cendré

Dès fin février ou début mars, les *»cou-hû...cou-hû...»* annoncent le retour du courlis cendré. Ces appels sonores et flûtés sont le motif de base de son chant : une des plus belles manifestations sonores du marais, émise lors du vol nuptial des mâles. Il débute par des sons bas et enroués, s'élevant et s'accélérant en trilles prolongées et aiguës de *«couiiiiiii... couiiiiiii»* qui se succèdent, se ralentissent et s'éteignent. Le plus grand limicole d'Europe se distingue par son long bec arqué et son plumage terne, gris brun finement tacheté, en homochromie avec les rivages, terres nues et landes marécageuses qu'il arpente d'une démarche peu pressée. Il sonde les sols humides à la recherche d'insectes, de larves et d'autres bestioles. Au début avril, au cœur des prairies tourbeuses, la femelle pond 4 œufs qu'elle couve durant un mois. Dès qu'ils sont capables de voler, les jeunes deviennent indépendants. A partir de la mi-juin, les adultes rejoignent pour muer en toute sécurité de grandes vasières maritimes, notamment autour de la mer du Nord. Une partie des oiseaux migre et hiverne plus au sud sur les rivages et lagunes d'Europe et d'Afrique. Depuis le début du siècle, ses populations d'Europe occidentale sont gravement menacées par la régression des zones humides.

Une carnivore !

La drosera, nom grec signifiant «humide de rosée», ou rossolis, c'est-à-dire «plante qui brille au soleil», quoi de plus poétique pour une plante qui n'a pourtant pas l'âme d'une «enfant de cœur» ! Car c'est bien une carnivore qui, pour pallier les carences en azote des sols tourbeux, dévore des insectes ! Attirés et leurrés par des gouttelettes brillantes et odorantes, élégamment disposées mais visqueuses, ils s'engluent sur ses feuilles. La plante les referme alors sur les malheureuses proies prises au piège et les digère par de puissants sucs gastriques ! Inféodée aux tourbières, cette beauté rare d'origine arctique est protégée par la Loi.

Un Courlis cendré. Drosera à feuilles longues

J.-L.E. / Colibri

plantation de peupliers. Après avoir longé sur 200 m le pied du coteau boisé, montez à droite sur un vieux chemin consolidé par un muret (balisage vert) 7), l'une des voies ancestrales d'accès à la forteresse qui résonne encore du cliquetis des armures et du passage des lourds charrois. Plus haut, dans les taillis d'acacias, vous parvenez à un croisement à 4 chemins où trône un beau marronnier. Choisissez là le second chemin sur la gauche qui grimpe pleine pente jusqu'à l'enceinte. Contournez-la par la gauche pour rejoindre l'entrée du château. Sitôt franchi la porte cochère, la gracieuse et altière façade du château apparaît encadrée de ses tours, avec au milieu l'escalier de la cour d'honneur et les deux lions de pierre. Au-devant, s'étend une vaste esplanade avec avenue, pièces d'eau et roseraies. Le nom de «Chapeau Cornu», qui définit parfaitement la coiffure vaillante du donjon, résulte en fait de l'alliance de deux puissantes familles Chapel et Cornu, qui dominèrent la région du XIe au XIIIe s.. Sur ce qui aurait été l'emplacement d'un ancien camp romain, elles édifièrent ensemble au XIIIe s. une maison-forte où siégeait leur seigneurie. Leur fief fut d'abord sous la suzeraineté de l'abbé de Saint-Chef puis du Dauphin. Vers l'an 1601, Chapeau Cornu acquerra la qualification de château, ce qui lui vaudra les droits politiques et de «justice haute et basse» sur son mandement, composé des territoires de Vignieu, Vasselin, Crucillieux et Arcisse *(d'après Henri Larrive, 1965)*. Le château appartenant désormais à un syndicat mixte, s'est reconverti dans une restauration de qualité à prix modéré. Ses autres bâtiments accueillent la formation de jeunes.

Quittez le château par l'allée de marronniers et de vieux mûriers encadrée par deux vignes et qu'égaye un ruisseau. A l'est, au-delà des coteaux boisés dominant Vignieu, la vallée s'ouvre sur la plaine du Bouchage où s'écoule le Haut-Rhône, dominée par le Bugey, la dent du Chat et le Mont-Blanc. Au bout de l'allée 8, prenez à droite le chemin du retour vers Saint-Chef. A 100 m, le château au milieu de son vignoble est une vraie image d'Epinal. La route monte ensuite dans des taillis de châtaigniers avant de redescendre lentement vers Arcisse en balcon de la vallée à travers un maillage de pâturages, cultures et bosquets 9. Arrivé au séchoir à tabac à l'entrée du hameau 5, il ne vous reste plus qu'à suivre en sens inverse l'itinéraire emprunté à l'aller pour rejoindre Saint-Chef.

Des visites guidées du bourg sont assurées tous les jours sur rendez-vous par des guides conférenciers de la CNMHS; tél.: 74 95 13 90.

L'abbaye de Saint-Chef abrite d'exceptionnelles fresques du XIe s. illustrant l'Apocalypse selon saint Jean dans un style romano-byzantin.

Morestel, cité des peintres

La région de Morestel et l'Isle Crémieu inspirèrent au XIXe s., une pléiade d'artistes à l'origine d'une célèbre école de peinture paysagère. Ravier, Corot, Daubigny, Harpignies... ont été séduits par la beauté du pays «à la fine lumière dorée». La maison Ravier, demeure du XVIIIe s. au cœur de la vieille ville de Morestel, abrite les œuvres des peintres et de nombreuse expositions temporaires. Aujourd'hui, trois galeries de peinture perpétuent cette tradition picturale.

La maison Ravier est ouverte les vendredis, samedis et jours fériés de 14 h 30 à 18 h 30. Renseignements au 74 80 06 80.

38 ETANGS DE CHATONNAY
forêt de Bonnevaux

A 61 km de Lyon, étangs forestiers au creux de vallons secrets et fermes en pisé rythment cette promenade au cœur des châtaigneraies du Saint-Jeannais.

fiche technique

Durée : 1 h 50
Longueur : 6,2 km
Dénivelé : 109 m
Difficulté : aucune
Période : toute l'année
Equipement : randonnée classique
Balisage : aucun
Carte IGN 1/100 000 : n° 51, pli C6/C7
Carte-Guide IGN 1/25 000 ; n° 3133 ouest : St-Jean-de-Bournay
A voir aux environs : maison-forte de Cazeneuve à Lieudieu, étang Moule à Châtonnay, château de Septême (XIVe-XVe s.), parc animalier de Moidière à Bonnefamille, domaine de la Terre à Villefontaine, la Côte-St-André : halles en bois (XIIle s.), église (XIIe s.), château (XVIIe s.), musée Berlioz, musée des liqueurs Cherry Rocher, table d'orientation de la chapelle de N-D-de-Sciez, chapelle N-D-du-Mont à Gillonay.

itinéraire d'accès

Gagnez Vienne par l'A 7. A l'entrée de la ville, prenez à gauche la route de Grenoble par la D 41 puis la D 502. Contournez St-Jean-de-Bournay par le sud pour continuer vers Châtonnay. Garez-vous sur le vaste parking de la mairie à proximité de la route.
Transports en commun : aucun

description

Le bourg de Châtonnay a conservé ses anciennes demeures au pied de ses deux collines : le Calvaire et le Château-Vieux. La tour de l'Horloge, haute de 19 m et d'où s'effectuait jadis le guet, est le dernier vestige du château du XIe s.. L'itinéraire part devant la mairie, vieille demeure des comtes de Moidieu, qui présente dans son hall un drapeau révolutionnaire de 1793. Il suit à gauche la D 502 vers Saint-Christophe. Après avoir dépassé une petite tour carrée à la toiture en pavillon, ignorez la première route à droite en direction de Lieudieu. Juste après un entrepôt «magasin populaire», descendez en contrebas de la départementale à droite sur un chemin [1]. Il vire rapidement à droite devant le portail d'une propriété privée pour traverser un ruisseau, puis rejoint au-dessus d'un petit pont un large chemin à suivre à droite [2]. Après deux maisons, il remonte la combe de la Ronge, un beau vallon en prairie bordé de châtaigniers, charmes, noisetiers et genêts. Puis, engoncé entre deux hauts talus, il s'enfonce dans les taillis de châtaigniers. Négligez un chemin à gauche pour arriver en vue d'un pâturage, où vous bifurquez à gauche en restant en forêt [3]. A la patte d'oie, 100 m plus loin, continuez à droite sur un sentier qui descend progressivement. A 400 m, après avoir dépassé un chemin en biais sur la gauche, il rejoint la digue de l'étang Gabot [4]. C'est l'un des 108 étangs de la commune de Châtonnay, au cœur de la forêt de Bonnevaux. Ce vaste massif forestier de près de 5 000 ha est un véritable hâvre de fraîcheur parsemé d'étangs et de vallons secrets. Les premiers plans d'eau ont été créés par les moines cisterciens de l'abbaye de Bonnevaux fondée au XIIe s. au bord de la Gère entre Villeneuve et Lieudieu.

Brocard surpris en forêt.

C.R. / Bios

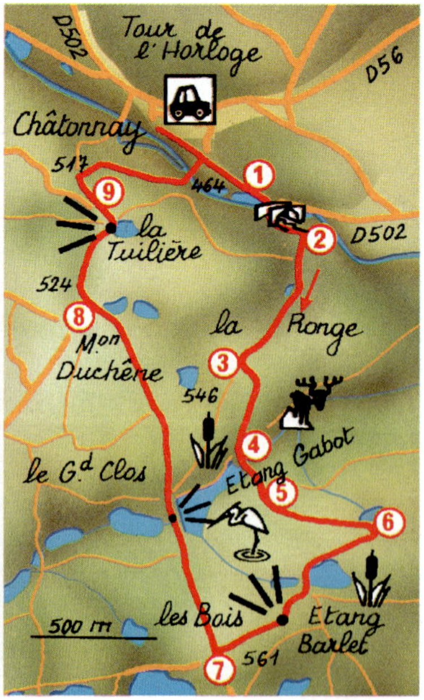

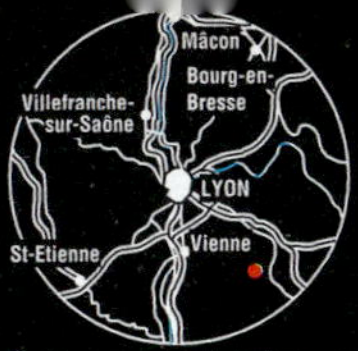

Détruite lors de la Révolution, une croix signale son ancien emplacement. Traversez la digue pour remonter à une intersection, où il faut poursuivre tout droit. Au prochain croisement 5, prenez à gauche toujours en forêt. Le chemin débouche bientôt dans une vaste prairie puis longe un étang retiré avant de rejoindre une petite route 6. Prenez-la à droite. Après avoir dépassé la belle ferme en pisé de la Montagne, elle gagne l'étang Barlet bordé de quelques pavillons. Il fait bon pique-niquer auprès de ses nénuphars. La route passe sur sa digue, puis tourne à droite. A la hauteur de la jolie ferme des Bois, toute en pisé, vous bénéficiez d'un beau point de vue sur les multiples vallonnements et collines boisées. Plus loin, après un châtaignier isolé, un carrefour se présente au milieu de pâturages 7. Continuez à droite sur un faux-plat qui descend doucement le long de bois et d'herbages (chevaux et vaches). En bas, le chemin gravillonné longe l'extrémité ouest de l'étang Gavot en partie ceinturé par des phragmites et des nénuphars. Poule d'eau, colvert, martin-pêcheur, rousserolle effarvatte et bruant des roseaux sont à y découvrir. Après le plan d'eau, restez sur le chemin principal. Il remonte puis traverse longuement des bois entrecoupés par plusieurs clairières. Après un pré, vous retrouvez la route entre Lieudieu et Châtonnay (cote* 524) 8. Empruntez-la à droite le long de prairies vouées à l'élevage. Dans un virage, vous dominez de belle façon le vallon encaissé des Hautes Combes qui dévale vers l'ouest. Après le chemin de Mollandrin 9, la route descend brutalement, longeant après un coude une belle série de châtaigniers au port en étoile, puis rejoint par une ligne droite la vallée de Châtonnay. De retour sur la D 502, regagnez à gauche la mairie.

Le topo-guide *les collines du Saint-Jeannais* (Ed. Antipodes) propose de nombreux itinéraires de promenade dans la région.

Les phragmites encerclent l'étang Gabot.
La mairie de Châtonnay, ancienne demeure des comtes de Moidieu.

La cuisine de la maison natale d'Hector Berlioz. Le compositeur par Prinz-Hofer. Alambic datant de 1912 au musée des Liqueurs.

Le musée Berlioz

Hector Berlioz naquit à la Côte-Saint-André le 11 décembre 1803. Son père y est médecin. Il découvre la musique en apprenant à jouer avec une flûte à bec. Puis, il passe à la guitare et se met à composer... à 12 ans. Après son baccalauréat, il se rend à Paris pour entreprendre contre son gré des études médicales qu'il abandonne rapidement. Dès lors, sa vie sera entièrement vouée au "plus exigeant des arts" selon sa propre expression. Ses œuvres, toutes empreintes d'un romantisme grandiose, seront jouées le plus souvent sous sa fougueuse direction dans toute l'Europe. Chef d'orchestre rigoureux et adulé, écrivain talentueux et critique musical, ce génie a marqué le XIXe s. de sa personnalité attachante. La Côte-Saint-André fut, outre son pays natal, l'oasis de réflexion et de repos où venait se ressourcer le grand compositeur. Le musée est aménagé dans la maison natale du compositeur, une demeure bourgeoise de la fin du XVIIe s.. Acquise en 1932 par la Société des amis de Berlioz, son intérieur a été reconstitué dans son état d'origine. Les collections présentent de nombreux portraits de Berlioz, de sa famille, de ses amis, de ses interprètes et des femmes aimées, des manuscrits, des instruments et divers objets qui sont le témoignage de la vie artistique mouvementée de l'artiste et de ses relations avec les célébrités de l'époque.

Ouvert du 1er mars au 31 décembre, tous les jours sauf le mardi de 9 h à 12 h et de 15 h à 18 h; en février de 14 h à 17 h. Fermé en janvier. Auditorium et expositions temporaires. Adresse : 69, rue de la République - 38260 la Côte-St-André, tél.: 74 20 24 88.

Le musée des Liqueurs

«Les meilleures liqueurs de France viennent de la Côte-Saint-André» écrivait le célèbre gastronome Brillat-Savarin dès le début du XIXe s.. En 1705, les alambics distillaient déjà depuis fort longtemps des élixirs à partir de plantes régionales. Barthélémy Rocher eut alors l'idée de génie d'ajouter du sucre à ces breuvages pour atténuer leur goût amer. La liqueur était née. Aujourd'hui, Cherry Rocher, l'une des plus anciennes distilleries de France, spécialisée dans des apéritifs et des digestifs à base de fruits rouges, commercialise toujours les liqueurs qui ont fait sa réputation dans le monde entier : curaçao orange, apricot-brandy et le fameux cherry rocher à base de huit jus de griottes. La visite commentée de la distillerie et des caves du XVe s. permet de découvrir les différentes étapes de la fabrication, depuis la macération jusqu'à l'assemblage, d'anciens alambics (dont l'un date de 1825), des pressoirs à fruits et une très intéressante collection d'affiches du début du siècle sur les eaux-de-vie et les élixirs. Une dégustation clôt naturellement la visite.

Ouvert du 1er avril au 15 octobre, du mardi au dimanche, de 10 h à 12 h et de 13 h 30 à 17 h 30. Fermé les jours fériés. Toute l'année pour les groupes sur rendez-vous. Adresse : avenue Cherry Rocher 38260 la Côte-St-André, tél.: 74 93 38 10.

Des maisons de terre

Le pisé est un procédé qui permet de construire des maisons avec de la terre sans les soutenir par aucune pièce de bois, sans mélange de paille, ni de bourre. La terre utilisée est directement extraite du sol. Relevée en tas, elle est dépierrée pour l'affiner et tous les végétaux qui peuvent pourrir en sont exclus. La terre ne doit ni être sèche, ni être mouillée. Pour monter les murs, on la tasse avec un «pisoir», entre deux banches de bois tenues par des poteaux. Elle est souvent associée aux cailloux roulés des moraines* qui forment le sous-sol des collines de la région. L'ennemi du pisé, c'est l'eau. Aussi, la construction doit-elle avoir un toit largement débordant et des fondations de pierres contre les eaux de ruissellement. Renouant et innovant avec ce matériau et ce savoir-faire «vieux comme le monde», les logements du domaine de la Terre à Villefontaine sont une expérience, unique en France. Ce sont des constructions modernes basées sur les techniques traditionnelles de l'habitat du Bas-Dauphiné.

La ferme des bois à Châtonnay.

Au domaine de la Terre à Villefontaine, la tour de Pisé présente une exposition sur les architectures en terre en France et dans le monde. Ouverte les samedis et dimanches de 14 h à 18 h.

Vénérable châtaignier. Les halles du XIIIe s. et l'église du XIe s. : deux monuments à ne pas manquer à la Côte-Saint-André.

Le châtaignier

Dans le Massif Central, où la farine de châtaigne remplaçait celle du blé, on l'appelait arbre à pain. Il vient en fait du bassin méditerranéen et a une prédilection pour les sols acides et dégradés. En raison de sa longévité de l'ordre de 1 000 à 1 500 ans, les plus gros arbres des forêts collinéennes* sont souvent d'énormes châtaigniers. Sa hauteur peut atteindre 25 à 35 m pour une circonférence record de 14 à 15 m ! Le châtaignier trouve son optimum écologique dans les collines de moraines* du Bas-Dauphiné, où il est exploité dans les massifs de Bonnevaux et de Chambaran. Les jeunes arbres sont appréciés depuis des siècles pour la confection de poteaux, piquets et tuteurs. Son aubier est utilisé en charpente et menuiserie, pour les parquets, bardeaux, tonneaux...

La Côte-Saint-André

«La Côte-Saint-André, son nom l'indique, est bâtie sur le versant d'une colline, et domine une assez vaste plaine, riche, dorée, verdoyante, dont le silence a je ne sais quelle majesté rêveuse, encore augmentée par la ceinture de montagnes qui la borne au sud et à l'est, et derrière laquelle se dressent au loin, chargés de glaciers les pics gigantesques des Alpes...» (Hector Berlioz). La cité devint rapidement un centre commercial important comme en témoigne les imposantes halles du XIIIe s., l'une des plus grandes de France (29X86 m). Chacune de ses cinq allées était autrefois bordée de commerçants de même profession : tisserands, merciers, «marchands», «cuiratiers et escoffiers» (cordonniers) et bouchers. Perpétuant la tradition, un marché s'y déroule tous les jeudis matins. Chaque année, au mois d'août, elle accueille les concerts du festival Berlioz. L'église du XIe s., agrandie au XVe s., présente un clocher de type clunisien construit en briques et en cailloux roulés, des châpiteaux du XIIe s. et des nefs gothique flamboyant. Sa silhouette et sa riche coloration ont souvent inspiré le peintre Jongkind, un des précurseurs de l'impressionnisme, qui passa à la Côte les dernières années de sa vie. Le vaste château du XVIIe s. conserve un bel escalier central, une cheminée Renaissance et une salle à plafond et décor peints De sa terrasse supérieure, on découvre un panorama étendu sur les toits rouges de la Côte, la plaine de Bièvre et les Alpes.

Office de tourisme : place Hector Berlioz, 38260 la Côte-St-André, tél.: 74 20 61 43.

Le parc animalier de Moidière

Ce château d'époque Louis XIV, au beau toit dauphinois, présente un vestibule remarquable par ses décors italiens en trompe-l'œil. Le parc animalier de 150 ha est consacré à la faune et à la flore du Dauphiné, représentées par près de 60 espèces. Vous pourrez côtoyer les daims, observer renards, blaireaux, fouines, putois, chouettes, sangliers, cerfs, loups, lynx... Un parc botanique vous initiera à la flore régionale avec l'aide de guides de détermination prêtés sur place. Enfin, un vivarium exposant poissons et rongeurs est installé dans les caves voûtées du château.

Ouverture : du 20 avril au 10 septembre tous les jours sauf le mardi de 14 h 30 à 18 h et du 11 septembre au 19 avril uniquement les dimanches et jours fériés. Groupes sur rendez-vous en semaine toute l'année.

Accès depuis Lyon par l'A 43, sortie Isle-d'Abeau-ouest. Passez ensuite par St-Quentin-Fallavier-gare puis la D 124 jusqu'à Bonnefamille. Le château de Moidière est la première étape de la route historique des Dauphins.

balcon du lac de Paladru

A 81 km de Lyon, les vieux chemins creux qui parcourent les hauteurs de Charavines dominent superbement le lac de Paladru, niché au cœur de collines verdoyantes. A la belle saison, avant de «piquer une tête» dans le lac, découvrez un site unique en Europe, englouti par les flots, où vivaient des pêcheurs, il y a 5 000 ans...

fiche technique

Durée : 2 h 30
Longueur : 7,5 km
Dénivelé : 309 m
Difficulté : aucune
Période : toute l'année

Equipement : randonnée classique
Balisage : bleu puis rouge
Carte IGN 1/100 000 : n° 51, pli C9
Carte-Guide IGN 1/25 000 ; série bleue, n° 3233 ouest : le Grand lemps - lac de Paladru et carte des itinéraires autour du lac de Paladru (Antipodes, 1/30 000)

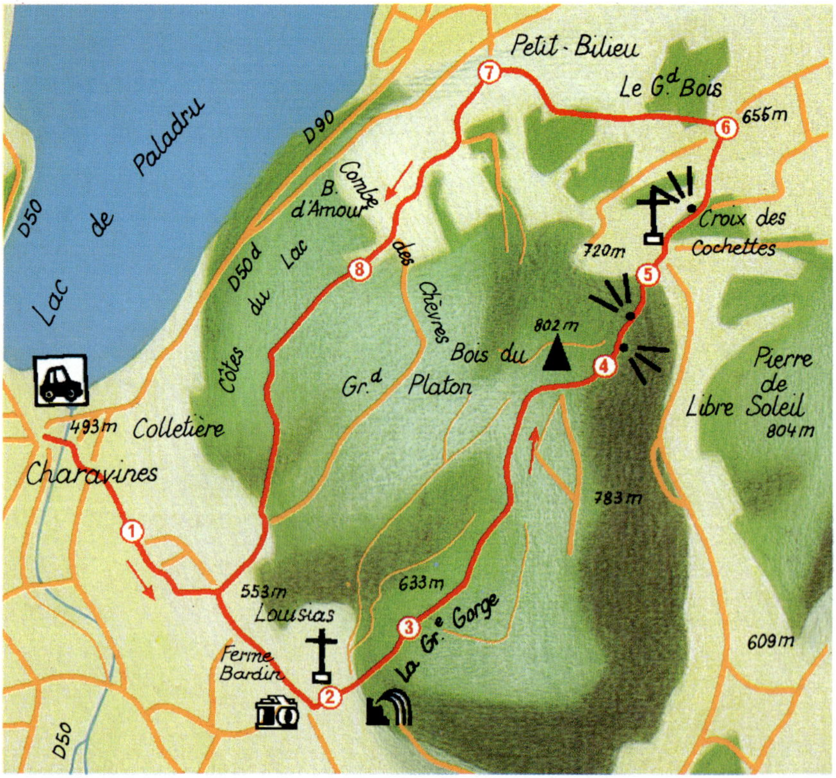

A voir aux environs : grange dîmière de la Sylve Bénite au Pin, château de Virieu, étang du Grand Lemps, château de Longpra à St-Geoire-en-Valdaine, manoir de la Marinière à Montferrat, caves de la Chartreuse à Voiron.

itinéraire d'accès

Prenez l'autoroute de Grenoble (A 48) et sortez à Rives. Suivez la direction «lac de Paladru» par la D 50f, puis la D 520 le long de l'autoroute et ensuite à droite par la D 50e qui évite Oyeu (la route du Pin à gauche conduit à la magnifique grande dîmière de l'ancienne chartreuse de la Sylve Bénite) et à Charavines. Tournez à gauche pour traverser le bourg et rejoindre à droite le parking de Colletière, proche de la rive du lac.

Transports en commun : transports publics 69 ligne n° 138 Lyon/Grenoble, arrêt Charavines, tél.: 78 62 67 69.

description

Prenez la route du hameau de Louisias 1 (four remarquable). A la ferme Bardin, tournez à gauche après la grange de Louisias, construite en 1805, exceptionnel témoin de l'ancienne architecture rurale de la région avec ses épais murs en pisé et son immense toit en roseaux. Le sentier, longé par un

Châtaignes.

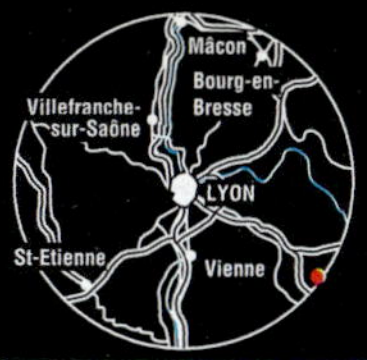

ruisseau [2], progresse sur les galets polis d'une moraine*. A quelques centaines de mètres, dépassez une résurgence* formant un bassin. Contournez-la et montez à gauche, dans un sous-bois de fayards*, vers la croix des Cochettes, entre deux talus moussus [3], empreints de passé... A un large carrefour de plusieurs chemins, continuez tout droit. Les châtaigniers apparaissent. A une fourche, poursuivez à gauche. A votre droite, à travers des coupes de bois, apparaît la Grande Sure, vigie occidentale de la Chartreuse [4]. Puis, devant vous, les eaux bleues du lac de Paladru occupent une dépression creusée par le glacier du Rhône, il y a plusieurs dizaines de milliers d'années. Par une légère descente, traversez tout droit un croisement, vers un chemin garni d'ornières [5]. La pente s'accentue. Ignorez un sentier partant sur la gauche, avant de gagner la clairière de la croix des Cochettes (720 m). Repérez-vous sur le plan d'orientation et suivez à gauche la lisière du bois, avant de dévaler «pleine pente» la prairie. Traversez la route allant au terrain de sports [6], pour entrer dans le petit bois, en face, où de splendides châtaigniers centenaires dominent le lac. Rejoignez les maisons du Petit Bilieu par l'asphalte. Au croisement, bifurquez à gauche [7], en direction de Charavines et Louisias. Montez environ 1 km à travers des prairies, sur une route prolongée par un chemin carrossable. Rejoignez dans les châtaigniers du bois d'Amour, un chemin venant des Cochettes. Dépassez à nouveau des coupes rases [8], qui défigurent les coteaux et rendent les forêts d'une monotonie attristante. La descente vers Louisias se déroule heureusement dans un joli bois, encore préservé des tronçonneuses.

Pour en savoir plus, consultez le topoguide *Tour du lac de Paladru* édité par le Conseil général et le CDT de l'Isère.

Le lac de Paladru dans son écrin de verdure.
L'immense toit en roseaux de la grange de Louisias (1805).
Grange dîmière de la chartreuse de la Sylve Bénite à la Courrerie.

Le château de Virieu dans la vallée de la Bourbe. Le palais Idéal du facteur Cheval, chef-d'œuvre d'architecture naïve.

Le palais Idéal
(Balade suivante)

A la fin du siècle dernier, le facteur d'Hauterives, Ferdinand Cheval, rapporte chaque jour chez lui des cailloux ramassés au cours de sa tournée à pied dans la campagne. Le soir, il les utilise pour édifier dans son jardin une singulière construction, inspirée de ses lectures et de ses rêves. Durant 36 ans, il travailla sans répit en dépit des railleries des habitants. Classé monument historique en 1969 par André Malraux, le palais du facteur Cheval, chef-d'œuvre d'architecture naïve, entremêlent les styles les plus divers (oriental, musulman, roman, baroque).

Ouvert du 1er mai au 15 septembre, de 9 h à 18 h (19 h de juillet à mi-septembre); le reste de l'année de 9 h 30 à 12 h et de 14 h à 17 h 30. Fermé en janvier et le 25 décembre. Tél.: 75 68 81 19.

Le château de Virieu

Dominant la vallée supérieure de la Bourbre, cette forteresse a subi de nombreux agrandissements et modifications du XIe au XVIIIe s.. A l'extérieur, remarquez cinq canons laissées par Louis XIII lors de son passage en 1622. La chambre où logea le monarque est conservée en l'état. La Grande Salle présente de remarquables tapisseries et de beaux bustes en marbre. Lamartine, ami d'Aymon de Virieu, y fit de multiples séjours. C'est une petite combe boisée à la limite de Virieu et de Chabons qui lui inspira le célèbre poème *Le Vallon.*

Visite en juin et octobre, le dimanche de 14 h à 18 h; du 1er juillet au 30 septembre, tous les jours sauf le lundi, de 14 h à 18 h. Visite des jardins tous les dimanches du 1er juin au 1er novembre.Accès par une petite route qui part de la D 17 entre Virieu et le Pin. Adresse : 38730 Virieu-sur-Bourbre, tél.: 74 88 20 10.

Les villages engloutis du lac de Paladru

Le lac de Paladru attira très tôt l'attention des archéologues. Durant la seconde moitié du XIXe s., des vestiges interprétés comme des «cités sur pilotis» furent découverts dans le Jura et les Alpes en Suisse, puis en France. Signalés dès 1860, les «pilotis» de chêne au fond du lac, étaient connus et redoutés des pêcheurs, qui y déchiraient parfois leurs filets. Les hauts-fonds du lac au nord, au sud et dans les baies, furent périodiquement et durablement émergés lors des phases sèches du climat. Trois fois au moins, les hommes ont profité de ces circonstances pour coloniser ses rives. Les plus importants vestiges appartiennent au Néolithique et à l'An Mil. Mais aucune «cité sur pilotis» ne fut découverte. Les fouilles aquatiques commencées en 1972 parmi les centaines de pieux visibles sous l'eau, ont révélé qu'une communauté d'agriculteurs s'installa à Charavines sur le site des «Baigneurs», environ 2 700 ans avant J.-C.. Elle construisit un village composé de grandes maisons et entouré d'une palissade. Une brusque remontée des eaux obligea à deux reprises, l'abandon du lieu. Vers l'An Mil, se créèrent deux nouveaux villages à Colletière, voisin de quelques centaines de mètres et sur le site des «Grands roseaux» au nord du lac. Ils seront désertés plus tard pour les mêmes raisons. Des «paysans-soldats» aisés, hommes libres de la société du haut Moyen-Age, y vivaient. Grâce à leur subite immersion, une exceptionnelle quantité d'objets évoquant la vie quotidienne de ces hommes fut préservée jusqu'à nos jours. Citons parmi les plus remarquables : pour le Néolithique, des poignards en silex encore munis de leur manche de bois, des peignes à tisser et des morceaux de tissus... et pour le Moyen Age, un des premiers émaux connus en Europe, des accessoires de cavalerie, des armes...

La maison de pays du lac de Paladru, à Charavines est ouverte du 15 avril au 31 mai et en octobre, novembre : les samedis et dimanches de 14 h à 18 h; en juin et septembre : tous les jours de 10 h à 12 h et de 14 h à 18 h; en juillet et août : tous les jours de 10 h à 12 h et de 14 h à à 19 h. Visite guidée du chantier immergé des fouilles archéologiques de Colletière, en juillet et août, tous les jours sauf le mardi à 14 h 30 et 16 h.

Reconstitution d'un village de pêcheurs au Néolithique sur les rives du lac de Paladru.

Saint-Antoine-l'Abbaye

(Balade suivante)

Dominant les vallonnements boisés de la rive droite* de l'Isère, face au Vercors, l'église abbatiale, fleuron gothique du Dauphiné, couronne le village médiéval de Saint-Antoine. Père des moines, le corps de saint Antoine fut rapporté de pèlerinage par le baron Jocelin de l'Albenc en 1070. Le pape ordonna, en 1088, la création d'un prieuré bénédictin pour veiller aux reliques, afin de les préserver d'usages pervers, notamment celui de les présenter face aux armées ennemies pour se protéger ! En 1095, Gaston de Valloire fonda à proximité des reliques «les Frères de l'Aumône», pour soigner les malades du «feu de saint Antoine ou Mal des Ardents», un des fléaux du Moyen-Age donné par le seigle. Ce fut le début de la vocation hospitalière du village et la naissance de notre système hospitalier moderne. L'hôpital Saint-Antoine, à Paris et bien d'autres de par le monde, ont été fondés par l'ordre des Antonins, créé en 1297. Grâce à ses quêteurs, il créa plus de 1 300 établissements en Europe. L'abbaye, chef d'un ordre puissant, acquit une renommée considérable et reçut la visite et les dons des plus hauts personnages de la chrétienté : le trésor de l'abbaye est le second reliquaire de France. Admirez, entre autres, le Christ en ivoire des Antonins, un des plus beaux et des plus réalistes qui soit au monde. Au XVIe s., la suppression du droit de quête - le pape Léon X les réservant toutes à la construction de Saint-Pierre-de-Rome - anéantit une des principales ressources de l'ordre. La disparition du seigle et l'entrée de la pomme de terre cuite - connue bien avant Parmentier - dans le régime alimentaire, fit disparaître le «Mal des Ardents» et entraîna dans l'oubli, l'ordre hospitalier dès le début du XVIIIe s.. De nombreux circuits pédestres existent autour de l'abbaye, qui avec son bourg, s'intègre merveilleusement aux douces courbes du paysage rural alentour.

Eglise abbatiale : ouverte tous les jours de 9h30 à 12h et de 14h30 à 19h. Expositions sur les Antonins au musée départemental de l'abbaye. Dans le même bâtiment, est aménagé le musée Jean Vinay. Des expositions à thème sont régulièrement présentées à partir de la collection du peintre, ainsi que des rétrospectives sur les artistes de la première moitié du XXe s.. Musée départemental : ouvert du 1er mars au 30 novembre, de 14 h à 19 h (de 11 h à 20 h en juillet et août). Fermé du 1er décembre au 28 février et le 1er mai. Tél.: 76 36 40 68.

P.B.

Face aux hautes falaises du Vercors, le village de Saint-Antoine. Son abbaye fut le siège d'un des plus importants ordres monastiques de la Chrétienté. L'église abbatiale abrite le second reliquaire de France et d'émouvantes fresques du XVe .

PARC NATUREL DE CHAMBARAN
à la découverte de la vie sauvage de la forêt

A 87 km de Lyon, un parc forestier à entrée payante qui mérite le détour : 300 hectares parsemés d'étangs, où vous pourrez observer en totale liberté cerfs, chevreuils, sangliers, daims et mouflons, et bien d'autres spectacles sauvages...

fiche technique

Durée : au moins 1 h 30
Longueur : 3 km
Dénivelé : 50 m
Difficulté : aucune
Ouverture : en été, tous les jours de 8h au crépuscule sauf mardi. Hors été, les mercredis, samedis, dimanches et jours fériés. Fermé le mardi. Réservé aux groupes et aux écoles les lundis, jeudis et vendredis. Tél.: 74 20 14 93
Equipement : randonnée classique ou bottes, jumelles
Balisage : panneaux indicateurs en bois
Carte IGN 1/100 000 : n° 51, pli D7
Carte-Guide IGN 1/25 000 : n° 3134 est et plan du parc au 1/10 000
A voir aux environs : cité Girodon à St-Siméon-de-Bressieux (le plus grand bâtiment construit en pisé en Europe), église romane et prieuré de Marnans ; château de Bressieux, abbaye cistercienne de la Trappe à Roybon, St-Antoine-l'Abbaye : abbatiale, reliquaire, fresques, village, musée Jean Vinay; palais Idéal du facteur Cheval à Hauterives.

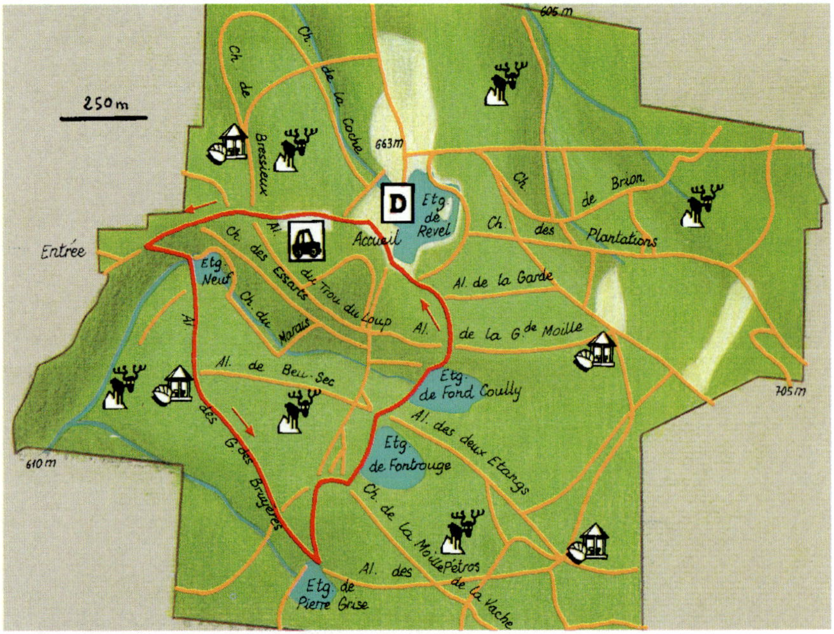

itinéraire d'accès

Gagnez Vienne par l'A 7. A l'entrée de la ville, suivez à gauche la route de Grenoble par la D 41 puis la D 502. A St-Jean-de-Bournay, continuez par la D 518 vers la Côte-St-André. La cité natale de Berlioz peut être évitée par le sud-ouest pour traverser directement la plaine (D 71) et rejoindre Saint-Siméon-de-Bressieux. Poursuivez 5 km, vers Roybon, dans la forêt de Chambaran. Au carrefour des Croisettes, bifurquer à gauche vers le parc naturel de Chambaran et l'étang Revel. Franchissez le portail du parc et garez-vous près de l'accueil.
Transports en commun : cars Monnet, ligne Grenoble - Bièvre, arrêt St-Siméon-de-Bressieux. Tél. : 76 87 90 31

description

Etangs romantiques, clairières secrètes, grandes allées traçant de superbes perspectives dans la forêt, sentiers intimes, puis tout à coup la course d'un grand cerf dans le sous-bois ou les gambades d'un faon parmi les fougères ! Voilà quelques-unes des facettes du parc naturel de Chambaran. D'une superficie de 300 ha clos, c'est l'un des plus vastes de France et un endroit rêvé pour découvrir la vie secrète de nos forêts. Des dizaines de kilomètres de chemins et sentiers fléchés offrent au promeneur amoureux d'une nature tranquille et sauvage l'évasion au cœur de la forêt, à la rencontre de ses seigneurs : cerfs, chevreuils, sangliers, daims et mouflons en totale liberté. Oiseaux forestiers, écureuils, martres, blaireaux et renards animent également ce havre de paix. Soyez attentifs et silencieux pour surprendre la harde de biches ou ce groupe de mouflons qui pâturent en lisière du sous-bois ! Apprenez à lire le grand livre de la forêt en observant les

nombreux indices que laissent les animaux ! A l'accueil, procurez-vous l'indispensable plan du parc et n'hésitez-pas à demander des informations, car les spectacles de la nature sauvage se renouvellent sans cesse au fil des saisons. Mystérieuse croûle* de la bécasse en mai, envoûtant brame du cerf en septembre-octobre, innombrables nuées crépusculaires des dortoirs de pinsons du nord, l'hiver, fragilité gracile de la biche et du faon, vie des étangs et leurs oiseaux d'eau... Autant de vibrantes émotions à découvrir ici. Mais attention, si le hasard de vos pas vous mène auprès d'un faon : ne le touchez pas ! Sa mère l'abandonnerait aussitôt. Le parc est divisé en deux parties d'inégale grandeur. Pour accéder à la plus petite, où vivent de nombreux chevreuils, franchissez la clôture par des échelles disposées tous les 200 mètres. L'un des itinéraires les plus agréables passe par les étangs : Neuf (très sauvage), de Pierre Grise par l'allée des Grandes Bruyères, avant de rejoindre celui de Fontrouge et Fontcoully. L'étang Revel, creusé par les moines au XVIe s., accueille depuis 25 ans une étonnante école de pilotage de pétroliers, qui évoluent dans ses eaux calmes, sous forme de modèles réduits atteignants parfois quinze mètres ! Site d'étude, son entrée est interdite.

P.B.

L'étang Neuf, l'un des nombreux plans d'eau du parc naturel de Chambaran. Qui est passé par là ? Le daim, un des ongulés à observer en totale liberté au sein des 300 ha du parc.*

Glossaire

Alluvions : dépôts (cailloux, graviers, sables, boues) amenés par les eaux courantes ou un glacier.
Amont : partie d'un cours d'eau d'où vient le courant.
Anticlinal : en géologie, se dit d'un pli convexe.
AOC : Appellation d'origine contrôlée.
Aval : partie d'un cours d'eau vers laquelle descend le courant.
Avifaune : ensemble des espèces d'oiseaux vivant dans un lieu, une région ou un milieu naturel.
Bief : canal d'amenée d'eau à un étang (dombes) ou à une installation hydraulique (moulin, filatures, blanchisserie...).
Bigue : poteau en pierre soutenant les vignes en Isle Crémieu.
Bocage : paysage morcelé en petites parcelles qui sont entourées de haies arborées. Ce milieu façonné par l'homme, riche en faune et flore, a disparu de nombreuses régions suite aux remembrements agricoles.
Brotteaux : îles et rives du Rhône couvertes de ripisylves*.
Caborne : construction de pierres sèches dans les monts d'Or.
Cairn : petite pyramide de pierres érigée par les randonneurs pour signaler sentiers et sommets.
Calcaire : roche sédimentaire* d'origine détritique (débris d'êtres vivants déposés au fond des mers), chimique et organique.
Cavernicole : se dit d'une espèce qui a besoin de cavités naturelles pour s'abriter et se reproduire par exemple : les mésanges, les pics, les chouettes chevêche et hulotte, la fouine...
Chablis : arbres abattus par un fort coup de vent.
Chirat : dans le Pilat, nom donné aux éboulis de blocs de granite qui coupent les pentes.
Cluse : vallée étroite et encaissée (gorge) par laquelle une rivière traverse une chaîne de montagnes ou une succession de plis dans le Jura (Bugey).
Collinéen : étage de végétation* entre la plaine et 1 000 mètres d'altitude originellement couvert de forêts de feuillus (chênes, charmes, châtaigniers) et où se trouvent cultures et habitat permanent.
Combe : vallon ; dans le Jura (Bugey), dépression creusée par l'érosion au sommet d'un anticlinal*.
Cote : niveau d'altitude.
Coudrier : autre nom du noisetier.
Crêt : dans le Jura (Bugey), arête qui surplombe une combe*.
Doline : cuvette due à l'affaissement du sous-sol en relief karstique* en raison de l'érosion des eaux souterraines.
Ecosystème : ensemble formé du milieu ambiant (sol, climat) et des communautés d'animaux et de plantes qui y vivent.
Endémique : se dit d'une espèce végétale ou animale qui n'existe que dans un lieu, une région, une île.
Etages de végétation : associations de plantes, notamment d'arbres s'étageant en bandes horizontales, sur les flancs des montagnes, en fonction de l'altitude, qui conditionne la rudesse du climat et la période d'activité de la végétation. Cinq étages peuvent être présents sur un même versant, dans les Alpes et Préalpes : collinéen*, montagnard*, subalpin, alpin, nival.
Fayard : nom donné en montagne au hêtre.
Fèces : excréments d'animaux sauvages.
Futaie : forêt d'arbres très élevés.
GR : sentier de Grande Randonnée, balisé en rouge et blanc, sur de longs itinéraires.
Grangeon : en Bugey, bâtisse en pierre, construite dans les vignobles, où le vigneron rangeait ses outils et stockait son vin ; lieu d'agapes maculines parfois fort arrosées...
Granite : roche plutonique*, dure et cristalline.
Karstique : de Karst, région de Slovénie, qui a donné son nom aux reliefs des plateaux calcaires (Isle Crémieu, Bugey) où se produisent des formes d'érosion particulières dues au ruissellement de l'eau : lapiaz*, doline*, puits vertical*, grotte et rivière souterraine.
Lapiaz : forme d'érosion karstique* de surface, en ciselures et fissures, permettant l'infiltration de l'eau jusqu'à un réseau souterrain.
Lauze : fine dalle de calcaire extraite de carrière et servant à couvrir les toits (Isle Crémieu, Bugey) et de clôture aux champs.
Lœss : limon formé par les dépôts éoliens dus à l'érosion.
Lône : bras d'une rivière ou d'un fleuve pouvant être isolé («morte»).
Main courante : câble fixé sur une paroi pour servir de rampe.
Marne : roche formée d'un mélange de calcaire et d'argile.
Méandre : courbe décrite par une rivière ou par un fleuve lorsqu'elle franchit une zone à très faible pente.
Métamorphique : se dit d'une roche dont la structure minérale a été transformée par la pression et la chaleur de l'écorce terrestre. Par exemple les granites* donnent des gneiss, les roches sédimentaires* des schistes*.
Microclimat : climat affectant une zone localisée, versant, vallée, plateau en raison des caractéristiques du relief, du sol, de l'exposition et des précipitations.
Montagnard : étage de végétation* entre 1 000 et 1 700 mètres d'altitude, couvert de forêts mixtes : feuillus (hêtres) et de résineux.
Moraine : matériaux arrachés à la montagne par les glaciers, entraînés et amassés sur le fond de leur lit, puis abandonnés sous forme de collines lorsqu'ils se sont retirés.
Nappe phréatique : nappe d'eau souterraine qui constitue un réservoir naturel dans lequel l'eau circule dans les vides entre les graviers et qui alimente des sources.
ONF : Office national des forêts, organisme public fondé par Napoléon 1er gérant les forêts domaniales* et parfois communales, ainsi que certains espaces naturels en périphérie de celles-ci.
Ongulé : mammifère dont les pieds se terminent par des ongles : cerf, chevreuil, sanglier, bouquetin, chamois, mouflon, daim...
Palis : longue et large lauze* fichée en terre pour former une clôture (Isle Crémieu).
Pas : passage ou col.
Pessière : forêt d'épicéas.
Pierrier : éboulis.
Plancton : ensemble de petits organismes qui vivent en suspension dans l'eau.
Plutonique : se dit d'une roche résultant de la cristallisation d'un magma, c'est-à-dire de masses liquides, à haute température, provenant des profondeurs de la croûte terrestre (granites*, basaltes,...).
PNR : Parc naturel régional.
Poype : fortification médiévale construite sur une motte artificielle, très nombreuses en Dombes.
Reculée : dans le Jura (Bugey), haute vallée d'un cours d'eau qui entaille profondément le rebord d'un plateau calcaire. Elle se termine à l'amont* par un cirque rocheux.
Résurgence : réapparition d'un cours d'eau à l'air libre après un parcours souterrain, appelé également source vauclusienne en relief karstique*.
Ripisylve : forêt riveraine d'un cours d'eau.
Rive gauche ou droite : d'un torrent ou d'une rivière, définie en regardant l'aval*.
Rupestre : qui vit dans les rochers.
Salmonidés : famille de poissons vivant dans les eaux fraîches, pures et rapides, donc très oxygénées tels la truite fario, l'omble-chevalier, l'ombre...
Saxicole : se dit d'une plante vivant dans les rochers.
Schiste : roche composée de minces feuillets superposés (ardoises).
Sédimentaire : se dit d'une roche, lorsqu'elle est formée d'une accumulation de dépôts de matières en suspension au fond de mers ou de lacs aujourd'hui disparus. Ces couches peuvent atteindre plusieurs kilomètres de hauteur. Calcaires*, grès et schistes* en sont.
Synclinal : en géologie, se dit d'un pli concave (vers le ciel).
Talweg ou thalweg : ligne de plus grande pente d'une vallée, suivant laquelle se dirigent les eaux.
Tourbière : dépression remplie d'eau, où à la faveur d'un climat froid et humide, une végétation très particulière se développe depuis les rives, principalement des sphaignes (mousse aquatique stockant jusqu'à 15 à 30 fois son poids d'eau) qui en se décomposant incomplètement, donne de la tourbe. A la surface du lac, les sphaignes forment des radeaux qui s'épaississent peu à peu. D'autres espèces peuvent alors s'implanter sur ce tapis flottant. Au fil du temps, la tourbière se comble peu à peu en évoluant vers un boisement.
Tumulus : tertre artificiel élevé au-dessus d'une tombe.
Val : dans le Jura, dépression allongée correspondant à un synclinal.
VDQS : Vin délimité de qualité supérieure.

OUVRAGES

- *Guide bleu Rhône-Alpes*, 1991 - Hachette.
- *Guide vert Vallée du Rhône, Lyonnais - Velay*, 1991 - Michelin.
- *Lyonnais - Beaujolais, Encyclopédie régionale* , 1991 - Bonneton.
- *Guide du Beaujolais* par B. Frangin, 1989 - La Manufacture.
- *Guide du Bugey et du pays de Gex* par F. Menjucq, 1986 - La Manufacture.
- *Guide Hachette des vins de France*, parution annuelle.
- *Le guide du département du Rhône* sous la direction d'A. Pelletier - Horvath.
- *Bienvenue dans les parcs et demeures de l'Isère*, 1987, guide du patrimoine rhônalpin n°2
- *Autour de Lyon, les aqueducs romains*, 1989, guide du patrimoine rhônalpin n°3
- *Terre de Dombes*, 1990, guide du patrimoine rhônalpin n°8
- *A la découverte du patrimoine Beaujolais*, 1991, guide du patrimoine rhônalpin n°12
- *Itinéraires dans l'Ouest Lyonnais*, 1990, guide du patrimoine rhônalpin n°14
- *50 musées techniques rhônalpins*, 1990, guide du patrimoine rhônalpin n°15
- *Circuit des grands lacs alpins*, collectif, 1992, guide du patrimoine rhônalpin n°20
- *La montagne beaujolaise*, 1994, guide du patrimoine rhônalpin n°26
- *Guide de la nature protégée en Rhône-Alpes*, tome 1 : *entre Loire et Rhône* par A.-M. Laurent, 1989. - Glénat.
- *Partir à la découverte du Grand Lyon Nature* - Communauté urbaine de Lyon (guide et carte).
- *Guide du jeune naturaliste à la montagne* par E. Alibert, 1993 - Delachaux et Niestlé.
- *Guide complet des fleurs de montagne* par C. Grey-Wilson & M. Blamey, 1984 - Delachaux & Niestlé.
- *Le guide du robinson* par C. Weiss, 1992 - Nathan.
- *Guide départemental des transports publics*, Conseil général du Rhône, parution annuelle. Tél.: 78 62 67 69.

TOPOGUIDES

- *Randonner Rhône*, 1993, CDTP du Rhône.
- *A la découverte des monts d'Or* - CDTP du Rhône
- *Circuit Azur/Monts du Lyonnais* - CDTP du Rhône
- *Randonnées pédestres dans les monts de Tarare* - CDTP du Rhône
- *Sentiers et découvertes en Haute-Azergues* - CDTP du Rhône
- *Sentiers de découverte en région lyonnaise* - Sécirély
- *15 circuits pédestres balisés dans la région lyonnaise* - Sécirély
- *10 circuits pédestres dans les monts du Lyonnais*- Sécirély
- *Promenades accessibles aux personnes à mobilité réduite*- Sécirély
- *Randonnées pédestres en Bugey* - CDRP de l'Ain
- *Randonnées pédestres en Bresse et Dombes* - CDRP de l'Ain
- *Randonnées pédestres dans la vallée de l'Ain et le Revermont* - CDRP de l'Ain
- *Les collines du Saint-Jeannais* - Antipodes
- *Tour de l'Isle Crémieu* - CDT et Conseil général de l'Isère
- *Tour du lac de Paladru* - CDT et Conseil général de l'Isère
- *Découverte au pays de Chambaran* - Syndicat d'initiative de Roybon

REVUES

- *Alpes Magazine*, Milan, notamment le n° spécial été 94
- *Promenades et randonnées en Rhône-Alpes*, guide pratique présentant cartes, topo-guides et 750 adresses de gîtes et refuges.

Terre Sauvage n° 88, octobre 94, spécial Lyonnais.

CARNET D'ADRESSES

- **Météo France** :
Répondeur : 36 68 02 suivi du numéro du département.
Minitel : 3615 code Météo
- **Comité régional du tourisme Rhône-Alpes**
La Combe de Charbonnières,
78 route de Paris - 69620 Charbonnières-les-Bains.
Tél.: 72 38 11 11
Minitel : 3615 *Cap Rhône-Alpes* et *Cimes*
- **Centre Ornithologique Rhône-Alpes (CORA)**
Espace Bargoin, 135, rue Bataille - 69008 Lyon.
Tél.: 78 74 14 26

DÉPARTEMENT DU RHONE

- **Comité départemental du tourisme du Rhône**
146, rue Pierre Corneille, BP 3033 - 69396 Lyon Cédex 03.
Tél.: 72 61 78 90
- **Comité départemental de tourisme pédestre du Rhône**
BP 3175 - 69406 Lyon Cédex 03.
- **FRAPNA Rhône**
39, quai Saint-Vincent - 69001 Lyon. - Tél.: 78 28 48 84
- **Sécirély** (Sentiers et circuits dans la région lyonnaise)
Depuis 1979, la Sécirély crée, entretient et fait connaître des itinéraires pédestres facilement accessibles aux alentours de l'agglomération lyonnaise. Elle propose des randonnées accompagnées et des stages de formation à la randonnée pédestre.
32, rue Germain - 69006 Lyon. - Tél.: 72 74 23 17

DÉPARTEMENT DE L'AIN

- **Comité départemental du tourisme de l'Ain**
34, rue Général Delestraint, BP 38 -
01002 Bourg-en-Bresse. - Tél.: 74 21 95 00
- **Comité départemental de randonnée pédestre de l'Ain**
Chemin Château Larron - 01300 Belley.
- **Ain-Nature FRAPNA**
25, rue Georges Guynemer - 01000 Bourg-en-Bresse.
Tél.: 74 21 38 79

DÉPARTEMENT DE L'ISERE

Comité départemental du tourisme de l'Isère
Maison du Tourisme Dauphiné-Grenoble
14, rue de la République, BP 227 - 38019 Grenoble Cédex. -
Tél.: 76 54 34 36
- **Antenne du CDT du Dauphiné de la Plaine et des Collines**
Côte Faulchet, BP 86 - 38460 Crémieu.
Tél.: 74 90 84 13
- **Centre permanent d'initiation à l'environnement (CPIE) de l'Isle Crémieu**
place de l'église - 38118 Hières-sur-Amby - Tél.: 74 95 13 90
- **Fédération de la Randonnée en Isère (F.R.I.)**
Maison du Tourisme, 14, rue de la République -
38000 Grenoble. - Tél.: 76 54 87 85
- **FRAPNA Isère**
Maison de la Nature, place Bir Hakeim -
38000 Grenoble. - Tél.: 76 42 64 08

DÉPARTEMENT DE LA LOIRE

- **Comité départemental du tourisme de la Loire**
5, place Jean Jaurès - 42021 Saint-Etienne Cédex 01.
Tél.: 77 33 15 39
- **Parc naturel régional du Pilat**
Le Moulin de Virieu, 2, rue de Benay - 42410 Pélussin.
Tél.: 74 87 52 01
- **Centre permanent d'initiation à l'environnement (CPIE) des monts du Pilat**
Maison de l'eau et de l'environnement - 42660 Marlhes.
Tél.: 77 51 82 31
- **FRAPNA Loire**
63, rue des Docteurs Charco - 42000 Saint-Etienne.
Tél.: 77 57 61 61

Bruno PAMBOUR

Auparavant ornithologue au Centre ornithologique Rhône-Alpes puis à la Réserve nationale de Camargue, ancien photographe du ministère de l'Environnement du royaume d'Arabie Saoudite, Bruno Pambour est familier de la Région Rhône-Alpes depuis 1979. Aujourd'hui photographe et journaliste indépendant, membre de l'Association des journalistes-écrivains pour la nature et l'écologie, ses reportages révèlent notre patrimoine naturel et historique dans le cadre de l'édition et de la presse, notamment dans le magazine *Terre Sauvage*.

Remerciements

Pour leur efficace et amicale collaboration, l'auteur remercie Jean Berthelier du Comité départemental de tourisme pédestre du Rhône, la Sicérely, Marc Jamet du parc naturel régional du Pilat, Jean-Yves Chetaille, Pierre Cordonnier, Elizabeth Delaigue du Musée d'art moderne de Saint-Etienne, Jean-Paul Drevon, Guy Flacher du Centre ornithologique Rhône-Alpes, Christophe Grangier et Jean-Jacques Thomas-Billot de Lo Parvi, Georges Grenouiller du Centre d'observation de la nature de l'île du Beurre, Mme Prévost du Centre permanent d'initiation à l'environnement de l'Isle Crémieu, Bernard Pont de la Réserve naturelle de l'île de la Platière, Yves Raymond du parc des Oiseaux de Villars-les Dombes et particulièrement Eugène Joseph qui a relu l'ensemble du manuscrit. Les images du musée d'Art Moderne de Saint Etienne, de Patrick Blanc, T. Contucci, Hélène Coppel, Christian Couloumy, Christian Krass, Hervé Nègre, Gilles Rose, M. Szempruch et des Agences Bios, Colibri et Editing ont complémenté judicieusement l'ouvrage. Enfin, pour son bienveillant soutien durant toute la réalisation de cet ouvrage, toutes mes pensées vont à Jocelyne d'Agate.

Note de l'auteur et de l'éditeur

La pratique de la promenade en campagne, comme de la randonnée, ne saurait en aucun cas dispenser du respect de la réglementation ou des interdictions signalées. Entre le moment où les itinéraires ont été mis au point et celui où le randonneur effectue son parcours, réglementations et interdictions ont pu être modifiées, de nouveaux panneaux ou balises ont pu être posés, on doit impérativement en tenir compte. L'auteur et l'éditeur dégagent toutes responsabilités des infractions qui pourraient être commises par les utilisateurs de ce guide en ce qui concerne notamment le non-respect de la propriété privée.

Les Créations du Pélican

"Les plus belles balades autour de Lyon"

ISBN : 2 7191 0363-2
S.A. Vilo Distribution au capital de 1.000.000 F
RCS Paris B 393 330 022
Siège social : VILO, 25, rue Ginoux - 75015 Paris
Tél. : 01 45 77 08 05 - Fax : 01 45 79 97 15
Direction éditoriale : Jean-Michel Renault
9, avenue de la Galine - 34170 Castelnau-le-Lez
Tél. : 04 67 02 66 02 - Fax : 04 67 02 66 01
Dépôt légal 4e trimestre 1997

Rédaction et photos : Bruno Pambour
Compléments photographiques : Musée d'Art Moderne de Saint-Etienne, Patrick Blanc (P.B.), T. Contucci (T.C.), Christian Couloumy (C.C), Hélène Koppel (H.K.), Christian Krass (C.K.), Hervé Nègre (H.N.), Gilles Rose (G.R.), M. Szempruch (M.S.). Agence Bios : Noto Campanela (N.C.), Klein-Hubert (K.H.), Franscisco Marquez (F.M.), Cyril Ruoso (C.R.); Colibri : J.L. Ermel, R. Leguen (R.L.), C. Ratier (C.R.), et Agence Editing : Jean-Paul Bajard (J.-P. B.)

Cartographie : Alain Fournier, Christophe Houlés, Eric Pélatan
Maquette : Mots Z'art - Montpellier
Photogravure : Atelier Six, Montpellier.

Imprimé en U.E., sur les presses de **beta**

Pour faire marcher vos pieds et votre tête

d'autres guides "Balades" du Pélican

La découverte du patrimoine naturel et historique de votre région. 144 pages minimum, 350 à 400 photos couleurs, 30 à 50 cartes originales et pratiques, de nombreux encadrés et fiches nature. Cette collection présente de nombreux autres titres : Grenoble, Genève, Valence, Avignon, Haute-Provence, Aix-Marseille, Toulon, Nice, Nîmes, Aude, Cathare, Lourdes, Toulouse, Bordeaux, Brive, Limoges, Caen, Lille, Guadeloupe, Martinique, La Réunion et d'autres en préparation.

Chaque volume PVP. 155 F

des beaux livres pour les Lyonnais

112 à 192 pages, 225 x 310 mm, papier satiné 170 gr, 200 à 350 photos et documents couleurs, couvertures cartonnées en dos carré, sous jacquette.
"Les Lumières de Lyon". Texte : S.E. le Cardinal A. Decourtray, H. Chabert, A. Begag, C. Burgelin, J.-P. Charbonneau. Photos : J.Salmon, J.-M. Tingaud, J. Léone, F. Guy.
"Murs Peints". Cité de la Création.
"Tony Garnier, pionnier de l'urbanisme du XXe siècle. Krzysztof Pavlovki.

Chaque volume PVP. 300 F

Les Créations du Pélican